나도 변화될 수 있다

IVP(InterVarsity Press)는
캠퍼스와 세상 속의 하나님 나라 운동을 지향하는
IVF(InterVarsity Christian Fellowship)의 출판부로
생각하는 그리스도인을 위한 문서 운동을 실천합니다.

You Can Change
copyright ⓒ 2008 by Tim Chester
translated by permission of InterVarsity Press
Norton Street, Nottingham NG7 3HR, United Kingdom
All rights reserved.

Korean Edition ⓒ 2011 by Korea InterVarsity Press
156-10 Donggyo-ro, Mapo-gu, Seoul 04031, Republic of Korea

나도 변화될 수 있다

팀 체스터 | 안정임 옮김

변화 프로젝트를 시작하며   7

1단계   어떤 변화를 꿈꾸는가?   13
사람은 어떤 식으로든 변화를 꿈꾼다. 그러나 하나님이 원하시는 변화는 우리의 전 존재가 예수님을 닮아가는 것이다. 예수님은 우리가 목표로 삼아야 할 기준일 뿐 아니라 변화를 가능하게 하는 구원자이시다.

2단계   왜 변화되려고 하는가?   29
우리는 때로 스스로의 가치를 입증하려는 잘못된 동기로 변화를 시도한다. 그러나 구원을 받기 위해서가 아니라 구원을 받았기 때문에 변화될 수 있다. 예수님 안에서의 새로운 정체성이 변화의 유일한 동기다.

3단계   무엇이 우리를 변화시키는가?   51
규율과 훈련이 우리를 어느 정도 교정할 수는 있지만 행위와 마음을 온전히 변화시키지는 못한다. 오직 성부 성자 성령 하나님만이 우리를 자유롭고 거룩하게 만든다. 그분과의 연합이 진정한 변화의 열쇠다.

4단계   언제 죄를 짓는가?   77
어려운 상황에 부딪히면 마음속에 숨겨진 악한 욕망이 드러난다. 우리는 상황 때문이 아니라 하나님을 신뢰하지 않거나 바르게 경배하지 않기 때문에 죄를 짓는다. 따라서 내면의 근본 원인을 이해하고 변화시켜야 한다.

5단계   거짓말과 진리, 무엇을 믿는가?   91
우리는 진리를 깨닫지 못하고 하나님이 어떤 분인지 망각하기 때문에 죄를 짓는다. 죄와 부정적인 감정 뒤에는 거짓말이 숨어 있다. 하나님의 위대함, 영광, 선함, 은혜로움, 이 네 가지 진리를 붙들 때 삶이 변화된다.

차례

6단계 욕망과 하나님, 무엇을 따르는가? 123

우리는 하나님 대신 자신이 원하는 것을 더 갈망하고 숭배하기 때문에 죄를 짓는다. 우상이 하나님보다 더 좋은 것을 준다고 믿기 때문이다. 자아를 내려놓고 악한 욕망에서 돌이켜 하나님을 향할 때 삶이 변화된다.

7단계 변화가 더딘 이유는 무엇인가? 145

죄의 원인을 알면서도 계속 넘어지는 까닭은 무엇인가? 교만하게 자신을 의존하거나 죄를 숨기고 축소하기 때문이다. 죄에 흔들릴 때마다 우리는 지속적으로 십자가의 능력과 은혜와 소망을 바라보아야 한다.

8단계 믿음과 회개로 나아갈 전략은 무엇인가? 165

우리는 스스로 변화될 수 없으며 우리를 변화시키는 하나님의 사역에 믿음과 회개로 동참할 뿐이다. 믿음과 회개는 악한 욕망을 부추기는 것을 피하고 성령의 이끄심에 순종하는, 날마다 치러야 하는 싸움이다.

9단계 공동체가 왜 중요한가? 187

교회는 머리 되시는 그리스도에게까지 함께 자라가야 한다. 변화는 곧 공동체 프로젝트다. 교회는 서로에게 진리를 말하고, 죄를 고백하며 회개하기를 권하고, 있는 모습 그대로 용납하며 점차 성화되어 간다.

10단계 날마다 씨름할 준비가 되었는가? 207

변화는 하루아침에 이루어지지 않는다. 넘어졌다 일어났다를 반복하는 평생에 걸친 과정이지만 포기하지 않는다면 분명 소망이 있다. 우리는 의롭다고 인정받은 성도이며, 신실하신 하나님이 지금도 우리를 도우신다.

주 223

참고 문헌 231

일러두기
이 책에 나오는 성경 본문은 새번역판을 사용하였다.

변화 프로젝트를 시작하며

이런 사람들에게도 희망이 있을까?

1. 예수님을 영접한 후 콜린의 삶은 완전히 달라졌다. 복잡했던 여자관계도 정리했고 술도 끊었다. 하지만 시간이 흐르면서 신앙이 제자리걸음이라는 생각이 들었다. 콜린은 겉으로 보기에 꽤 괜찮은 사람이었지만 주변 사람들은 그의 성격을 잘 알고 있었다. 그는 절대 가까이하고 싶지 않은, 그런 사람이었다.

2. 칼라는 누가 봐도 존경할 만한 그리스도인이었다. 욕도 안 하고 도둑질도 안 하고 술도 안 마시고 바람도 안 피우고…. 일반적인 기준으로 볼 때 그녀는 모범적이고 훌륭한 신앙인이었다. 하지만 교회 봉사가 마음에 들지 않아 짜증을 내거나 불평을 늘어놓을 때가 많았다.

3. 잭은 청소년 시절부터 자위행위를 했다. 이십 년의 세월이 지났지만 여전히 일주일에 두세 번은 음란한 상상을 하며 자위행위를 한다. 결혼을 하면 해결될 줄 알았는데 아니었다. 그만하려고 해 보았지만 마음대로 되지 않았다. 신앙 훈련도 소용이 없었다. 오히려 음란물 중독으로 상태가 더 악화되었다. 인터넷으로 손쉽게 음란물을 접하다 보니 어느새 중독이 된 것이다.

4. 올림픽 경기에 쇼핑 종목이 있다면 엠마는 충분히 금메달감이었다. 힘들고 고단한 삶을 살아 온 엠마에게 쇼핑은 유일한 낙이었다. 새 옷, 액세서리, 값비싼 음식은 삶에 생기를 불어넣었다. 그러나 덕분에 살림은 항상 쪼들렸고, 남에게 뭔가를 베풀 여유조차 없었다.

5. 사람들은 자말을 가리켜 훌륭한 교인이라고 입을 모았다. 신앙심 깊고 성실하며 학식과 덕망까지 갖춘 보기 드문 인재라고 말이다. 그러나 이 모든 것은 자신의 존재를 남 앞에 드러내려는 자말의 애처로운 노력에 불과했다. '필요한' 존재가 되려고 애쓸수록 실패할까 봐 두려움만 커져 갔다. 기분이 울적해지거나 주눅이 들기도 하고 울 때도 많았다.

6. 케이트가 세례를 받기로 한 건 올해의 가장 기쁜 소식이었다. 하지만 그녀의 동료들은 어디서부터 어떻게 시작해야 할지 걱정이 앞섰다. 케이트의 인종차별주의는 어떻게 해야 할까? 빈정거리는 말투와 술 문제는 또 어떻게 하지? 예수님을 위해 죽을 각오가 되어 있다지만, 술을 끊으라고 하면 들을까? 술을 마시지 말라는 이야기가 과연 그녀에게 복음이겠는가?

자, 다시 한 번 생각해 보자. 이런 사람들에게도 희망이 있을까? 있다! 나는 확신한다. 그들도 예수님을 통해 얼마든지 변화될 수 있다. 이렇게 확신하는 이유는 콜린, 칼라, 잭, 엠마, 자말, 케이트 모두 다 내가 잘 알고 있는 사람들이기 때문이다.

1. 콜린은 하나님을 더 깊이 알아가면서 성격이 많이 변했다. 여전히 화를 낼 때도 있지만 자신의 지배욕이 문제임을 알기에 화를 낸 다음에는 반드시 잘못을 뉘우치며 회개한다. 또 화가 나려는 순간에 하나님의 능력을 의지하는 법도 배우고 있다.

2. 칼라는 무척이나 밝아졌다. 행동에 큰 변화가 있는 것은 아니지만 그녀의 태도는 확실히 달라졌다. 하나님께 감사하고 그분의 은혜에 기뻐하는 모습이 자주 보인다. 봉사를 할 때도 정성을 다하고 적극적으로 섬길 기회를 찾는다. 다른 사람의 잘못을 이야기할 때는 연민과 사랑으로 말하고 칭찬과 격려도 아끼지 않

는다.

3. 잭은 이 책의 초안을 놓고 나와 함께 성경 공부를 시작했다. 그 후 거의 단번에 자위행위를 끊어 버렸다. 죄를 짓고 싶은 마음이 사라진 것이다. 음란물을 보려는 충동은 아직까지 떨쳐 버리지 못했지만 승리할 때도 많다. 나에게 기도 요청을 하기도 하고, 다음에 만났을 때 그 문제에 대해 물어봐 달라고 부탁하기도 한다.

4. 엠마는 여전히 쇼핑하기를 좋아한다. 하지만 요새는 다른 일거리가 생겼다. 그녀는 자녀를 돌보거나 사람들을 대접하기 위해 요리를 하느라 여념이 없다. 일주일 중 가장 신나는 날은 그리스도인들과 모임이 있는 날이다. 엠마는 힘들 때마다 쇼핑이 아니라 하나님께 피하는 법을 배우고 있다.

5. 자말은 이전보다 훨씬 느긋하고 편해졌다. 이제는 우는 모습을 거의 볼 수 없다. 여전히 실패를 두려워하지만 그래도 하나님의 은혜에 기대려 노력한다. 직장이나 교회에서도 진심으로 다른 사람을 돕고 섬기려 한다.

6. 케이트의 믿음이 조금씩 자라는 것은 나의 큰 기쁨이다. 잘못된 행동에 대해 직접적으로 충고를 할 때도 있지만, 그녀는 주님의 영광을 알아 가면서 스스로 잘못을 고쳐 나가고 있다. 물론 쉬운 일은 아니다. 그래도 서서히 자신의 문제점을 알아서 풀어 나간다. 케이트의 입에서 "아무래도 이런 건 고쳐야겠죠…"라는 말이 나올 때마다 나는 빙그레 웃지 않을 수 없다.

시중에는 전문가들이 쓴 책이 많이 나와 있다. 하지만 이 책은 다르다. 나 자신이 달라지기 위해 몸부림치다가 탄생한 결과물이기 때문이다. 특정한 문제로 오랜 기간 씨름하다 보니 성경에서 해결책을 찾게 되었고, 그 경험을 되살려 이 책을 쓰게 되었다. 따라서 여기에는 내게 소망을 안겨 준 놀라운 진리가 들어 있다.

전에는 내가 짓는 죄들이 난공불락처럼 여겨졌다. 지금도 죄를 **완전히 정복했다**고는 말할 수 없지만—그렇게 말할 수 있는 사람은 아마 없을 것이다—내 삶을 바꾸고 다른 사람의 삶을 바꾸었던 진리를 이 책에 담았다. 여러분도 분명 그 진리로 말미암아 변화의 소망을 품게 될 것이다.

여러분 가운데는 막 주님을 영접하고 예전의 나쁜 습관을 버리지 못해 고민하는 사람이 있을 것이다. 또는 오랫동안 교회를 다녔지만 신앙이 정체된 듯한, 즉 처음에는 빠르게 성장했는데 지금은 그냥 타성에 젖어 신앙생활을 하는 듯한 사람도 있을 것이다. 큰 죄를 저지르고 어떻게 해야 할지 몰라 막막해하는 사람도 있을 것이고, 다른 성도들의 신앙 성숙은 도와주면서 막상 자신은 조언대로 살지 못해 애태우는 그리스도인도 있을 것이다.

이 책은 **소망**에 관한 책이다. 예수님 안에서 갖는 소망, 용서의 소망, 그리고 변화의 소망 말이다. 이 책 자체가 당신을 변화시킨다는 말은 아니다. 인간은 체제나 규정에 의해 변화되지 않는다. 우리를 자유롭게 해방시키는 구원자가 있어야 한다. 우리에게는 위대한 구원자, 예수님이 계시다. 이 책은 그 예수님을 가리키면서 어떻게 하면 예수님 안에서 변화될 수 있는지 구체적으로 설명한다. 신학자들은 그 과정을 '성화'(聖化), 즉 예수님을 닮아 가는 과정이라고 부른다.

정말로 변화될 거라는 희망을 품어도 좋다! 당신도 변화될 수 **있다**! 이미 포기했을지도, 혹은 예전의 나처럼 같은 노력만 반복하거나 온갖 비법을 제시하는 책에 신물이 났을지도 모른다. 하지만 절망하지 말라. 당신도 **변화의 소망**을 품게 될 것이다. 나 역시 성경 말씀이 가득한 신앙서적이나 조언이 담긴 실용서적을 수없이 읽어 봤던 사람이다. 내가 이 책에서 시도한 것은 하나님의 진리를 월요일 아침에도 접목시키는 일이다.

우리의 고질적인 문제는 막연한 의무감 때문에, 자신이 좋아하는 것들을 포기해야 거룩해진다고 생각하는 것이다. 하지만 거룩함은 **언제나 복되고 좋은 소**

식이다. 하나님은 우리가 훌륭한 삶을 살기 바라신다. 죄가 주는 쾌락과는 비교할 수 없을 정도로 하나님은 위대하고 좋은 분이다. 중요한 것은 **죄와 씨름하는 당신에게** 변화가 왜 좋은 소식인지를 깨달아야 한다는 것이다.

나는 모든 독자가 자신의 고민거리를 해결할 '변화 프로젝트'에 돌입하기를 간절히 바란다.

각 장은 하나의 질문을 제시하는 형태이므로, 각자 변화 프로젝트를 수행해 가며 동일한 질문을 던져 보기 바란다. 말미에 나오는 질문들은 주제를 더 깊이 탐구하도록 도와줄 것이다. 아울러 되돌아보기와 실천 과제, 인용문 등은 개인 묵상과 그룹 토론 시간에 적절히 활용하기 바란다. 가급적 친구와 함께, 혹은 소그룹 참여자들과 함께 이 책을 읽으라. 그래야 변화 프로젝트를 실행하는 데 서로 힘이 되고 도움을 받을 수 있다.

자, 그럼 이제 첫 번째 질문부터 시작해 보자.

어떤 변화를 꿈꾸는가?

당신은 어떻게 변화되고 싶은가? 외모를 바꾸고 싶은가? 배우자를 만나 결혼을 하고 싶은가? 자녀가 말을 잘 들었으면 좋겠는가? 승진의 사다리를 한 계단 오르거나 아니면 사다리 곁에라도 가 보고 싶은가? 좀더 자신감 있고 유머감각이 뛰어난 사람이 되고 싶은가? 화를 덜 내고 명랑한 사람이 되고 싶은가? 감정에 휘둘리지 않는 사람이 되고 싶은가?

사람은 어떤 식으로든 변화를 꿈꾼다. 그중에는 바람직한 변화도 있고 그렇지 않은 변화도 있다. 하지만 진짜 문제는 변화를 바라는 사람들의 마음에 절실함이 없다는 것이다! 하나님은 우리에게 좋은 것을 주고 싶어 하신다. 그것도 아주 많이, 아주 풍성하게.

하나님의 형상으로 창조되다

성경의 첫 장을 열어 보면 "하나님이 당신의 형상대로 사람을 창조하셨으니, 곧 하나님의 형상대로 사람을 창조하셨다. 하나님이 그들을 남자와 여자로 창조하셨다"(창 1:26-27)라는 말씀이 나온다. 인간은 하나님을 알고 세상에 대한 그분의 통치권의 일부를 부여받고 그분의 영광을 반영하는, 하나님의 형상으로 창조된 존재다. 그 말은 우리가 신의 권위와 영광을 상징하는 신상이라는 말이다. 우리가 살아 계신 하나님의 신상을 만들면 안 되는 이유는 바로 **우리**가 그분의 형상이기 때문이다.

하나님은 하루하루 창조를 마칠 때마다 '좋다'고 말씀하셨다. 그러나 마지막 날 인간을 창조하고 나서는 이 세상을 '참 좋다'고 평가하셨다. 자신의 형상을 반영하는 존재가 창조되기 전까지 하나님의 작업은 완성되지 않았던 셈이다. 우리는 실수를 하거나 잘못을 저질렀을 때 '나도 어쩔 수 없는 인간이야'라고 변명한다. 하지만 '어쩔 수 없는 인간'이란 사실 말도 안 되는 소리다. 우리는 하나님의 영광을 반영하는 존재가 아닌가!

일그러진 형상

문제는 하나님을 거역하면서 그 하나님의 형상이 망가졌다는 데 있다. 자기 식대로 살다가 인생이 꼬이고 말았다. 우리는 세상에서 하나님의 형상이 되려고 애는 쓰지만 그분의 영광을 제대로 반영하지 못한다. 그래서 인류를 향한 하나님의 평가는 "모든 사람이 죄를 범하였으매 하나님의 영광에 이르지 못하더니" (롬 3:23, 개역개정)로 바뀌었다. 싱클레어 퍼거슨(Sinclair Ferguson)은 그 말씀을 다음과 같이 풀이했다. "바울이 한 말에는 하나님의 형상이라는 성경의 주제가 담겨 있다. 성경에 나오는 형상과 영광은 연관성을 갖고 있는 개념이다. 하나님의 형상인 인간은 피조물이자 그분의 축소판으로서 그분의 영광을 반영하고 표현하고 나누어 갖는다."[1] 우리는 하나님의 형상이라는 본모습을 잃어버렸다. 본래의 모습은 고사하고 자신이 원하는 사람마저 되지 못한다.

본래의 형상

먼저 "하나님의 형상"(고후 4:4)이신 예수 그리스도를 살펴보자.

그 아들은 보이지 않는 하나님의 형상이시요, 모든 피조물보다 먼저 나신 분이십니다. (골 1:15)

그는 하나님의 영광의 광채시요, 하나님의 본체대로의 모습이십니다. (히 1:3)

그 말씀은 육신이 되어 우리 가운데 사셨다. 우리는 그의 영광을 보았다. 그것은 아버지께서 주신, 외아들의 영광이었다. 그는 은혜와 진리가 충만하였다. (요 1:14)

예수님은 하나님 아버지의 영광이시다. 그분은 이 세상에 오셔서 하나님을 알려 주셨다. 그분은 인간의 모습을 입은 하나님이시다. 하나님의 형상이 어떠한지, 또 하나님의 영광을 반영한다는 것이 무슨 뜻인지 몸소 보여 주셨다. 신약의 어떤 구절은 우리가 하나님을 닮아야 한다고 말하고, 어떤 구절은 예수님을 닮아야 한다고 말한다. 예수님이 하나님의 진짜 형상이기 때문이다.

하나님은 우리가 어떻게 변화돼야 하는지 예수님을 통해 보여 주셨다. 그분은 우리를 종교인으로 만들려는 것이 아니다. 예수님이 종교지도자들에게 얼마나 미움을 받으셨는지 생각해 보라! 우리를 '영적'인 사람으로 만들려는 것도 아니다. 영적이라는 말이 세상과의 격리를 의미한다면 말이다. 예수님은 철저하게 이 세상 속에서 살아간 하나님이셨다. 또한 하나님은 우리를 자아몰입형 인간으로 만들 의향이 없으시다. 예수님은 자신을 내어 주는 희생의 화신이었다. 하나님은 우리를 조용하고 초연한 사람으로 만들려는 것도 아니다. 예수님은 하나님을 위해 열심히 일하셨고 죄를 보고 분노하셨으며 예루살렘을 향해 눈물을 흘리셨다. '거룩'이라는 단어는 '따로 떼어 구별하다', '신성하게 하다'라는 뜻이다. 예수님에게 거룩함은 인간의 죄악된 삶과 동떨어진, 인간의 죄악과 상관없는 삶을 의미했다. 세상과 **동떨어진** 삶이 아닌 세상 **속에서** 하나님께 성스럽게 바쳐진 삶을 뜻했다. 예수님은 세상 **속에서** 세상을 **위한** 하나님의 영광이셨다.

하나님의 영광은 예수님이 어떤 분인지를 단적으로 표현해 준다. 그분의 사랑, 자비, 아름다움, 정결함, 위대함, 식견, 권능, 지혜, 위엄 등을 모두 담은 한마디가 바로 하나님의 영광이다. 예수님이 지상에서 사셨던 삶은 하나님의 영광을 고스란히 반영했다. 그분의 행동은 자비로웠고 태도는 선하고 진지했으며 생각은 맑고 정결했다. 인간이 보기엔 다소 혼란스런 방식이었지만, 그분은 온전하게 하나님의 능력을 나타내셨다. 자신의 위엄에 매달리지 않고 인류의 구원을 위해 희생을 함으로써 하나님의 무한한 사랑과 자유를 보여 주셨다(빌 2:6-8). 예수님은 삶과 죽음으로 하나님의 영광을 만천하에 드러낸 진정한 하나님의 형상이셨다.

'집에 가면 허리 좀 펴고 쉴 수 있겠지.' 꽉 막힌 도로를 빠져나가면서 콜린은 혼자 중얼거렸다. 현관문을 열고 집안으로 들어서는 순간, 괴성을 지르는 막내아들과 망가진 진공청소기를 들고 투덜대는 아내의 모습이 눈에 들어왔다. 콜린은 한숨을 내쉬며 소파에 털썩 주저앉았다. '아, 정말 못 살겠다!'

자말은 커피 한 잔을 들고 사무실에 들어가 앉았다. 오후 3시니까 곧 교대 근무가 시작될 시간이었다. 자말의 손가락은 컴퓨터 마우스 위에서 바쁘게 움직였다. 미결제 서류 파일을 한 번 들여다보고 그는 재빨리 카드 게임을 클릭했다. 지금은 근무 시간이지만 잠시 게임 한 판 한다고 큰일 날 것도 없지 않은가?

'난 이제 어린애가 아니야.' 케이트는 속으로 중얼거렸다. 그래도 피트 옆에 있는 게 좋은 건 어쩔 수 없었다. 피트는 자신의 심정을 잘 이해해 주는 것 같았다. 남편과는 비교가 안 될 정도로…. 최근 들어 결혼 생활이 무척이나 공허하게 느껴졌다. 케이트는 잠시 망설이다가 피트가 있는 자리를 지나치기 위해 일부러 사무실의 먼 거리를 돌아서 갔다. 그녀가 원하는 것은 섹스도 그 무엇도 아니었다. 그저 피트의 미소였다.

벌써 3년이라는 시간이 흘렀다. 인내를 갖고 가르치며 선을 행했지만 돌아온 것은 오해와 증오뿐이었다. 마음 같아서는 '그만두겠어! 이렇게까지 할 필요가 뭐가 있어!'라고 포기하고 싶었지만 그 대신 "내 뜻대로 마옵시고 당신 뜻대로 하옵소서"라고 말했다. 몇 시간 후에 그는 십자가에 매달렸고 날카로운 대못이 살을 뚫고 들어왔다. 숨이 막혀 질식할 것 같았고 주변에 모여 선 사람들은 그를 향해 침을 뱉었다. '그만두겠어! 십자가에서 내려가겠어!'라고 말하고 싶었지만 그는 "아버지여, 저들을 용서해 주옵소서"라고 말했다. 그렇게 끝까지 참고 참았던 그는 마침내 "다 이루었다!"고 부르짖었다.

예수님은 완벽한 인간이었고 진정한 하나님의 형상이었으며 하나님 아버지의 영광이었다. 하나님은 우리를 예수님처럼 변화시키려는 계획을 갖고 계시다.

하나님을 사랑하는 사람들, 곧 하나님의 뜻대로 부르심을 받은 사람들에게는, 모든 일이 서로 협력해서 선을 이룬다는 것을 우리는 압니다. 하나님께서는 미리 아신 사람들을 택하셔서, 자기 아들의 형상과 같은 모습이 되도록 미리 정하셨으니, 이것은 그 아들이 많은 형제 가운데서 맏아들이 되게 하시려는 것입니다. 그리하여 하나님께서는 미리 정하신 사람들을 부르시고, 또한 부르신 사람들을 의롭게 하시고, 의롭게 하신 사람들을 또한 영화롭게 하셨습니다. (롬 8:28-30)

그러므로 여러분은 사랑을 받는 자녀답게, 하나님을 본받는 사람이 되십시오. 그리스도께서 여러분을 사랑하셔서, 우리를 위하여 하나님 앞에 향기로운 예물과 제물로 자기를 내어 주신 것과 같이, 여러분도 사랑으로 살아가십시오. (엡 5:1-2; 참고. 고전 11:1; 빌 2:5; 벧전 2:21)

하나님 안에 있다고 하는 사람은 자기도 그리스도께서 사신 것과 같이 마땅히 그렇게 살아가야 합니다. (요일 2:6; 참고. 3:16-17; 4:10-11)

로마서 8장은 하나님이 우리에게 일어나는 모든 일, 즉 좋고 나쁜 모든 일을 사용해 우리를 예수님처럼 만들어 가신다고 말한다. 그런 면에서 보자면 사실 나쁜 일도 좋은 일이라고 할 수 있다. 물론 그 자체는 악한 것이지만 하나님은 사랑하는 자녀의 유익을 위해 그 악을 사용하신다. 여기에서 '유익'이란 예수님과 같이 되는 것을 말한다. 너무 상심하지는 말라. 유익한 일이 고작 예수님을 닮는 것이냐며 상심할 필요는 없다. 예수님은 그저 우리에게 좋고 유익한 분이 아니라 '선'(善) 그 자체시다. 한마디로 '선이 무엇인지를 **규정하는** 분'이다. 우리가 복음으로 인해 변화되는 이유는 예수님이 이상적인 삶의 근원이고 모든 기쁨의 원천이기 때문이다. 예수님 외에 다른 대상을 택한다면 우리는 반드시 실망하게 되어 있다.

우리를 예수님처럼 만드는 것은 하나님이 태초부터 품고 계시던 계획이었다. 하나님은 우리가 그분의 아들을 닮도록 '예정'(혹은 계획)하셨다(29절). 세상을 창조하기 전부터 하나님은 나와 당신을 예수님처럼 만들 계획을 세워 놓으셨다. 우리에게 일어나는 모든 일은 바로 그 계획의 일부다. 언젠가 우리는 하나님의 영광을 나눠 갖고 그 영광을 다시 그분에게 반사하며 그분께 영광을 돌려 드릴 것이다(30절).

차로 딸을 등교시켜 주던 어느 날이었다. 그날 학교에서는 부활절 예배가 있었는데, 딸이 속한 학급은 무언극으로 예수님의 예루살렘 입성 장면을 공연하게 되어 있었다. 딸의 배역은 예수님이었다. 학교로 가던 도중에 딸의 친구 안나를 태워 함께 갔는데, 안나는 몇 개월 전 우리 교회에서 세례를 받은 아이였다. 학교에 도착해 차에서 내린 안나는 딸을 향해 "오늘 좋은 예수님이 돼야 해!"라고 소리쳤고, 나는 그 말을 듣고 다시 안나에게 "너도!"라고 소리쳤다(한참 만에 말을 해서 안나가 들었는지는 모르겠지만).

좋은 예수님이 돼라! 우리가 할 일은 예수님의 삶과 죽음에 나타난 하나님의 영광을 공부하는 일이다. 예수님의 성품을 공부해서 그분의 역할을 배우고 그분의 동기를 이해하고 어떤 상황에서든 예수님처럼 행동할 수 있어야 한다. 우리는 예수님과는 전혀 다른 상황에서 살아가고 있다. 하지만 그분의 성품을 제대로 알고 있다면 그분처럼 행동할 수 있다. 우리도 얼마든지 좋은 예수님이 될 수 있다.

하나님의 형상으로 재창조되다

나는 데이비드 베컴처럼 축구를 잘하고 싶다. 그러기 위해서는 베컴이 출전했던 경기 비디오를 보며 그의 활약상을 유심히 관찰하거나 그가 했던 동작들을 열심히 연구할 수 있을 것이다. 그리고 그에게 개인지도를 받을 수도 있다. 그러면 내 실력이 조금은 나아질 것이다. 하지만 그런다고 내가 위대한 축구선수로 변하겠는가?

나는 예수님처럼 되고 싶다. 그래서 복음서를 읽으며 예수님이 했던 일들을 눈여겨보거나 그분의 생애와 사랑을 공부할 수 있을 것이다. 열심히 노력해서 그분이 했던 대로 따라해 볼 수도 있겠다. 그러면 어느 정도는 인격이 향상될지도 모른다. 하지만 그런 작은 변화는 어깨만 우쭐거리게 만들 것이다.

나에게는 본보기 이상의 실제적인 도움이 필요하다. 나를 변화시켜 줄 누군가가 필요하다. 혼자서 예수님을 닮겠다고 발버둥쳐 봤자 패배감만 커질 뿐이다. 나는 결코 예수님같이 될 수 없다. 감히 그분과 비교할 수 없는 위인이다. 나는 문제를 해결받아야 하고, 구원도 받아야 하고, 용서도 받아야 한다.

그런 나에게 너무나 좋은 소식이 있는데, 바로 예수님이 나의 본보기일 뿐 아니라 나의 구원자라는 사실이다.

"누구든지 그리스도 안에 있으면, 그는 새로운 피조물입니다. 옛 것은 지나갔습니다. 보십시오, 새 것이 되었습니다"(고후 5:17). 예수님을 영접하고 나면 아주 놀라운 일이 벌어진다. 새로운 피조물이 되는 것이다! 태양과 행성을 창조한 하나님의 권능이 레이저 광선처럼 우리 마음에 집중된다. 하나님은 과거에 그랬던 것처럼 이 세상에 오셔서 모든 것을 새롭게 하신다. 우리는 변화되고 다시 태어나 새로워진다. "어둠 속에 빛이 비쳐라 하고 말씀하신 하나님께서 우리 마음 속을 비추셔서 [예수] 그리스도의 얼굴에 나타난 하나님의 영광을 아는 지식의 빛을 우리에게 주셨습니다"(고후 4:6). 하나님이 캄캄한 어둠에 대고 말씀하시니 빛이 생겨났다. 혼돈 가운데 말씀하시니 아름다움이 창조되었다. 이제 하나님은 다시 한 번 복음을 통해 말씀하신다. 우리 마음의 어둠에게 말씀하시면 빛이 생겨난다. 우리 삶의 혼돈을 향해 말씀하시면 아름다움이 창조된다.

우리가 새로운 피조물이 된다는 것은 무슨 의미인가? 그것은 하나님의 형상으로 재창조됨을 말한다. 새 생명을 받아서 예수님처럼 성숙할 수 있음을 의미한다. 예수님같이 된다는 것은 하나님의 형상으로서 그분의 영광을 반영한다는 뜻이다.

하나님의 형상을 따라 참 의로움과 참 거룩함으로 지으심을 받은 새 사람을 입으십시오. (엡 4:24)

흙으로 빚은 그 사람의 형상을 우리가 입은 것과 같이, 우리는 또한 하늘에 속한 그분의 형상을 입을 것입니다. (고전 15:49)

서로 거짓말을 하지 마십시오. 여러분은 옛 사람을 그 행실과 함께 벗어 버리고 새 사람을 입으십시오. 이 새 사람은 자기를 창조하신 분의 형상을 따라 끊임없이 새로워져서, 참 지식에 이르게 됩니다. (골 3:9-10)

예수님은 우리를 다시 하나님의 형상으로 만들기 위해 이 땅에 내려오셨다. 그분은 제2의 아담이었다. 인간은 누구나 최초의 조상인 아담의 모습을 갖고 있다. 말하자면 아담의 형상인 셈이다. 본래는 하나님의 형상이어야 하건만 실제로는 아담의 불완전한 형상을 하고 있다. 인간의 내면에는 하나님을 향한 반항심이 자리잡고 있는 것이다. 그러나 예수님은 제2의 아담이시기에 믿음으로 그분과 하나된 사람은 누구나 그리스도의 형상으로 새로워진다. 본래대로 하나님의 형상이 되는 것이다. 예수님은 인간의 상처와 증오와 저주를 십자가 위에서 담당해 주셨다. 우리가 받아야 할 죗값을 대신 치르고 새 생명을 주셨다. 찰스 웨슬리(Charles Wesley)는 "천사 찬송하기를"이라는 찬송가에서 이렇게 노래했다.

아담의 형상은 이제 지워졌으니
우리를 당신의 형상으로 만드시고
하늘에서 내려오신 두 번째 아담이신 주님
우리를 당신의 사랑으로 재창조하소서.[2]

하나님은 변화시키는 일을 하고 계시다. 그분은 우리를 예수님처럼 만들고자 하신다. 우리 안에 있는 그분의 형상을 복구시켜 우리가 다시 한 번 그분을 알게 되고, 그분과 함께 통치하고, 그분의 영광을 반영하기를 원하신다.

영광을 보고 영광을 반사함

모세는, 이스라엘 자손이 자기 얼굴의 광채가 사라져 가는 것을 보지 못하게 하려고 그 얼굴에 너울을 썼지만, 그와 같은 일은 우리는 하지 않습니다. 그런데 이스라엘 백성의 생각은 완고해졌습니다. 그리하여 오늘날에 이르기까지도 그들은, 옛 언약의 책을 읽을 때에, 바로 그 너울을 벗지 못하고 있습니다. 그 너울은 그리스도 안에서 제거되기 때문입니다. 오늘날까지도 그들은, 모세의 글을 읽을 때에, 그 마음에 너울이 덮여 있습니다. 그러나, "사람이 주님께로 돌아서면, 그 너울은 벗겨집니다." 주님은 영이십니다. 주님의 영이 계신 곳에는 자유가 있습니다. 우리는 모두 너울을 벗어 버리고, 주님의 영광을 바라봅니다. 이렇게 해서, 우리는 주님과 같은 모습으로 변화하여, 점점 더 큰 영광에 이르게 됩니다. 이것은 영이신 주님께서 하시는 일입니다.

(고후 3:13-18)

모세가 하나님을 만나고 시내 산에서 내려왔을 때 그의 얼굴은 하나님의 영광을 반사하며 눈부신 빛을 내뿜었다. 그 빛이 얼마나 찬란했던지 이스라엘 백성이 겁에 질려 그의 얼굴을 수건으로 가릴 정도였다(출 34:29-35). 사도 바울은 어떤 면에서 그 수건이 여전히 남아 있다고 말한다. 사람들이 예수님을 알아보지 못하는 이유는 하나님의 영광을 알아보지 못하기 때문이다. 그들의 마음은 하나님의 영광에 대한 두려움으로 위축되어 있다.

그러나, "사람이 주님께로 돌아서면, 그 너울은 벗겨집니다." 성막에 들어가 하나님 앞에 나아갈 때 모세는 얼굴에 쓴 수건을 벗었다. 그때는 사람이 아닌 하나님을 대하는 것이기 때문이었다(출 34:34). 우리가 죄를 회개하고 하나님께 나아갈 때도 마찬가지다. 하나님의 영광을 가렸던 수건은 벗겨져 나가고 눈이 열려 영광 중에 계시는 예수님을 볼 수 있게 된다.

하나님을 만나고 산에서 내려온 모세의 모습은 인간의 본래 모습을 단적으로 보여 준다. 하나님의 영광을 보았던 모세는 하나님의 영광의 빛을 뿜어 냈다. 모든 인간도 마땅히 그래야 한다.

우리는 다시 하나님의 영광을 반사하는 존재가 될 수 있다. 그분 영광의 빛을 뿜어 내는 존재 말이다. 예수님이 재림하시면 우리는 하나님의 영광을 보게 된다. 사도 바울이 말한 것처럼 "[예수] 그리스도의 얼굴에 나타난 하나님의 영광을 아는 지식의 빛"(고후 4:6)을 보게 될 것이다. 우리가 하나님의 영광을 볼 때 우리 얼굴은 그 영광으로 빛나게 된다. 그 영광이 우리를 변하게 해서 우리로 하여금 하나님 영광을 반사하게 만들고, 이 세상에 빛이 비치게 하며, 하나님을 찬양하게 할 것이다.

고린도후서를 처음 공부할 때만 해도 나는 이 말씀이 예수님을 가리킨다고 생각했다. 예수님이 하나님의 진정한 형상으로서 하나님의 영광을 반영하신다는 얘기가 아닐까? 그러나 바울은 더 놀라운 사실을 이야기하고 있었다. 예수님의 얼굴에서 하나님의 영광을 볼 때 우리도 하나님의 영광을 반사하게 될 것이라는 말이었다.

이 책이 전하고 싶은 요점은 이것이다. 예수님 안에서 하나님의 영광을 볼 때 우리에게 변화가 일어난다. 그리스도의 복음을 '듣는' 사람은 그리스도의 영광을 '보게' 된다(고후 4:4-6). 바르게 살려는 노력이나 남을 의식한 행동이나 일련의 규율만 갖고는 영구적인 변화가 일어나지 않는다. 오로지 '주님께로 돌아갈 때'에만 놀라운 일이 일어난다.

첫째, "주님은 영이십니다. 주님의 영이 계신 곳에는 자유가 있습니다." 혼자의 힘과 노력으로는 절대 자신이 원하는 사람이 될 수 없다. 하나님의 영광을 반영하는 사람은 더더욱 될 수 없다. 우리는 감정과 욕구라는 굴레에 묶여 있다. 하지만 예수님을 믿는 순간 성령이 우리를 자유롭게 해주신다. 하나님의 영광 앞에 위축되지 않고 오히려 그 영광을 기뻐하게 된다. 율법에 대한 두려움이 아니라 하나님의 영광에 대한 체험이 모든 행동의 동기가 된다.

둘째, "우리는 모두 너울을 벗어 버리고, 주님의 영광을 바라봅니다." 예수님께로 나아가면 우리는 다시 하나님의 영광을 나타내기 시작한다. 모세처럼 우리의 얼굴도 영광의 광채로 찬란히 빛을 발한다.

셋째, "주님과 같은 모습으로 변화"한다. 예수님께로 나아갈 때 우리는 점점 더 예수님을 닮아 간다. 은혜와 진리, 사랑과 순결의 사람이 된다.

넷째, 예수님께로 나아갈 때 우리는 "점점 더 큰 영광에" 이르게 된다. 더 높은 차원의 영광으로 변화되는 것이다. 이미 하나님의 영광을 반사하고 있지만 예수님 안에서 하나님의 영광을 누릴수록 그 영광은 더욱더 선명하게 발사된다. 모세의 시대는 영광스러웠지만(3:7) 현재는 더욱 영광스럽고(3:8) 미래는 그보다 더 영광스러울 것이다(3:18). 청교도였던 토머스 왓슨(Thomas Watson)은 성화를 변화의 과정이라고 하면서 이렇게 말했다. "성화는 영혼에서 시작된 천국이다. 성화와 영광은 오직 단계의 차이만 있을 뿐이다. 성화는 영광이 씨앗 상태로 있는 것이고 영광은 성화가 꽃을 피운 것이다."[3]

자, 당신은 어떤 사람이 되고 싶은가? 무엇이 변화되기 원하는가? 예수님보다 못한 대상을 기준으로 삼지 말라. 하나님의 영광을 반영하는 것보다 낮은 목표를 잡지 말라. 그럼 하나님의 영광을 반영하기 위해 무엇을 해야 할까? 예수 그리스도의 얼굴에 있는 하나님의 영광을 바라보라. 세상의 기준으로 볼 때 우리 삶은 그다지 멋지고 대단하지 않다. 그리스도인들에게 거룩함이란 영웅적인 행위가 아니다. 날마다 하게 되는 자잘한 선택과 결정으로 만들어지는 것이다. 하나님은 우리에게 평범한 일상을 그분의 영광으로 채울 수 있는 기회를 주신다. 이 암울한 세상에서 우리는 하나님의 영광을 반사하는 존재, 어두운 세상에 그분의 빛을 발하는 발광체가 될 수 있다. 다시 한 번 찰스 웨슬리가 지은 "하나님의 크신 사랑"이라는 찬송가를 읽어 보자.

우리들이 거듭나서 흠이 없게 하시고
주의 크신 구원받아 온전하게 하소서.
영광에서 영광으로 천국까지 이르러
크신 사랑 감격하여 경배하게 하소서.

되돌아보기

1. 예수님을 닮았다고 생각되는 사람들을 떠올려 보라. 그들이 왜 예수님을 닮았다고 생각하는가? 그들의 어떤 점에 호감을 느끼는가? 과거의 어떤 사건들이 지금의 그들을 만들었는가? 그들은 자기 자신을 어떻게 생각하는가? 그들은 예수님을 어떻게 생각하는가?

2. "나를 따라오려고 하는 사람은 자기를 부인하고, 자기 십자가를 지고, 나를 따라오너라"(막 8:34). 예수님이 십자가에서 보여 주신 헌신과 순종과 고난은 예수님같이 된다는 의미가 무엇인지를 단적으로 보여 준다. 이를 우리 삶에 어떻게 적용해야겠는가?

- 다른 그리스도인들에 대해—로마서 15:7과 빌립보서 2:1-11을 보라.
- 사회의 영향과 동료들의 압박에 대해—갈라디아서 6:14을 보라.
- 가난한 사람들에 대해—고린도후서 8:8-9과 요한일서 3:16을 보라.
- 배우자에 대해—에베소서 5:22-23을 보라.
- 고난이 닥칠 때—베드로전서 2:18-25을 보라.
- 죄에 대해—베드로전서 4:1-2을 보라.

변화 프로젝트

1단계: 당신은 어떤 변화를 꿈꾸는가?

당신의 삶에서 어떤 부분이 바뀌기를 원하는지 생각해 보라.
어떤 사람은 행동(거짓말, 음란함, 과식, 과소비, 외도 등)이 바뀌기를 원할 것이고, 어떤 사람은 감정(우울함, 질투심, 걱정, 욕심, 분노)이 바뀌기를 원할 것이다. 또는 성령의 열매가 맺히지 않는 부분에서 변화가 일어나기를 원할 수도 있다.

당신의 변화 프로젝트는 자신의 행동과 감정을 바꾸기 위한 것인가?
다른 사람을 변화시키려는 시도는 소용 없다. 당신은 절대로 '말 잘 듣는 자녀'나 '자상한 남편'을 목표로 잡으면 안 된다. 오로지 자신을 변화의 대상으로 삼아 '아이들에게 소리 지르는 나' 혹은 '배우자에게 짜증 내는 나'를 변화시켜야 한다.

당신의 변화 프로젝트는 구체적인가?
'더 좋은 부모가 되겠다'처럼 일반적이고 막연한 목표를 잡지 말라. 특정한 행동이나 감정을 선택하라. 언제 그런 행동을 했고 그런 감정을 느꼈는지 기억할 만큼 아주 구체적인 부분을 목표로 정하라.

예수님처럼 된다는 것은 당신에게 어떤 의미인가?
- 당신은 자신의 부정적인 행동과 감정을 떠올렸을 것이다. 그렇다면 그와 반대되는 긍정적인 행동과 감정은 무엇인가?
- 당신이 정한 변화 프로젝트의 목표를 설명해 보라.

- 예수님이 당신이라면 어떻게 행동하고 생각하셨을 것 같은가?
- 당신이 어떤 사람이 되어야 할지를 말해 주는 예수님의 말씀이나 성경 이야기가 있는가?

당신이 변화되고 싶은 부분을 요약해서 글로 적어 보라.

2단계

왜 변화되려고 하는가?

당신은 왜 변화되고 싶은가? 잠깐 그 이유를 생각해 보라. 당신은 왜 예수님을 닮고 싶은가? 왜 분노를 삭이며, 정욕을 이기며, 공상의 세계에서 빠져나오고 싶은가? 왜 우울증에서 벗어나고 증오와 좌절감을 버리고 싶은가? 왜 더 좋은 부모가 되고 더 좋은 남편과 아내가 되고 더 좋은 직장인이 되고 싶은가? 당신의 대답은 아마 다음의 세 가지 중 하나일 것이다.

하나님께 자신의 가치를 입증해 보이고 싶어서

당신이 변하고 싶은 이유가 혹시 하나님의 환심을 사서 구원을 받거나 축복을 받으려는 것은 아닌가?

흔히 착한 사람이 천국에 간다고들 말한다. 그래서 천국에 가기 위해 먼저 착한 사람이 되려고 노력한다. 그런데 사람들이 흔히 생각하는 천국은 문 앞에 경비원을 둔 최고급 나이트클럽과 비슷한 것 같다. 경비원은 잘 차려입은 사람들만 들여보내고 청바지나 운동복 차림의 사람들은 돌려보낸다. 그래서 우리는 천국에 들어가기 위해 말쑥이 단장하려고 애쓴다.

하나님의 은혜로 천국에 들어간다고 확신하는 사람들조차도 하나님께 잘 보여야 이 세상에서 복된 삶을 누린다고 생각한다. 어느 미혼 여성이 내게 이런 말을 한 적이 있다. "하나님의 뜻대로 살려고 노력하는데 아직도 남편을 안 주시네요." 그녀는 하나님에게 잘 보여서 자신이 원하는 것을 받아 내려는 속셈을 갖고 있었다.

보상 심리는 인간의 내면 깊숙이 뿌리박혀 있다. 우리는 죄의 대가를 스스로 치르려고 한다. 하지만 하나님은 이미 예수님에게 우리의 모든 죗값을 치르게 하셨다. 그것은 오직 무한한 사랑에서 비롯된 하나님의 은혜였다. 하나님의 은혜는 알기는 쉬운데 이해하기는 상당히 어렵다. 은혜가 복잡한 개념이라서가 아니라, 하나님의 은혜를 받기 위해 무언가를 해야 할 것만 같은 강박에서 벗어날 수 없어서다. 우리는 자신의 공로를 인정받고 싶어 하지만 하나님은 이렇게 말씀하신다. "나는 너를 사랑하기에 너를 위해 내 아들을 주었다. 네가 나의 축복을 받기 위한 조건들은 이미 그가 모두 만족시켰다. 나는 지금의 네 모습 그대로를 사랑하고 내 아들 안에서 너를 받아들였다." 하나님은 당신을 한결같이 사랑하신다. 당신이 더 나은 사람이 된다고 지금보다 더 사랑하시는 것도 아니고, 엉망으로 산다고 지금보다 덜 사랑하시는 것도 아니다. "우리가 아직 죄인 되었을 때에 그리스도께서 우리를 위하여 죽으심으로 하나님께서 우리에 대한 자기의 사랑을 확증하셨느니라"(롬 5:8, 개역개정).

다른 사람에게 자신의 가치를 입증해 보이고 싶어서

이건 내 경우에 해당하는 이야기인데 나는 사람들에게 잘 보이고 싶어서 변화되기를 원할 때가 많다. 우리는 사람들에게 인정과 칭찬을 받고 싶어 한다. 남에게 자신의 실체를 들키고 싶은 사람은 아무도 없을 것이다. 그래서 자신의 진짜 모습을 숨긴 채 가면을 쓰고 살아가지만, 그것만큼 힘겨운 일은 없다. 그건 마치 하루 종일 연극을 하는 것과 같다. 그럼에도 불구하고 우리는 자신의 진짜 모습을 사람들에게 보여 주지 않으려고 한다.

남에게 잘 보이려고 애쓸 때의 문제점은 남들이 정한 기준에 따라 살게 된다는 것이다. 심지어 그 기준이 잘못된 것일 때도 남들과 어울리기 위해 그 기준에 따라 행동할 수밖에 없다. 설령 바른 기준이라 해도 그것은 여전히 하나님께 순종하는 것이 아니라 사람들에게 순종하는 것이다. 예수님처럼 사는 게 아니라 남들이 하는 대로 살게 되는 것이다. 가끔은 남과 비교해 자신을 더 의로운 사람이라고 여기기도 한다. 남의 잘못을 비난하면 자신은 더 의로워 보이는 법이다.

그러나 우리는 예수님과 우리 자신을 비교해야 한다. 하나님의 기준에 한참이나 미달된다는 사실을 깨닫고 구원자의 필요성을 절실히 느껴야 한다.

스스로에게 자신의 가치를 입증해 보이고 싶어서

사람들이 변화되기 원하는 또 한 가지 이유는 자기 스스로 만족감을 느끼기 위해서다. 정상적인 인간이라면 누구나 죄를 지을 때 수치심을 느낀다. 그래서 잘못을 바로잡으려고 한다. 우리는 '음란물 중독자' 대신 '전에 음란물을 보던 사람'이기를 원한다. "저는 화를 잘 내는 사람입니다"라고 말하는 대신 "전에는 화를 잘 냈어요"라고 말하고 싶어 한다. 그러다 죄를 짓고 나면 더 이상 자신을 '예전에 죄인이었던 사람'으로 볼 수 없게 된다. 자신의 죄가 먼 과거로 느껴지지 전까지 우리는 자신에게 좋은 감정을 느낄 수 없다. 우리에게 죄란 최우선적으로 자기 자신에게 범한 죄다. 죄를 짓는 것은 자신을 실망시키는 일이다. 하나님께 죄를 지은 게 아니라 나와 내 자존심에 해를 입혔다고 생각한다.

은혜로 의롭게 됨

그럼 하나님과 자기 자신과 남에세 가치를 입증해 보이려고 변화를 추구하는 것이 왜 잘못인가? 그런 동기로는 결코 목표를 이룰 수 없기 때문이다. 한동안은 남을 속일 수 있고 자기 자신도 속일 수 있다. 하지만 하나님을 속일 수는 없다. 왜 그런가? 하나님께 잘 보이기 위해 변화 프로젝트를 시작했다고 치자. 이때 변화의 목적은 오로지 **나 자신**을 그럴듯하게 만드는 것이다. 이는 **나**의 영광을 위한 변화다. 그것이 죄가 아니고 무엇이란 말인가! 죄란 하나님의 영광이 아닌 나의 영광을 구하는 것이다. 하나님의 뜻대로 하나님을 위해 사는 게 아니라 내 마음대로 나를 위해 사는 것이다. 그런 사람들은 하나님을 주로 여기지 않고 자신이 주인이 되려고 한다. 하나님을 구원자로 여기지 않고 스스로 구원자가 되려고 한다. 바리새인들은 선행을 많이 하고 잘못된 행동을 회개했던 사람들이었다. 그러나 진정한 회개는 잘못된 동기까지도 회개하는 것이다. 우리는 스스로 구원자가 되려고 했던 것을 회개해야 한다. 신학자 존 거스너(John Gerstner)는 이렇게 말했다. "우리를 하나님에게서 멀어지게 만드는 것은 우리의 죄가 아니라 오히려 가증한 선행이다."[1]

우리 마음속에는 자신을 입증해 보이고 싶은, 즉 행동으로 자신의 가치를 드러내고 싶은 욕구가 자리하고 있다. 종교가 있는 사람이 주로 그렇지만, 종교가 없는 사람도 마찬가지다. 그들은 세속적 측면에서 행동을 통해 자기 정체성을 발견하려고 노력하는 사람들이다. 직장에서 성공을 하거나 값비싼 옷을 입거나 침대에서 강한 남성임을 과시할 때 스스로에게 자부심을 느끼는 것이다.

그리스도인들도 스스로 구원자가 되려는 덫에 끊임없이 걸려든다. 산상수훈의 마지막 말씀을 기억해 보라. 예수님은 두 가지 선택의 길을 제시하셨다. 그 두 갈래 길은 인생의 두 가지 기반을 의미한다(마 7:13-27). 하나는 좋은 삶이고 하나는 나쁜 삶이라고 생각하기 쉽지만, 산상수훈을 자세히 읽어 보면 그런 의미가 아님을 알 수 있다. 예수님이 혐오하신 것은 잘못된 동기로 살아가는 좋은 삶이었다. 예수님은 '바리새인들의 의로움'(5:20)을 싫어하셨다. 바리새인들은 자신이 하나님을 위해 의롭게 산다고 생각했지만 실제로는 자신을 위해 그렇게 살았을 뿐이다(7:21-23). 그들의 마음속에는 사람들의 존경을 받고 하나님을 조종하려는 의도가 숨어 있었다(6:1-8). 그것은 진심에서 우러난 의로움이 아니었기에(5:21-48) 예수님이 스스로의 의로움과 심령의 가난함 사이에서 선택하라고 말씀하신 것이다(5:3).

우리가 '입증'하려고 애쓰는 또 한 가지는 자신의 '의로움'이다. 우리는 스스로를 정당화해서 하나님의 사랑을 받기에 합당하고 남에게 존경받을 만한 인물이 되려고 한다. 하지만 예수님이 이루신 십자가 공로 안에서만 믿음으로 의롭게 될 수 있다. 자신을 입증하고 싶은 마음이 들 때 이것을 기억하라. 당신은 그리스도 안에서 하나님과 올바른 관계를 맺게 되었고 이미 하나님께 용납받았다. 당신이 무언가를 한다고 해서 더 많이 용납받는 것은 아니다. 사람들에게 잘 보이려고 애쓸 필요도 없다. 당신은 이미 하나님에 의해 의롭고 정당한 사람이 되었다. 당신에게 자부심을 주는 것은 당신이 행한 일이 아니라 그리스도께서 당신을 위해 하신 일이다. 변화되어야만 당신이 가치 있는 존재가 되는 것은 아니다. 당신은 이미 만 왕의 왕이신 하나님의 자녀다.

스스로 의롭다고 확신하고 남을 멸시하는 몇몇 사람에게 예수께서는 이 비유를 말씀하셨다. 두 사람이 기도하러 성전에 올라갔다. 한 사람은 바리새파 사람이고, 다른 한 사람은 세리였다. 바리새파 사람은 서서, 혼자 말로 이렇게 기도하였다. '하나님, 감사합니다. 나는 남의 것을 빼앗는 자나, 불의한 자나, 간음하는 자와 같은 다른 사람들과 같지 않으며, 더구나 이 세리와는 같지 않습니다. 나는 이레에 두 번씩 금식하고, 내 모든 소득의 십일조를 바칩니다.' 그런데 세리는 멀찍이 서서, 하늘을 우러러볼 엄두도 못 내고, 가슴을 치며 '아 하나님, 이 죄인에게 자비를 베풀어 주십시오'라고 말하였다. 내가 너희에게 말한다. 의롭다는 인정을 받고서 자기 집으로 내려간 사람은, 저 바리새파 사람이 아니라 이 세리. 누구든지 자기를 높이는 사람은 낮아지고, 자기를 낮추는 사람은 높아질 것이다. (눅 18:9-14)

바리새인은 하나님 마음에 들고 싶었다. 그래서 자기가 한 일들을 자랑스럽게 늘어놓았다. 그러나 예수님은 그가 **자기 자신을 위해** 기도했다고 말씀하셨다. 바리새인은 사람들의 눈에도 들고 싶었다. 그래서 일부러 잘 보이는 곳에 서서 기도를 했다(마 6:5). 또한 자신에 대한 자부심도 대단해서 자신을 세리보다 훨씬 의로운 사람으로 여겼다.

반면에 세리는 자신을 전혀 좋은 사람으로 생각하지 않았다. 그는 사람들에게서 멀찍이 떨어져서 기도했다. 자신은 어느 모로 보나 형편없으니 그저 자비를 베풀어 달라고 말이다. 예수님은 그 세리가 '의롭다는 인정을 받고' 집으로 돌아갔다고 말씀하셨다. 바리새인은 스스로 의롭게 여겼지만 하나님의 인정을 받지는 못했다. 그러나 하나님의 자비에만 의지했던 세리는 의롭다는 인정을 받았다.

언젠가 한 남자에게 그의 알코올 중독자 딸이 세례를 받게 되었다고 말한 적이 있다. 그는 무척이나 의외라는 표정을 짓더니 약간 화까지 냈다. 자신을 남보다 더 의로운 사람이라고 생각하고 있었던 것이다. 사실은 온갖 잘못으로 엉망진창이 된 삶을 살았으면서도 항상 남의 허물만 지적했고 스스로 하나님 앞에서 괜찮은 사람이라는 착각에 빠져 있었다. 적어도 남들에 비해 자기가 더 낫다는 것이었다. 그런데 이제 알코올 중독자 딸도 하나님 나라에 들어간다고 하지 않는가! 그의 상식으로 볼 때 자기 딸은 하나님 앞에 설 수 없는 죄인이었다. 그런데도 문제가 되지 않는다는 말인가? 대체 하나님이 무슨 근거로 사람을 용납하신다는 말인가? 그로서는 상식이 뒤집히는 순간이었다.

자신을 입증하기 위해 변화하려는 사람에게는 커다란 문제가 있다. 하나님은 우리를 위해 아들을 보내셔서 우리를 의로운 사람으로 만들어 주셨다. 예수님은 우리를 구원하기 위해 하나님 아버지와 분리되어 그분의 진노를 전적으로 담당하시고 십자가 위에서 죽으셨다. 우리가 선행으로 자신을 입증하려는 것은 결국 그 십자가의 공로가 충분치 않다고 말하는 것이나 마찬가지다.

자, 이런 가정을 해 보자. 당신은 엄청난 빚 때문에 한순간에 가난뱅이가 되었다. 그때 한 친척이 와서 당신의 빚을 모두 갚아 주었다. 막대한 희생을 감수하고 채권자들에게 주어야 할 돈을 전부 갚아 준 것이다. 그런데도 당신은 갖고 있는 푼돈을 채권자들에게 주려고 한다. 조금이라도 힘을 보탰다는 걸 보여 주기 위해서다. 하지만 그건 소용없는 짓일 뿐 아니라 친척을 모욕하는 행위다.

우리는 구원을 받으려는 목적 때문이 아니라 구원을 받았기 때문에 옳은 일을 해야 한다. "여러분은 믿음을 통하여 은혜로 구원을 얻었습니다.… 행위에서 난 것이 아닙니다.…우리는 하나님의 작품입니다. 선한 일을 하게 하시려고, 하나님께서 그리스도 예수 안에서 우리를 만드셨습니다. 하나님께서 이렇게 미리 준비하신 것은, 우리가 선한 일을 하며 살아가게 하시려는 것입니다"(엡 2:8-10). 비그리스도인들은 구원과 선행의 이치를 이해하지 **못해서** 예수님의 구원을 받지 못한다. 반면에 그리스도인들은 구원과 선행의 이치를 **제대로** 이해하지 못해서 거룩함의 은혜를 만끽하지 못한다.

십자가를 통해 죄를 용서받았음을 깨닫지 못하면, 살면서 짓는 죄를 결코 없애지 못한다. 거룩함은 마음에서 비롯되기 때문이다. 거룩함의 핵심은 행동과 태도가 달라지는 것이 아니다. 사랑, 욕구, 동기가 변화되어 행동으로 나타나는 게 진정한 거룩함이다. 자신의 죄를 완전히 용서받았음을 알지 못하는 사람의 사랑과 욕구와 동기가 올바를 수는 없다. 그런 사람은 자신의 가치를 입증하는 것에만 목표를 두게 된다. 죄 자체를 혐오하고 하나님을 갈망하는 대신 죄의 결과에만 연연하는 것이다.

행동이 달라져도 동기와 욕구가 여전히 잘못되어 있다면 그것은 예전의 행동처럼 결코 하나님을 기쁘게 하지 못한다. 자, 어떤 알코올 중독자가 술을 끊었는데 그 이유가 자신의 명예를 지키기 위해서, 혹은 가정을 파괴시키지 않기 위해서, 혹은 술주정뱅이로 인생을 끝내지 않기 위해서였다고 가정해 보자. 물론 술을 끊은 것은 올바른 일이지만 그 동기에는 여전히 하나님이 배제되어 있고 자기중심적인 욕구가 자리잡고 있다. 그러므로 하나님이 보시기에 그의 행동은 결코 거룩하다고 말할 수 없다. 어떤 그리스도인이 스스로 만족감을 느끼기 위해, 혹은 다른 교인들의 눈총을 받지 않기 위해 기도 모임에 나가기 시작했다고 해 보자. 비록 그의 행동은 달라졌지만 동기와 욕구는 예전 그대로다. 그런 행동은 결코 거룩하다고 말할 수 없다(기도 모임에 나가서 교인들과 기도를 하는 중에 마음의 변화가 일어날 수는 있겠지만). 존 파이퍼(John Piper)는 이런 말을 했다. "예수님을 믿는다는 것은 새로운 의무가 아닌 새로운 욕구, 새로운 행동이 아닌 새로운 기쁨, 새로운 일이 아닌 새로운 보배의 창조다."[2]

19세기 위대한 설교자 찰스 스펄전(Charles Spurgeon)은 겸허한 농부의 예화를 통해 그 사실을 설명했다. 어느 나라에 왕을 사랑하고 존경하는 농부가 있었다. 그는 자신이 수확한 당근 한 바구니를 왕에게 갖다 바쳤다.[3] 왕은 매우 기뻐하며 농부에게 땅 한 마지기를 하사하고 계속해서 농사를 지으라고 했다. 그것을 본 한 신하는 '당근 한 바구니에 땅 한 마지기라…. 그것 참 괜찮은 장사인데'라는 생각이 들어, 다음 날 왕에게 멋진 말 한 마리를 선물로 바쳤다. 신하의 속셈을 간파한 현명한 왕은 고맙다는 말 한마디와 함께 그가 바친 선물을 받았다. 실망한 신하에게 왕은 이렇게 말했다. "농부는 **나에게** 당근을 바쳤지만 너는 **너 자신에게** 말을 바친 것이 아니더냐. 나를 사랑해서 준 것이 아니라 보상을 바라는 이기심에서 준 것이었으니까 말이다." 스펄전은 우리가 굶주린 사람을 먹이는 것인지 아니면 자기 자신을 먹이는 것인지 물었다. 우리는 벗은 자가 불쌍해서 옷을 주는가, 보상을 바라고 옷을 주는가? 하나님을 섬기는 것인가, 자기 자신을 섬기는 것인가? 성경에는 상급을 받는다는 말이 여러 번 등장하지만 우리의 상급은 하나님 자신이다. 하나님을 알게 되고, 그분을 기쁘게 하고, 또 그분으로 인해 기뻐하는 것이 우리가 받는 보상이며 상급이다.

하나님 앞에서 자신의 가치를 입증하려고 변화를 시도해서는 안 된다. 하나님의 사랑과 용납을 받았기에 변화되려고 해야 한다. 하나님은 우리에게 새로운 정체성을 주셨고, 그러한 정체성이 곧 변화의 동기와 기초가 되는 것이다.

새로운 정체성

신약은 우리에게 '어떤 사람'이 되어야 하는지 되풀이해서 강조한다. 과시하려는 마음에서 무언가를 이루려 하지 말고, 예수님 안에서 우리에게 주신 새로운 정체성에 맞게 살아가라고 권면한다.

하나님께서는, 우리가 그를 앎으로 말미암아 생명과 경건에 이르게 하는 모든 것을, 그의 권능으로 우리에게 주셨습니다. 하나님은 우리를 부르셔서 그의 영광과 덕을 누리게 해주신 분이십니다. 그는 이 영광과 덕으로 귀중하고 아주 위대한 약속들을 우리에게 주셨습니다. 그것은 이 약속들로 말미암아 여러분이 세상에서 정욕 때문에 부패하는 사람이 되는 것이 아니라, 하나님의 성품에 참여하는 사람이 되게 하시려는 것입니다. 그러므로 여러분은 열성을 다하여 여러분의 믿음에 덕을 더하고, 덕에 지식을 더하고, 지식에 절제를 더하고, 절제에 인내를 더하고, 인내에 경건을 더하고, 경건에 신도 간의 우애를 더하고, 신도 간의 우애에 사랑을 더하도록 하십시오. 이런 것들이 여러분에게 갖추어지고, 또 넉넉해지면, 여러분은 우리 주 예수 그리스도를 아는 일에 게으르거나 열매를 맺지 못하는 사람이 되지 않을 것입니다. 그러나 이런 것들을 갖추지 못한 사람은 근시안이거나 앞을 못 보는 사람입니다. 이런 사람은 자기의 옛 죄가 깨끗하여졌음을 잊어버린 것입니다. (벧후 1:3-9)

경건한 삶을 살기 위해 무언가가 필요한 것은 아니다. 이미 다 우리에게 주어져 있다. 새로운 정체성을 형성하는 위대하고 보배로운 약속이 우리를 예수님처럼 만들어 줄 것이다. 인격의 성숙은 바로 그 약속들을 믿는 믿음에서 출발한다. 게으르고 열매 맺지 못하는 자의 문제는 무엇인가? "옛 죄가 깨끗하여졌음을 잊어버린" 것, 즉 자신의 새로운 정체성을 깨닫지 못한 것이다.

그럼 이제부터 성경에서 이야기하는 새로운 정체성의 특징은 무엇이며, 그 특징들이 왜 변화의 강한 동기가 되는지 알아보자.

우리는 하나님 아버지의 자녀다

그러나 기한이 찼을 때에, 하나님께서는 자기 아들을 보내셔서, 여자에게서 나게 하시고, 또한 율법 아래에 놓이게 하셨습니다. 그것은 율법 아래에 있는 사람들을 속량하시고, 우리로 하여금 자녀의 자격을 얻게 하시려는 것이었습니다. 그런데 여러분은 자녀이므로, 하나님께서 그 아들의 영을 우리의 마음에 보내 주셔서 우리가 하나님을 "아빠, 아버지"라고 부를 수 있게 하셨습니다. 그러므로 여러분 각 사람은 이제 종이 아니라 자녀입니다.…하나님께서는 여러분을 부르셔서, 자유를 누리게 하셨습니다. 그러나 여러분은 그 자유를 육체의 욕망을 만족시키는 구실로 삼지 말고, 사랑으로 서로 섬기십시오. (갈 4:4-7; 5:13-14; 참고 롬 6:15-23)

전에는 우리 모두가 죄의 종이었다. 잠깐만 생각해 보면 누구나 그 사실을 인정할 것이다. 변하려고 애를 썼지만 실패했던 때를 기억해 보라. 자신이 정한 기준에도 못 미치며 살았던 지난날을 생각해 보라. 언제나 작심삼일로 끝났던 새해 결심들을 되돌아보라. 우리는 예수님처럼 되는 것은 고사하고 자신이 원하는 사람조차 될 수 없는 인간들이다.

또한 우리는 율법의 노예이기도 했다. 사도 바울은 모세의 율법을 이야기했지만, 이는 일련의 규율을 사용해서 변화되려는 모든 노력을 포함한다. 율법은 우리를 자유롭게 하는 것이 아니라 짓누른다. 율법이 가진 최대의 장점은 우리 자신이 얼마나 부족한 존재인지 깨닫게 해주는 것이다. 율법은 우리가 정도에서 얼마나 벗어났는지를 여실히 보여 준다.

하나님이 아들을 세상에 보내신 이유는 우리에게 자유를 선물하기 위해서였다. 우리는 더 이상 주인에게 복종하는 종이 아니라 아버지의 아들과 딸이다. 따라서 자신의 가치를 입증해 보이려고 애쓸 필요가 없다. 하나님이 우리에게 "너는 나의 자녀다"라고 말씀하셨고, 두려움의 영이 아니라 "아빠, 하나님!"이라고 소리칠 수 있는 영을 주셨다. 미래를 걱정할 필요도 없다. 하나님이 우리를 상속자로 삼아서 그분의 모든 것을 유업으로 주실 것이다. G. C. 베르카우어(Berkouwer)는 이렇게 말했다. "자녀로의 입양이 성화의 기반이며 **유일한** 기반이다.…믿음 안에서 각 사람은 필요한 모든 것을 소유한다. 그러므로 자신의 전 생애를 남을 섬기는 데 기꺼이 바칠 수 있다."4)

예전에는 죄의 종이었지만 지금 우리는 하나님의 자녀가 되었다. 그런데도 자녀처럼 살지 않고 종처럼 산다면 제정신이라고 할 수 없다. 하지만 자유롭다고 해서 마음대로 죄를 지어도 좋다는 얘기는 아니다. 그건 예전의 종살이로 돌아가는 것이다. 술 때문에 인생을 망친 알코올 중독자가 있다고 치자. 어떤 사람이 그를 불쌍히 여겨 치료소에 보내 주었다. 몇 개월 후, 알코올 중독을 완전히 치료한 그가 치료소를 나오면서 이렇게 말하겠는가? "마침내 알코올 중독에서 벗어났으니 이젠 술을 마셔도 되겠구나." 그건 벗어난 것이 아니라 예전의 종살이로 되돌아가는 것이다.

거리를 떠돌던 소피는 입양되어 양부모 집에서 살게 되었다. 집에 들어간 첫날, 소피는 잔뜩 긴장한 얼굴로 새 집을 조심스럽게 둘러보았다. 행여 물건이라도 깨뜨렸다가 전처럼 매를 맞는 건 아닌지 겁에 질려 있었다. 소피는 자신의 방에 놓인 장난감을 건드리지도 않았다. 그 장난감이 자신의 것이라는 게 믿어지지 않았다. 저녁을 먹는 자리에서는 음식을 몰래 호주머니에 담았다. 길거리에서 살다 보면 언제 또 음식을 먹을 수 있을지 예측할 수 없는 법이다. 그날 밤 큰 방에 혼자 누운 소피는 무척이나 외로웠다. 오랫동안 감정을 억누르는 법을 배웠기에 망정이지 안 그랬다면 큰소리로 울어 버리고 말았을 것이다.

그 후 일 년의 시간이 흘렀다. 소피의 양엄마가 어떤 말을 했는지 들어 보라. "간밤에 소피는 악몽을 꾸었다며 제가 자고 있는 침대로 기어 들어왔어요. 내 옆에서 몸을 웅크리고 눕더니 내 가슴에 자기 얼굴을 갖다 대고 생긋 웃는 거예요. 그러고는 '엄마 사랑해' 하고 잠이 드는데 얼마나 기쁜지 눈물이 핑 돌더라고요."

소피는 입양된 첫날부터 새로운 정체성을 갖게 되었다. 새로운 가정의 자녀가 된 것이다. 하지만 처음에는 여전히 거리의 아이처럼 살았다. 소피가 하는 행동이나 태도는 예전의 정체성에서 비롯된 것이었다. 그리스도인도 소피처럼 새로운 정체성을 갖는다.

그리스도인은 그리스도인답게 새로운 정체성에 어울리는 삶을 살아야 한다. 더 이상 종처럼 살지 말고 왕의 자녀답게 살아가자.

우리는 하나님 아들의 신부다

남편 된 이 여러분, 아내를 사랑하기를 그리스도께서 교회를 사랑하셔서 교회를 위

40

하여 자신을 내주심같이 하십시오. 그리스도께서 그렇게 하신 것은, 교회를 물로 씻고 말씀으로 깨끗하게 하여서 거룩하게 하시려는 것이며, 티나 주름이나 또 그와 같은 것들이 없이 아름다운 모습으로 교회를 자기 앞에 내세우시려는 것이며, 교회를 거룩하고 흠이 없게 하시려는 것입니다. (엡 5:25-27)

교회는 예수 그리스도의 신부다. 예수님은 우리를 사랑했고 청혼했고 깨끗하게 했고 구원했고 아내로 삼으셨다. 예수님과 우리의 관계는 사랑과 친밀함이 넘치는 관계다. 그 관계는 연합, 지극히 배타적인 둘만의 연합이다.

내가 아침에 커피를 타서 침실에 있는 아내에게 가져다주는 이유는, 아내를 내 사람으로 만들기 위해서가 아니다. 아내는 이미 내 사람이다. 예수님이 이미 나의 신랑이신 것처럼. 아내가 나를 두고 떠날까 봐 잡아 두기 위해서도 아니다. 아내는 평생 내 곁에 있겠다고 결혼 서약을 했다. 예수님이 언제나 나와 함께하겠다고 약속하신 것처럼. 아내가 나에게 잘해 주기를 바라서 커피를 바치는 것도 아니다. 내가 아내에게 잘못할 때조차 아내는 나에게 잘 대해 주는 편이다. 잘못을 저질러도 예수님이 언제나 내게 자비로우신 것처럼. 내가 아내를 기쁘게 하려는 이유는 오로지 아내를 사랑하고 아내도 나를 사랑해 주기 때문이다. 나는 아내를 기쁘게 하는 데서 기쁨을 느낀다. 예수님도 마찬가지다. 예수님은 우리의 애인이고 동반자고 신랑이기에 우리는 그분을 위해 살고, 그분을 기쁘게 하려고 노력하고, 그분이 요구하는 것을 행하는 것이다. 아내가 나를 사랑하면 할수록 나 역시 아내를 더욱 사랑하게 된다. 예수님은 무한한 사랑으로 나를 사랑하셨고 나를 위해 십자가 위에서 목숨을 내어 주셨다. 내가 사랑받을 자격이 전혀 없을 때에도 주님은 나를 사랑하셨다. 내가 거룩하고 정결하고 빛이 난다면 그건 오직 주님이 그렇게 만들어 주셨기 때문이다. 그래서 나는 그분을 사랑하고 그분을 위해 산다.

성경은 죄를 '간음'에 비유할 때가 많다(렘 3:7-8; 5:7; 겔 23:37; 마 12:39; 약 4:4; 계 2:22). 이는 가장 진실하고 아름다운 사랑을 배신하는 행위이기 때문이다. 왜 우리는 죄를 지으려고 하는가? 불순한 관계에서 얻는 '사랑'은 절대로 사랑이라고 할 수 없다. 죄는 우리를 사랑하지 않는다. 다만 이용하고 학대하고 종으로 삼고 지배해서 결국 우리를 파멸시킬 뿐이다. 죄는 우리에게서 취하기만 할 뿐 그 대가로 아무것도 주지 않는다. 교묘한 속임수를 써서 유혹하고 세상을 주겠다고 새빨간 거짓말을 하지만, 죄는 절대로 우리에게 영원하고 진정한 만족을 가져다 주지 못한다. 왜 그처럼 시시하고 변변치 못한 상대 때문에 예수님처럼 멋지고 훌륭하고 애정 넘치고 너그럽고 강하고 능력 있는 신랑을 떠나려고 하는가? 고린도 교인들에게 사도 바울이 했던 충고를 들어 보라. "나는 하나님께서 보여 주신 열렬한 관심으로, 여러분을 두고 몹시 마음을 씁니다. 나는 여러분을 순결한 처녀로 그리스도께 드리려고 여러분을 한 분 남편 되실 그리스도와 약혼시켰습니다. 그러나 내가 두려워하는 것은, 뱀이 그 간사한 꾀로 하와를 속인 것과 같이, 여러분의 생각이 부패해서, 여러분이 그리스도께 대한 진실함[과 순결함]을 저버리게 되지나 않을까 하는 것입니다"(고후 11:2-3). 한 여성이 이 말씀을 이렇게 비유한 적이 있다. "저는 어렸을 때부터 눈부시게 하얀 웨딩드레스를 입고 결혼식장으로 걸어 들어가는 꿈을 꾸었어요. 때 묻고 더러운 웨딩드레스를 입는 건 상상해 본 적도 없어요."

우리는 새로운 정체성에 맞게 살아야 한다. 그 말은 정결하고 헌신적이며 사랑스런 그리스도의 신부가 되라는 것이다.

우리는 성령이 거하시는 집이다

음행을 피하십시오. 사람이 짓는 다른 모든 죄는 자기 몸 밖에 있는 것이지만, 음행

42

을 하는 자는 자기 몸에다가 죄를 짓는 것입니다. 여러분의 몸은 여러분 안에 계신 성령의 성전이라는 것을 알지 못합니까? 여러분은 성령을 하나님으로부터 받아서 모시고 있습니다. 여러분은 여러분 자신의 것이 아닙니다. 여러분은 하나님께서 값을 치르고 사들인 사람입니다. 그러므로 여러분의 몸으로 하나님을 영화롭게 하십시오. (고전 6:18-20)

구약 시대에 성전은 거룩한 장소였다. 불결하고 부정한 것은 안에 들어갈 수 없었다. 이제는 우리가 하나님의 거룩한 성전이다. 우리 삶, 그리고 기독교 공동체로서 우리 그리스도인들의 삶은 하나님께 바쳐진 거룩한 성전이 되어야 한다.

그리스도인이 평생 예수님을 닮아 가는 과정을 '성화'라고 한다. 하지만 신약에서 '성화'는 주로 과거에 이루어진, 하나님의 일회적 행동을 가리키는 의미로 사용되었다.⁹ 즉, 우리는 하나님을 섬기기 위해 그분에 의해 성화되었고 성령에 의해 새롭게 되었다는 것이다. 이제부터 우리가 해야 할 일은 하나님의 '거룩한 자' 혹은 '성도'라는 새로운 정체성에 맞게 살아가는 것이다('성화'라는 단어보다는 '변화'라는 단어가 더 적절할지도 모른다. 그러나 요즘은 변화의 과정을 보통 '성화'라고 부른다).

당신이 손님을 맞이하기 위해 집안 구석구석을 깨끗이 청소했다고 하자. 당신은 창문을 닦고, 가구의 먼지를 털고, 마룻바닥을 박박 문지르고, 방을 쓸고 닦았다. 그런 다음 꽃 몇 송이를 사기 위해 빗속에 진흙탕이 된 길을 걸어서 꽃집에 다녀왔다. 이제 당신은 집안에 어떻게 들어가겠는가? 진흙범벅이 된 신발을 신고 집안을 마구 돌아다니거나 젖은 옷을 아무 데서나 털어 대겠는가? 아닐 것이다. 현관 앞에서 신발과 젖은 옷을 전부 벗어 놓고 들어갈 것이다. 손님을 위해 집안을 깨끗하게 유지하고 싶기 때문이다. 성령은 우리를 깨끗하고 정결하게 씻어 주셨다. 완전히 새로운 인생을 시작하게 하셨고 우리를 자신의 거처로 삼으셨다. 우리를 하나님의 성전으로서 거룩하게 해주셨다. 그런데 왜 예전의 더러운 버릇을 안으로 들여오고 불결한 죄악으로 돌아가려고 하는가? 당신의 동거인이 쓰레기장에서 살기를 바라는가?

우리는 새로운 정체성에 맞게 살아야 한다. 이는 하나님의 성령이 거하시는 성전이 되는 것을 뜻한다.

이제 우리에게 남겨진 과제는 새로운 정체성이 월요일 아침에도 위력을 발휘하게 하는 것이다. 주일에는 하나님의 자녀라고, 그리스도의 신부라고 교회에서 찬양을 부르지만, 월요일 아침에도 학교 친구들의 비웃음을 무릅쓰고 자신을 하나님의 자녀라고 생각할 수 있겠는가? 직장 동료에게 조롱을 당하고 세속적인 야망에 부딪칠 때도 자신을 그리스도의 신부라고 생각할 수 있겠는가? 하루하루가 지겹고 힘들게 느껴질 때에도 자신을 성령의 전이라고 생각할 수 있겠는가?

자유와 사랑

그럼 어떤 것이 변화의 올바른 동기인지 요약해 보자. 우리는 죄에서 해방된 자유를 만끽하고 예수님을 통해 우리에게 오신 하나님을 기뻐하기 위해 변화를 원해야 한다. 나는 이 같은 정의와 함께 네 가지 사실을 강조하고 싶다.

첫째, 거룩해진다는 것은 고리타분하고 우울한 일이 아니다. 거룩해지는 것은 하나님을 알고 섬기는 일의 진정한 기쁨을 발견하는 일이다. 이 과정에는 자기 부인이 필요한데, 물론 힘들고 고통스러울 때도 있겠지만 진정한 자기 부인은 생명을 얻게 한다(막 8:34-37). 또 어떤 경우에는 의무감에서 행동해야 할 때도 있을 것이다. 그러나 그것이 언젠가는 기쁨이 되고 생명을 얻게 함을 믿으며 그러한 훈련을 지속해 나가야 한다(막 8:34-38).[6] 추운 겨울날, 가기 싫은 걸 참고 기도 모임에 참석했을 때 기도하면서 힘이 솟고 은혜를 얻은 적이 얼마나 많았던가?

둘째, 변화한다는 것은 자유로움 속에서 사는 것이다. 더 이상 죄의 사슬에 묶이거나 더러움에 오염되기를 거부하는 것이다. 우리는 하나님이 주신 해방감을 만끽하면서 얼마든지 하나님이 원하시는 사람으로 변모할 수 있다.

셋째, 변화한다는 것은 하나님을 알고 섬기는 일에서 기쁨을 발견해 가는 것이다. 우리가 해야 할 일은 진창에서 뒹구는 것을 그만두고 하나님을 알아 가는 것이다. 싸구려 위조품을 버리고 진품을 즐겨 보자. 거룩한 삶이라고 하면 가치는 있지만 재미는 없는 무미건조한 삶을 떠올린다. 하지만 그건 사실이 아니다. 거룩함이란 죄가 주는 쾌락이 공허하며 일시적이란 사실을 깨닫고, 하나님이 주시는 충만하고 멋지고 참되고 영원한 기쁨을 누리는 것이다.

넷째, 예수님을 닮는 것은 하나님께 과시할 우리 자신의 업적이 아니라 하나님이 우리에게 베풀어 주시는 은혜다. 하나님이 그리스도 안에서 우리에게 주신 새로운 정체성을 누리는 것이다. 예수님처럼 되는 것은 하나님의 역사에서 시작된다. 즉, 우리를 죄에서 해방시켜 주시고 자신과의 관계를 회복시켜 주신 하나님의 역사에서 출발한다.

우리 앞에는 두 가지 잔치가 벌어지고 있다. 하나는 하나님의 잔치요, 또 하나는 죄의 잔치다. 우리는 그 두 가지 잔치 모두에 초대받았다. 하나님은 우리가 그분 안에서 만족하기를 원하시고, 죄는 온갖 속임수로 우리를 유혹하면서 죄 안에서 만족하기를 바란다. 우리는 양쪽에 모두 예약이 잡혀 있는 셈이다. 어떤 잔치에 참석할지는 우리의 선택에 달려 있다. 다음은 하나님이 우리에게 보내시는 초대장이다.

너희 모든 목마른 사람들아,
어서 물로 나오너라.

돈이 없는 사람도 오너라.
너희는 와서 사서 먹되,
돈도 내지 말고 값도 지불하지 말고
포도주와 젖을 사거라.
어찌하여 너희는 양식을 얻지도 못하면서 돈을 지불하며,
배부르게 하여 주지도 못하는데, 그것 때문에 수고하느냐?
들어라, 내가 하는 말을 들어라.
그리하면 너희가 좋은 것을 먹으며,
기름진 것으로 너희 마음이 즐거울 것이다. (사 55:1-2)

죄는 우리에게 많은 것을 약속한다. 그러나 약속을 이행하지는 않으면서 비싼 대가만 치르게 한다. 망가진 삶, 깨어진 관계, 무너진 희망…. 결국 죄의 대가는 사망이다. 반면에 하나님은 만족할 만한 잔치를 베풀어 주셔서 우리 영혼에 진정한 기쁨을 선사하신다. 궁극적으로 우리가 변화되고 거룩해지고자 하는 이유는 하나님의 잔치가 훨씬 더 좋기 때문이다. 게다가 그 잔치의 초대권에 '공짜'라고 적혀 있지 않은가! 우리는 한 푼도 낼 필요가 없다. 모두 하나님의 선물이다.

자, 당신은 오늘 어떤 잔치에 참석하겠는가?

되돌아보기

1. 다음 문장을 읽어 보라. 성경의 몇 구절을 실제 내용과 **반대**되도록 고친 것이다. 당신은 내가 고친 내용을 원래대로 바꿀 수 있겠는가? 성경 구절은 로마서 5:1-2과 에베소서 2:8-10이다.

"그러므로 우리는 올바른 삶을 살아감으로써 의롭다 하심을 받았으므로 우리가 하는 행위로 말미암아 하나님과 더불어 평화를 누리고 있습니다. 우리는 또한 행위로 말미암아 지금 서 있는 이 은혜의 자리에 나아오게 되었으며 사람들의 눈에 훌륭하게 보이게 되었습니다. 즉, 우리가 하나님의 영광에 이르게 될지 아닐지는 신경 쓸 일이 아니라는 것입니다."

"여러분이 열심히 노력하고 변화되면 문제가 해결될 것입니다. 이것은 전적으로 우리에게서 난 것입니다. 우리가 하나님을 위해 무엇을 하는지 그 행위를 말하는 것입니다. 우리는 행위로 인해 구원을 받고 우리 자신을 자랑할 수 있습니다. 우리가 하나님의 계획에 따라 열심히 노력하면 그분의 작품이 되고 예수 그리스도 안에서 새로운 사람들이 될 수 있습니다."

2. 다음 내용을 읽고 당신은 죄의 어떤 약속을 믿었는지 이야기해 보라. 그로 인해 일어난 일은 무엇이었는가?

- 죄는 즐거움과 재미를 약속하지만 고통과 비극만을 가져다준다.
- 죄는 자유를 약속하지만 종노릇과 중독만을 가져다준다.
- 죄는 생명과 만족을 약속하지만 공허함과 좌절과 죽음만을 가져다준다.
- 죄는 이득을 약속하지만 손해만을 가져다준다.
- 죄는 벌 받지 않을 것이라고 약속하지만 실제는 벌을 받게 한다.[7]

변화 프로젝트

2단계: 당신은 왜 변화되려고 하는가?

당신은 진정으로 변화되기 원하는가?
- 예수님처럼 된다고 생각하면 마음이 우울해지는가?
- 인생이 재미없고 불만스럽고 힘들 거라고 생각하는가?
- 하나님께 사랑받기 위해서 죄를 짓지 않아야 한다고 생각하는가?

당신은 잘못된 동기로 변화를 원하는가?
당신은 가끔 이런 생각을 하는가?
- 하나님을 실망시켜 드렸으니까 오늘은 하나님이 나를 축복하지 않으실 거야.
- 좋은 일을 많이 했으니까 오늘은 내 기도에 응답해 주실 거야.
- 죄를 지었으니 죗값으로 하나님께 무언가를 해 드려야지.
- 세상이 끝나는 날, 천국에 들어가기 위해서는 내가 변화되어야 해.

위의 질문 중 어느 것에라도 '예'라고 대답했다면 당신은 하나님께 잘 보이기 위해 변화되려는 것이다.

당신은 가끔 이런 행동을 하는가?
- 자신이 좋은 일을 하고 있다는 것을 사람들에게 알리려고 한다.
- 자신의 잘못을 감추기 위해 '약간'의 거짓말을 한다.
- 사람들에게 믿음 좋은 사람으로 보이고 싶어서 열심히 신앙생활을 한다.
- 죄를 지었을 때 스스로에게 굉장히 실망한다.

위의 질문 중 어느 것에라도 '예'라고 대답했다면 사람들에게 잘 보이거나 스스로 만족감을 느끼기 위해 변화되려는 것이다.

당신의 변화 프로젝트가 성공하면 어떤 일이 일어날 것 같은가?
- 당신을 향한 하나님의 사랑이 변한다.
- 당신에 대한 사람들의 평판이 달라진다.
- 당신 자신을 보는 관점이 바뀐다.

변화에 대한 갈망이 깊어지게 하려면 무엇을 해야 한다고 생각하는가? 변화되고 싶은 마음이 없다면 어떻게 마음을 바꿀 수 있을지 생각해 보라. 잘못된 동기(하나님 마음에 들기 위해, 사람들에게 잘 보이기 위해, 자신에게 만족하기 위해)로 변화되고자 한다면 올바른 동기(예수님 안에서 새로운 정체성에 맞게 사는 것)를 갖기 위해 무엇을 해야 할지 생각해 보라. 여기 몇 가지 방안을 제시해 보겠다.

- 하나님의 자녀가 되는 것과 죄의 종이 되는 것을 비교해 보라.
- 그리스도의 신부가 되는 것과 죄 짓고 간음하는 자가 되는 것을 비교해 보라.
- 성령의 전이 되는 것과 죄로 더러워지는 것을 비교해 보라.
- 로마서 5:1-2과 에베소서 2:8-10과 디도서 3:5-8을 암송하라. 이 구절을 당신 자신에게 들려주며 그 내용을 각인시키라.
- 예수님은 십자가 위에서 "다 이루었다!"고 외치셨다. 그 말씀을 당신이 이렇게 받아치는 장면을 상상해 보라. "아직 아닙니다! 제가 일을 마쳐야 합니다. 하나님의 축복을 받기 위해서 해야 할 일이 남아 있습니다!" 이 얼마나 바보 같고 주님을 모독하는 말인가!
- 나란히 붙어 있는 두 개의 집을 상상해 보라. 한 집에서는 하나님이 잔치를 열었고 다른 한 집에서는 죄가 잔치를 열었다. 두 잔치를 비교해 보라. 각 잔치에

는 어떤 만족과 기쁨이 있겠는가? 그 기쁨과 만족은 얼마나 진실하며 지속적이겠는가? 당신은 어떤 대가를 지불해야 하겠는가?

당신이 왜 변화되려고 하는지 그 이유를 요약해 보라. 변화에 대한 갈망을 깊어지게 하려면 어떻게 해야 할지 적어 보라.

3단계

무엇이 우리를 변화시키는가?

"제발 저를 용서해 주시고 이 죄에서 벗어나게 해주십시오!" 나는 이런 기도를 수도 없이 해 왔다. 아마 수천 번도 더 했을 것이다. 나는 "하나님 아버지, 또 왔습니다. 이번에도 똑같은 죄를 짓고 용서를 빌러 왔습니다"라고 기도할 때마다 하나님의 자비로움과 복음의 약속을 스스로에게 상기시키지 않으면 안 되었다. 나는 용서받았다. 하지만 또한 정말 변화되기 원한다.

변화를 갈망해 본 적 있는가? 혹시 자신을 구제불능이라고 생각하지는 않는가? 다른 사람은 변화될 수 있을지 몰라도 자신은 과거나 다른 문제들을 감안할 때 어렵다고 말이다.

그런 당신에게 주님이 주시는 엄청난 희소식이 있다. 그것은 **당신도** 얼마든지 변화될 수 있다는 것이다!

하지만 잘못된 방법으로 변화를 시도하는 것이 우리의 또 다른 문제다.

자기 힘으로 변하려 함

음란의 문제에 걸려 번번이 좌절을 맛본 후 나는 맹세문을 작성했다. '이번이 마지막이야. 다시는 하지 않겠어!' 맹세문 밑에 날짜까지 적고는, 이 모든 문제가 옛말이 돼 버릴 몇 달 뒤의 모습을 상상하며 흐뭇한 미소를 지었다. 하지만 그것도 작심삼일. 마음먹은 대로 잘 되지 않았다. 아니, 될 리가 없었다. 골로새서 2:20-23을 진작 깨달았더라면 좋았을 텐데….

여러분은 그리스도와 함께 죽어서 세상의 유치한 원리에서 떠났는데, 어찌하여 아직도 이 세상에 속하여 사는 것과 같이 규정에 얽매여 있습니까? "붙잡지도 말아라, 맛보지도 말아라, 건드리지도 말아라" 하니, 웬 말입니까? 이런 것들은 다 한때에 쓰다가 없어지는 것으로서, 사람의 규정과 교훈을 따른 것입니다. 이런 것들은, 꾸며 낸 경건과 겸손과 몸을 학대하는 데는 지혜를 나타내 보이지만, 육체의 욕망을 억제하는 데는 아무런 유익이 없습니다.

맹세나 규율을 만드는 것이 매우 영적인 일이라고 생각할지 모른다. 나도 그렇게 생각했다. 하지만 사도 바울은 "꾸며 낸 경건"일 뿐이라고 일축했다. 그런 행위는 "육체의 욕망을 억제하는 데는 아무런 유익이 없다"는 것이다. 과연 사실일까? 애석하게도 나는 그게 사실임을 뼈저리게 깨달았다. 청교도 존 플라벨(John Flavel)은 이렇게 말했다. "태양을 그 자리에 멈추게 하고 강물을 거슬러 흐르게 하는 일이, 우리 힘으로 마음을 다스리고 바로잡는 일보다 훨씬 더 수월하다."[1]

우리는 변화되고 싶을 때 본능적으로 **무엇을 할지**부터 생각한다. 그러면 변화될 거라고 믿기 때문이다. 그래서 해야 할 일과 하지 말아야 할 일을 정하고 싶어 한다. 예수님 시대의 사람들은 정결 의식을 통해 자신이 깨끗해진다고 믿었다. 마찬가지로 오늘날에는 영성 훈련이나 규율 준수를 통해 깨끗해지려고 한다. 나도 그중 한 사람이었다. 아침마다 나만의 작은 의식들을 정해 기록해 두었다. 나름의 규율로 내 행동을 통제해 보려는 심산이었다. 물론 그 자체는 나쁠 것이 없고 우리를 거룩하게 하는 데 어느 정도 도움이 된다. 그러나 의식과 규율이 우리를 바꾸지는 못한다.

> 예수께서 그들에게 말씀하셨다. 너희도 아직 깨닫지 못하느냐? 밖에서 사람의 몸 속으로 들어가는 것이 사람을 더럽히지 못한다는 것을 알지 못하느냐?…사람에게서 나오는 것, 그것이 사람을 더럽힌다. 나쁜 생각은 사람의 마음에서 나오는데, 곧 음행과 도둑질과 살인과 간음과 탐욕과 악의와 사기와 방탕과 악한 시선과 모독과 교만과 어리석음이다. 이런 악한 것이 모두 속에서 나와서 사람을 더럽힌다. (막 7:18-23)

예수님은 겉으로 드러나는 행동이 사람을 변화시키지 못한다고 말씀하셨다. 죄는 안에서, 즉 사람의 마음속에서 나오기 때문이다. 정해진 의식이 어느 정도는 행동을 바꿀 수 있겠지만 마음까지 바꾸지는 못한다. 진정으로 거룩해지려면 우선적으로 마음이 바뀌어야 한다.[2]

율법의 역할

초대교회 당시에는 모세의 율법을 따라야 한다고 믿는 그리스도인들이 많았다. 그들은 믿음으로 구원을 받을지라도 그 후에는 율법을 따라 살아야 한다고 주장했다. 얼핏 생각하면 일리가 있다. 율법은 하나님이 주신 법도가 아닌가! 율법을 따름으로써 진지하게 신앙생활을 할 수 있지 않겠는가! 하지만 바울은 예수 그리스도에 대한 믿음으로 새 삶을 시작했듯이 앞으로도 계속 믿음으로 살아야 한다고 역설했다.

그러므로 여러분이 그리스도 예수를 주님으로 받아들였으니, 그분 안에서 살아가십시오. 여러분은 그분 안에 뿌리를 박고, 세우심을 입어서, 가르침을 받은 대로 믿음을 굳게 하여 감사의 마음이 넘치게 하십시오. (골 2:6-7)

어리석은 갈라디아 사람들이여, 예수 그리스도께서 십자가에 못 박히신 모습이 여러분의 눈앞에 선한데, 누가 여러분을 홀렸습니까? 나는 여러분에게서 이 한 가지만을 알고 싶습니다. 여러분은 율법을 행하는 행위로 성령을 받았습니까? 그렇지 않으면, 믿음의 소식을 들어서 성령을 받았습니까? 여러분은 그렇게도 어리석습니까? 성령으로 시작하였다가, 이제 와서는 육체로 끝마치려고 합니까? (갈 3:1-3)

그리스도인의 삶은 예수님을 믿어 성령을 받음으로써 시작되는 것이지, 율법을 지킴으로써 시작되는 것이 아니다. 우리의 노력으로 구원을 마무리 짓는다는 것 자체가 어리석은 발상이다. 자, 외줄타기의 명수가 당신을 등에 업고 나이아가라 폭포 위를 건넌다고 가정해 보자. 절반쯤 건넜을 때 당신에게 선택권이 주어졌다. 남은 절반도 그의 등에 업혀 가거나, 아니면 등에서 내려 당신의 힘으로 건너가거나. **우리는 예수님을 믿는 믿음으로 그리스도인이 되었고, 예수님을 믿는 믿음으로 그리스도인의 삶을 살게 되었으며, 예수님을 믿는 믿음으로 성숙해진다.** J. C. 라일(Ryle)은 이렇게 말했다. "당신이 거룩해지고 싶다면 무엇을 해야 할지 자명하다. **예수 그리스도로 시작해야 한다.** 죄인의 신분으로 예수님 앞에 나아가 단순한 호소가 아니라 간절한 마음으로 자신의 영혼을 내어 맡겨야 한다.…더욱 거룩해지고 성화되기 위해 **처음 시작했던 대로 밀고 나아가야** 하며 예수 그리스도께 끊임없이 간구해야 한다."3) 율법대로 살거나 규율을 지키는 것은 쓸데없는 정도가 아니라, 후퇴하는 것이다. 그것은 예전의 종살이로 돌아가 은혜와 소망의 가치를 떨어뜨리는 일이다 (갈 4:8-11; 5:1-5).

율법의 역할은 우리 스스로 변화될 수 없음을, 인간적인 노력으로 하나님께 사랑받는 자가 될 수 없음을 보여 주는 것이다. 율법은 예수님이 주시는 의로움을 가리키기 위해 존재한다(롬 3:21-22). 율법은 변화의 출발점이 아니다. 우리를 예수님의 품으로 이끌어 줄 뿐이다.

의로움을 회개하라

인간은 규율에 따라 살고 싶어 한다. 그것을 일컬어 '율법주의'라고 한다. 전에 몇몇 학생과 생활양식에 관해 대화한 적이 있었는데 그들은 주로 이런 질문을 던졌다. "저는 어떤 종류의 차를 살 수 있나요? 저축한 돈으로는 무엇을 하는 게 좋을까요? 옷을 사는 데 얼마만큼 돈을 쓰면 적당할까요?" 그들은 규정과 율법을 원했다. 그러나 온갖 규정을 만든다 해도 그런 방법은 소용이 없을 것이다.

율법주의는 두 가지 면에서 매력적이다. 첫째, 거룩함을 우리 맘대로 정할 수 있게 된다. 하나님께 전심을 바치기는 어렵지만 열 가지 규율을 지키는 것은 어렵지 않다. 예수님께 "누가 저의 이웃입니까?"라고 물었던 율법학자의 속마음도 그랬다. 그는 자신의 의로움을 과시하고 싶었다. '이웃 사랑' 항목에 간단히 표시만 하면 끝이라고 생각한 것이다. 둘째, 율법주의는 거룩을 우리의 공적으로 만든다. 율법주의자들은 이렇게 말하고 싶어 한다. '그래, 은혜로 구원받았지. 하지만 오늘 이런 규정을 준수했고 이런 영성 훈련을 실천했으니 나는 아주 경건한 사람이야.' 율법주의가 만들어 내는 부산물 중 하나는 비교 의식이다. 남보다 자기가 더 거룩한지 아닌지를 비교해서 자기보다 거룩해 보이지 않는 사람들을 경멸한다.

이 세상에 자신을 율법주의자라고 생각하는 사람은 아무도 없다. 그저 거룩해지려고 노력할 뿐이라고 생각한다. 어쨌든 그 모든 행위는 '경건의 모양'(골

2:20-23)에 불과하다. 율법주의자가 누군지 알고 싶다면 거울을 들여다보라. 우리 마음속에는 자신의 가치를 입증하고자 하는 교만이 숨어 있다. 죄란 하나님 없이 우리 방식대로 살아가려는 것이다. 더 심각한 문제는 죄 문제까지도 하나님 없이 우리 방식대로 해결하려 한다는 것이다. 율법주의는 2천 년 전 갈라디아에서 해결된 것도 아니고 5백 년 전 종교개혁으로 없어진 것도 아니다. 율법주의와의 전쟁은 지금도 날마다 우리 마음속에서 계속되고 있다.

따라서 우리는 죄뿐만 아니라 '의로움'도 회개해야 한다. 우리의 것이라고 착각하는 의로움, 우리 가치를 입증해 주고 우리를 남보다 더 나은 사람이 되게 해주는 의로움 말이다.

> 하기야, 나는 육신에도 신뢰를 둘 만합니다. 다른 어떤 사람이 육신에 신뢰를 둘 만한 것이 있다고 생각하면, 나는 더욱 그러합니다. 나는 난 지 여드레 만에 할례를 받았고, 이스라엘 민족 가운데서도 베냐민 지파요, 히브리 사람 가운데서도 히브리 사람이요, 율법으로는 바리새파 사람이요, 열성으로는 교회를 박해한 사람이요, 율법의 의로는 흠 잡힐 데가 없는 사람이었습니다. [그러나] 나는 내게 이로웠던 것은 무엇이든지 그리스도 때문에 해로운 것으로 여기게 되었습니다. 그뿐만 아니라, 내 주 예수 그리스도를 아는 지식이 가장 고귀하므로, 나는 그 밖의 모든 것을 해로 여깁니다. 나는 그리스도 때문에 모든 것을 잃었고, 그 모든 것을 오물로 여깁니다. 나는 그리스도를 얻고, 그리스도 안에 있는 사람으로 인정받으려고 합니다. 나는 율법에서 생기는 나 스스로의 의가 아니라, 그리스도를 믿는 믿음으로 말미암아 오는 의 곧 믿음에 근거하여, 하나님에게서 오는 의를 얻으려고 합니다. (빌 3:4-9)

여기서 바울이 자신의 의로움을 말하는 대목이 매우 인상적이다. 그에게는 남들에 비해 자부심을 느낄 만한 이유가 충분했다. 따지고 보면 분명 '흠잡을 데

없는' 사람이기 때문이다. 하지만 예수님을 보는 순간 모든 자랑거리가 독이 된다는 것을 깨달았다. 전에는 손익계산서에 이익으로 간주되던 것이 실제로는 모두 손실이었다. 율법을 기반으로 한 의로움은 진정한 의로움이 아니다. 바울은 '율법에서 생기는 나 스스로의 의'를 회개함으로써 '그리스도를 믿는 믿음으로 말미암아 하나님에게서 오는 의'를 얻고자 했다.

작사가 밥 코플린(Bob Kauflin)은 우울증, 공포감, 가려움증에 시달리며 3년 동안 좌절의 시기를 겪었다. 그는 한 목사를 찾아가 자신이 느끼는 무능함과 절망감을 털어놓았다. 목사는 뜻밖에도 "내 생각에는 자네가 좀더 무능해져야 할 것 같네"라고 대꾸했다. 처음에는 농담이라고 생각했지만 목사는 진지한 표정으로 이렇게 말했다. "자네가 정말로 자신을 무능하게 여긴다면 자기 힘으로 상황을 바꾸려는 노력을 그치고 예수님이 십자가에서 하신 일만을 의지했을 걸세." 밥 코플린은 뒤통수를 얻어맞은 기분이었다. 그는 그 후 몇 달 동안 절망감이 들 때마다 '나는 무능한 인간이지만 예수님이 이 무능한 자를 위해 돌아가셨어'라고 중얼거렸다.[4]

변화는 하나님의 일이다

우리를 거룩하게 만드시는 분은 하나님이다(살전 5:23). 다른 요법들은 약간의 행동만 교정해 줄 뿐이다. 약을 복용하면 극단적인 증상들이 완화된다. 하지만 하나님은 우리를 온전하게 변화시켜 주신다. 하나님만이 우리 마음을 바꿀 수 있기 때문이다.

세례 요한은 이렇게 말했다. "나는 여러분에게 물로 세례를 주었지만, 그는 여러분에게 성령으로 세례를 주실 것입니다"(막 1:8). 세례 요한이 가리킨 사람은 예수님이었다. 요한은 자신이 사람들의 겉모습을 깨끗하게 하지만, 예수님은 성령으로 **내면까지** 바꿀 수 있음을 알았다. 예수님은 우리를 변화시키고, 깨끗하게 하고, 마음을 바꾸어 주신다. 세례 요한은 구약의 약속이 성취되었다고 선포했다.

> 내가 너희에게 맑은 물을 뿌려서
> 너희를 정결하게 하며,
> 너희의 온갖 더러움과 너희가 우상들을 섬긴
> 모든 더러움을 깨끗하게 씻어 주며,
> 너희에게 새로운 마음을 주고
> 너희 속에 새로운 영을 넣어 주며,
> 너희 몸에서 돌같이 굳은 마음을 없애고
> 살갗처럼 부드러운 마음을 주며,
> 너희 속에 내 영을 두어,
> 너희가 나의 모든 율례대로 행동하게 하겠다.
> 그러면 너희가 내 모든 규례를 지키고 실천할 것이다.
>
> (겔 36:25-27)

예수님은 율법주의가 할 수 없는 일을 하셨다. 우리에게 새로운 마음과 새로운 영을 주신 것이다. 그런 내면의 변화 없이는 절대로 하나님을 기쁘시게 할 수 없다. 치료 요법과 문제 분석으로 사람이 변화되는 게 아니다. 심지어 성경에 의한 분석도 사람을 변화시키지 못한다. 우리는 하나님에 의해서만 변화될 수 있다. 하나님은 바로 그러한 변화의 사역을 지금도 하고 계시다.

성부 하나님의 역사

> 육신의 아버지는 잠시 동안 자기들의 생각대로 우리를 징계하였지만, 하나님께서는 우리를 자기의 거룩하심에 참여하게 하시려고, 우리에게 유익이 되도록 징계하십니다. 무릇 징계는 어떤 것이든지 그 당시에는 즐거움이 아니라 괴로움으로 여겨지지만, 나중에는 이것으로 훈련받은 사람들에게 정의의 평화로운 열매를 맺게 합니다. (히 12:10-11)

하나님 아버지는 우리의 삶에 밀접하게 관여하신다. 우리를 하나님의 거룩하심에 "참여하게" 하기 위해서다. 육신의 아버지는 자녀에게 올바른 가치관과 행동을 가르치려고 최선을 다한다. 하늘 아버지도 그와 같은 일을 하시며, 그분의 징계는 완벽하다. 언제나 우리에게 "유익이 되도록" 징계하신다. 우리 삶에 일어나는 모든 사건과 상황을 통해 우리를 더 거룩하게 만드신다. 우리 삶에서 그분이 하시는 일은 궁극적으로 "정의의 평화로운 열매를 맺는" 것이다.

하지만 우리 삶에 일어나는 나쁜 일을 직접적인 응징으로 생각해서는 안 된다. 예수님이 우리의 죗값을 이미 치렀기 때문에 하나님은 우리를 응징하지 않으신다. 언제나, 그리고 오로지 하나님과의 관계를 강화하기 위해 징계하실 뿐이다. 그러므로 징계는 사랑의 매인 동시에 우리가 하나님의 자녀임을 나타내는 증표라 할 수 있다(히 12:8). 하나님은 고난을 사용해서(12:7) 세상에 대한 미련을 끊고 천국에 소망을 갖게 하시며, 세속적인 것에 의지하지 않고 주님만을 믿게 하신다(롬 5:1-5; 약 1:2-4; 벧전 1:6-9). 심지어 죄가 없는 하나님의 아들도 고난을 통해 완벽하게 되셨다(히 2:10).

최근 나는 우리 집에 있는 사과나무의 가지를 쳤다. 사방팔방으로 뻗어 나온 가지들은 서로 뒤엉켜 다른 가지가 자라는 것을 방해했고 열매 맺지 못하게 만들었다. 두 시간 동안 나무 위에 올라가 가지들을 쳐 내고 나니 제법 많은 나뭇가지가 마당에 쌓였다. 그것들은 조만간 우리 집 벽난로의 땔감이 될 것이다. 가지치기를 하는 동안 나는 예수님의 말씀을 생각하지 않을 수 없었다. "나는 참 포도나무요, 내 아버지는 농부이시다. 내게 붙어 있으면서도 열매를 맺지 못하는 가지는, 아버지께서 다 잘라 버리시고, 열매를 맺는 가지는 더 많은 열매를 맺게 하시려고 손질하신다"(요 15:1-2). 내가 잘못된 방향으로 자란 가지들을 잘라 내듯이 하나님도 그분에게서 멀어지게 만드는 욕구들을 잘라 내신다. 바라건대 하나님이 내 삶에 가지치기를 하셔서 풍성한 수확을 거두게 하시면 좋겠다. 하나님의 가지치기는 언제나 더 많은 열매를 맺게 한다.

직장에 갓 들어간 신입 사원들은 유능한 사원이 되기 위한 실습을 거친다. 그들은 강의를 통해서도 배우지만 직접 일을 하면서도 배운다. 어렵고 힘든 상황 속에 들어가서 자신감과 경험을 쌓기도 한다. 하나님은 우리 각자를 위한 맞춤형 훈련을 고안하신다. 살면서 겪게 되는 모든 일은 평생에 걸친 훈련의 일환인 셈이다. 하나님은 "모든 일"을 우리의 유익을 위해 사용하시고 그로 인해 우리가 그분의 아들을 닮아 가게 하신다(롬 8:28-29). 마침내 하나님의 거룩하심에 "참여하는" 그날까지 하나님은 하루하루 당신의 계획을 실행해 가신다.

성자 예수님의 역사

그러면 우리가 무엇이라고 말을 해야 하겠습니까? 은혜를 더하게 하려고, 여전히 죄 가운데 머물러 있어야 하겠습니까? 그럴 수 없습니다. 우리는 죄에는 죽은 사람인데, 어떻게 죄 가운데서 그대로 살 수 있겠습니까? 세례를 받아 그리스도 예수와 하나가 된 우리는 모두 세례를 받을 때에 그와 함께 죽었다는 것을 여러분은 알지 못합니까? 그러므로 우리는 세례를 통하여 그의 죽으심과 연합함으로써 그와 함께 묻혔던 것입니다. 그것은, 그리스도께서 아버지의 영광으로 말미암아 죽은 사람들 가운데서 살아나신 것과 같이, 우리도 또한 새 생명 안에서 살아가기 위함입니다. 우리가 그의 죽으심과 같은 죽음을 죽어서 그와 연합하는 사람이 되었으면, 우리는 부활에 있어서도 또한 그와 연합하는 사람이 될 것입니다. 우리의 옛 사람이 그리스도와 함께 십자가에 달려 죽은 것은, 죄의 몸을 멸하여서 우리가 다시는 죄의 노예가 되지 않게 하려는 것임을 우리는 압니다. 죽은 사람은 이미 죄의 세력에서 해방되었습니다. (롬 5:1-7)

우리 안에서 죽음과 부활이 이루어졌다. 죄의 노예였던 우리 옛 자아는 죽었다. 우리는 새 마음과 새 생명을 부여받았다. '옛 자아'는 예전의 사람, 아담 안에 있었던 사람을 말한다(롬 5:12-21). 이 옛 자아는 죄의 능력에 붙들려 있었다. 그래서 우리는 죄의 노예로 살 수밖에 없었다. 하지만 이제는 그리스도와 연합되었는데 그것을 상징하는 것이 바로 세례다. 우리는 예수 그리스도의 죽음으로 그분과 하나 되었다. 말하자면 그분의 죽음이 우리 옛 자아의 죽음이 된 것이다. 또한 우리는 예수 그리스도의 부활로 그분과 하나 되었다. 그래서 새 자아와 새 생명을 얻게 되었다. 예수님은 죄의 대가인 죽음에서 우리를 해방시켜 주셨다. 아울러 죄의 능력, 즉 종살이에서도 해방시켜 주셨다. 이제 우리는 하나님을 위해 자유롭게 살 수 있다. 종에게 자유로워지라고 말하는 것은 모욕이지만, **해방된 종에게 자유로워지라고 하는 것은 새로 얻은 자유와 특권을 마음껏 누리라는 초대다**.

우리는 앞으로도 계속 죄와 씨름하며 살아갈 것이다. 해방되었지만 옛 주인의 목소리만 들으면 여전히 자리에서 벌떡 일어서는 종처럼 말이다. 부러진 다리가 나았는데도 습관처럼 다리를 절거나, 감옥에서 풀려나고도 여전히 감옥의 기상 시간에 맞춰 일어나는 사람처럼 말이다. 그렇기 때문에 바울은 이렇게 권면한다. "죄가 여러분의 죽을 몸을 지배하지 못하게 해서, 여러분이 몸의 정욕에 굴복하는 일이 없도록 하십시오"(롬 6:12). 하지만 우리에게는 아주 획기적인 일이 일어났다. 이제는 유혹을 당해도 죄를 짓지 않을 수 있다. 우리에게는 '아니오'라고 거절할 수 있는 능력이 주어졌다.

또한 죄와 싸우려는 새로운 동기도 생겼다. 우리는 이제 율법이 아니라 은혜 아래 있다. 이는 우리의 본성과 반대되는 것이다. 사람들은 율법과 율법주의가 행동을 바꾸는 최고의 방법이라고 생각한다. 그러나 하나님을 위해 살도록 만드는 것은 율법이 아니라 은혜다. "여러분은 율법 아래 있지 않고, 은혜 아래 있으므로, 죄가 여러분을 다스릴 수 없을 것입니다"(롬 6:14). 은혜가 우리의 마음을 차지했다. 싱클레어 퍼거슨의 설명을 들어 보라. "오로지 죄에서 눈을 돌려 하나님의 얼굴을 바라볼 때, 그래서 그분의 용서의 은혜를 발견할 때에만 우리는 회개할 수 있다. 오로지 하나님께 은혜와 용서가 있음을 깨달을 때에만 감히 회개할 용기를 내게 될 것이고 그럼으로써 하나님 앞으로 돌아오게 될 것이다.… 오로지 은혜가 수평선 위로 떠올라 용서를 보증할 때에만 하나님 사랑의 햇살이 우리 마음을 녹여 그분에게로 돌아가게 만들 것이다."[5] 대각성 운동의 지도자 중 한 명이었던 윌리엄 로메인(William Romaine)은 다음과 같이 말했다.

먼저 양심에서 죄를 용서받지 못하면 마음이나 삶 속의 어떤 죄도 못 박을 수 없다. 예수 그리스도로 인해서만 죄를 못 박을 수 있기 때문에 그분의 능력을 받기 위해서는 믿음이 필요하다. 양심의 가책으로 죄를 억제하지 못한다면 결코 죄의 힘을 이길 수 없다.[6]

예수님을 바라보고 기뻐하고 예수님과 교제를 나누는 동안 우리는 점차 변화되어 간다. 하지만 죄에 붙들린 사람은 예수님을 바라볼 수 없다. 죄책감에 사로잡힌 사람도 예수님을 바라보지 못한다. 오직 '은혜 아래' 나아가 하나님의 용서와 환영을 받아들일 때에만 변화가 일어난다. "그러므로 우리는 담대하게 은혜의 보좌로 나아갑시다. 그리하여 우리가 자비를 받고 은혜를 입어서, 제때에 주시는 도움을 받도록 합시다"(히 4:16).

기독교 학교에 다녔던 매트는 자신의 경험담을 이렇게 이야기했다.

청소년이라면 누구나 규율을 싫어하겠지만 우리 학교는 정말 한심한 규율이 정해져 있었습니다. 남학생은 왼쪽 가르마를 내고 오른쪽으로 머리카락을 빗어 넘겨야지 그 반대로 하면 반항아로 낙인 찍혔습니다! 심지어 학교 안내 책자에 사진을 실어서 어떤 머리 모양이 '그리스도인 학생'다운 모양이고 어떤 모양이 '반항하는 학생'의 모양인지 적어 놓기까지 했습니다. 가르마를 잘못 타면 규율 위반으로 걸려 성경 전체를 베껴 써서 제출해야 했습니다. 바지 솔기가 밖으로 보여도 안 되고, 주머니가 있는 바지를 입어서도 안 되었습니다. 만약 그런 바지를 입었다가 걸리면 한 시간 동안 시편 119편을 베껴 써야 했습니다. 더 한심한 규율도 있었는데, 교실에서는 학생들끼리 눈을 마주치면 안 된다는 것이었습니다. 눈이 마주칠 경우에는 잡담을 한 것으로 간주되어 역시 시편 119편을 적어 내야 했습니다. 껌을 씹어도 안 되고, 사탕을 먹어도 안 되고, 여학생들과 함께 앉아도 안 되었습니다. 여학생과 남학생은 따로 정해진 계단과 복도를 사용해야 했습니다. 이 중 하나라도 어기면 영락없이 시편이 기다리고 있었습니다. 저는 이런 규율들에 화가 치밀어 올랐습니다. 그래서 일부러 더 규율을 어기려고 노력했습니다. 그 학교에 다닌 8개월 동안 저는 서른두 번이나 벌을 받았습니다. 그들은 제 인격을 기른다는 명분으로 그랬을 텐데 어떤 면에서는 성공한 셈이었습니다. 저를 최고의 반항아로 만들었으니까요! 그런 규율들은 저를 화나게 했고 원망과 반발심이 가득한 무례한 아이로 만들었습니다. 물론 시편은 전보다 더 잘 알게 되었지만요.

매트는 현재 경비원으로 일하고 있는데 누가 봐도 경비원처럼 생겼다. 키가 크고 체격이 건장하며 빡빡 민 머리에 몸집이 얼마나 거대한지 목도 보이지 않는다. 그 많고 많은 규율들은 그를 바꾸어 놓지 못했다. 오히려 엇나가게 했을 뿐이다. 하지만 지금은 어떤 사람이 되었는지 아는가? 교회에 오면 어린아이를 무릎 위에 앉히고 만나는 사람에게 예수님을 전하기 바쁘다. 그의 인생을 바꾸어 놓은 것은 예수님의 사랑과 은혜였다. 규율이 하지 못한 것을 은혜가 해낸 것이다.

예수님은 하나님 아버지가 농부고 자신은 포도나무라고 하셨다. 가지는 포도나무에 붙어 있어야 생명력을 공급받는다. 그래야 열매도 맺는 법이다. 우리가 열매를 맺기 위해서는 예수님께 붙어 있어야 한다. 예수님의 말씀을 들어 보라. "내 안에 머물러 있어라. 그리하면 나도 너희 안에 머물러 있겠다. 가지가 포도나무에 붙어 있지 아니하면 스스로 열매를 맺을 수 없는 것과 같이, 너희도 내 안에 머물러 있지 아니하면 열매를 맺을 수 없다"(요 15:4). 열매가 맺히지 않는 가지를 보면 사람들은 그 가지가 죽었다고 생각한다. 마찬가지로 거룩함의 열매를 맺지 못하는 그리스도인은 진정한 그리스도인이 아니라고 할 수 있다. 그렇다고 열매를 맺어야만 그리스도인이라는 얘기는 아니다. 그 반대다. 포도나무가 가지에 생명을 주면 가지는 그 증거로 열매를 맺게 된다. 예수 그리스도는 우리 안에서 선한 것이 나게 하시며, 그것은 곧 우리가 그분 안에서 살고 있다는 증거가 된다.

성령의 역사

변화는 성령의 특별한 역사다. "하나님께서는 여러분을 성령으로 거룩하게 하시고, 진리를 믿게 하여 구원에 이르게 하시려고, 처음부터 여러분을 택하여 주셨기 때문입니다"(살후 2:13). "하나님 아버지께서 여러분을 미리 아시고 성령으로 거룩하게 해주셔서, 여러분은 순종하게 되고, 예수 그리스도의 피 뿌림을 받게 되었습니다"(벧전 1:2). 예전에는 전기로 작동하는 장난감에 '건전지 별도 구입'이라는 표시가 붙어 있었다. 여러분에게도 성탄절 선물로 그런 장난감을 받았지만 작동도 못 해 보고 바라만 봐야 했던 아픈 기억이 있을지 모른다. 복음은 '건전지가 포함된' 선물이다. 하나님은 성령을 통해 우리에게 능력을 주셔서 새로운 인생이 작동되게 하신다. 존 베리지(John Berridge)는 그 사실을 이렇게 표현했다.

> 뛰어라, 일해라, 율법이 명령하건만
> 나는 발도 손도 찾지 못하네.
> 그러나 복음이 전한 감미로운 소식이
> 내게 날개를 달아 날아오르게 하네.[7]

그리스도인의 성화는 중생, 혹은 거듭남이라고 하는 성령의 역사로 시작된다(요 3:3-8). 성령은 우리에게 새 생명을 주신다. 우리 안에 있는 성령의 생명력이 우리로 하여금 예수님을 구주로 영접하고(믿음) 예수님을 주로 시인하며(회개) 따르게 만든다. 믿음 안에서 성장하고 순종하게 만드는 것도 우리 안에 있는 성령의 생명력이다. 위대한 청교도 신학자 존 오웬(John Owen)은 이렇게 말했다. "거듭남은 영적 율법을 영혼에 새기는 것이다. 영적 율법이란 생명과 빛과 거룩함과 의로움을 지닌 새롭고도 실제적인 법이며, 그 법을 통해 하나님을 대적하는 모든 것을 없앨 수 있다.…거듭남으로 인해 내면에 기적적인 변화가 일어나는 것이다.…우리의 정신에는 이제 구원의 초자연적인 빛이 있기에 영적으로 생각하며 행동할 수 있게 된다.[8]

내가 또 말합니다. 여러분은 성령께서 인도하여 주시는 대로 살아가십시오. 그러면 육체의 욕망을 채우려 하지 않을 것입니다. 육체의 욕망은 성령을 거스르고, 성령이 바라시는 것은 육체를 거스릅니다. 이 둘이 서로 적대 관계에 있으므로, 여러분은 자기가 원하는 일을 할 수 없게 됩니다. (갈 5:16-17; 참고. 5:13-25; 롬 8:1-17)

성령은 옳은 일을 하려는 욕구를 주고 예전의 육신적 욕망을 거스른다. 우리가 해야 할 일은 성령을 따르는 것이다. 어린 딸이 아버지에게 그림 그리는 법을 배운다고 해 보자.[9] 아버지는 딸의 손을 잡고 붓을 어떻게 놀려야 하는지 일일이 지도해 줄 것이다. 성령은 우리 삶을 인도하는 하나님의 손이다. 우리가 잘못된 일을 하려고 할 때, 혹은 잘못된 반응을 보일 때, 그 나쁜 욕구를 가로막고 옳은 일을 하게 한다. 우리의 악한 본성이 옳은 일을 거부하려고 해도 우리는 성령의 인도를 따라야 한다. 내면에서 본성과 성령의 충돌이 일어날 때 언제나 성령의 뜻을 따르라. 성령에 발맞추어 성령이 주시는 생각과 마음을 따라가라.

이처럼 우리가 해야 할 일은 무척 간단하다. 하지만 나는 가끔 초신자들이 성령의 뜻을 따르도록 내버려두어도 될지 불안할 때가 있다. 현명한 일인지 확신이 서지 않아서다. 마음 같아서는 그들에게 규율을 정해 주고 싶다. 하지만 그것은 율법주의다. 그래서 바울은 이렇게 강조한다. "여러분이 성령의 인도하심을 따라 살아가면, 율법 아래에 있는 것이 아닙니다"(갈 5:18). 윤리적 문제들 중에는 혼동을 일으키는 것도 있지만 대부분의 경우 무엇이 옳고(기쁨, 사랑, 인내, 온유, 친절, 선함, 신실, 화평, 절제 등) 무엇이 그른지(불륜, 탐욕 등) 구분이 명확하다(19-23절). 옳은 일을 요약하면 곧 사랑이다(14절). 그리스도인의 삶은 우리가 복잡하게 만들어서 그렇지 사실 하나도 복잡할 게 없다. 오직 두 가지 율법만 지키면 된다. 하나님을 사랑하고 다른 사람을 사랑하는 것이다(막 12:28-31; 롬 13:8-10). 그 밖의 모든 것은 이런 사랑이 어떤 사랑인지를 구체화시킨 것뿐이다. 성령은 우리에게 사랑하고자 하는 욕구를 심어 주고 이기적인 욕구에 제동을 건다.

율법은 마음에 새겨져야 한다(신 6:6). 그러나 실제로 우리 마음에 새겨진 것은 죄였다(렘 17:1). 그래서 하나님은 성령을 통해 그분의 율법을 우리 마음에 새겨 주겠다고 약속하셨다(렘 31:31-34; 롬 7:6). 성령이 우리의 '규율'이다. 우리는 마치 신랑을 위해 맛있는 음식을 준비하는 신부와 같다. 신부가 음식을 요리하는 것은 어떤 규율 때문이 아니라 남편을 사랑하기 때문이다.[10] 남편이신 그리스도를 위해 우리 마음에 그런 욕구를 심어 주는 분이 바로 성령이다. 또한 하나님의 말씀으로 우리를 인도해 주님이 기뻐하실 일을 하게 만드는 분도 성령이다. "하나님은 여러분 안에서 활동하셔서, 여러분으로 하여금 하나님을 기쁘게 해 드릴 것을 염원하게 하시고 실천하게 하시는 분입니다"(빌 2:13).

- 성부 하나님은 우리 삶에 밀접하게 관여해, 살면서 겪는 모든 일로 우리를 단련하여 더욱 거룩한 사람이 되게 하신다.
- 성자 예수님은 죄의 능력에서 우리를 해방시키고 대신 죗값을 치러 주심으로 우리를 은혜 아래 살도록 하셨다.
- 성령 하나님은 우리에게 죄에 대한 새로운 마음가짐과, 변화를 위한 새로운 능력을 주신다.

삼위일체 하나님은 우리를 자유롭고 거룩하게 만들기 위해 지금도 역사하고 계시다.

변화는 유전자에 들어 있다

"하나님에게서 난 사람은 누구나 죄를 짓지 않습니다. 하나님의 씨가 그 사람 속에 있기 때문입니다. 그는 죄를 지을 수 없습니다. 그가 하나님에게서 났기 때문입니다"(요일 3:9). 얼핏 보면 이 구절은 내가 정말로 그리스도인이 맞는지 의문이 들게 한다. 요한은 "하나님에게서 난 사람은 누구나 죄를 짓지 않습니다"라고 말했다(6-10절). 하지만 나는 (요일 1:8에 나오는 대로 정직히 고백하건대) 계속 죄를 짓고 있다. 그렇다면 나는 하나님에게서 난 사람이 아니란 말인가? 더 자세히 들여다보면 이 구절은 굉장한 소망을 우리에게 안겨 준다. 요한은 확신을 주기 위해 이 말씀을 기록한 것이다.

우리가 죄를 짓고 율법을 어기는 것은 사실이지만 예수님은 우리 죄를 없애기 위해 세상에 오셨다(4-5절). 죄를 짓는 자는 누구나 마귀에게 속했지만 예수님은 마귀의 일을 멸하기 위해 오셨다(7-8절). 예수님이 오시지 않았다면 우리는 절대 죄의 손아귀에서 벗어나지 못했을 것이다. 예수님은 우리를 죄에서 해방시키고 사탄의 권세를 멸하기 위해 이 세상에 오셨다. 우리 안에 착한 일을 시작하셨으니 궁극적으로 우리를 예수님같이 되게 하실 것이다. "이제 우리는 하나님의 자녀입니다.…그리스도께서 나타나시면, 우리도 그와 같이 될 것임을 압니다. 그때에 우리가 그를 참모습대로 뵙게 될 것이기 때문입니다"(2절). 예수님이 우리 안에 시작하신 일은 아직 끝나지 않았다. 그렇기 때문에 여전히 죄를 짓고 있는 것이다. 하지만 우리는 더 이상 죄의 노예가 아니다. 우리는 얼마든지 변화될 수 있다.

그뿐이 아니다. 요한은 이제 우리 유전자에 거룩함이 새겨졌다고 말한다! "하나님에게서 난 사람은 누구나 죄를 짓지 않습니다. 하나님의 씨가 그 사람 속에 있기 때문입니다. 그는 죄를 지을 수 없습니다. 그가 하나님에게서 났기 때문입니다"(9절). 이 구절은 부정문을 사용해 우리 유전자에 '죄 짓지 않는 성향'이 들어 있다고 말한다. 그런데 뒤에 보면 긍정문이 등장한다. "사랑하는 여러분, 서로 사랑합시다. 사랑은 하나님에게서 난 것입니다. 사랑하는 사람은 다 하나님에게서 났고, 하나님을 압니다"(4:7). 이제 우리 유전자에는 사랑이 들어 있다.

나이가 들수록 나는 점점 우리 아버지를 닮아 간다. 아버지를 닮기 위해 특별한 노력을 기울여서가 아니다. 이는 유전이다. 하나님 아버지를 닮는 것도 마찬가지다. 당시는 유전자가 있다는 것조차 몰랐을 때이므로 요한은 '씨'라는 단어를 사용했지만 뜻은 매한가지다. 우리는 태어날 때부터 죄를 지으려는 본성을 갖고 있다. 그러나 하나님 안에서 다시 태어나면 새로운 본성을 받아 거룩해지려는 열망이 생긴다.

노력해서 아버지를 닮을 수 없듯이, 노력해서 아버지를 닮지 **않는** 것도 불가능하다. 머리를 기르고 초록색으로 염색을 하는 정도뿐이다. 거룩함의 과정도 마찬가지다. 가끔 빗나가는 행동을 할 때면 나는 내가 전혀 하나님 아버지의 자녀처럼 느껴지지 않는다. 그건 머리를 초록색으로 물들이는 것만큼이나 애처로운 일이다(내가 멋을 내면 항상 원래보다 더 못생겨지곤 한다). 하지만 내 유전자에는 변화의 유전자가 들어 있다. 요한은 변화의 최종 모습에 대해 확신 있게 말했다. 우리가 예수님의 참모습을 보는 그날, 우리도 그분과 같이 될 거라고 말이다(2절). 그 말의 의미는 우리의 변화가 가능한 정도가 아니라 필연적이라는 것이다!

나는 으레 성화의 과정이 바위를 언덕으로 올리는 일과 흡사하다고 생각한다. 고되고 더디고, 집중하지 않으면 다시 밑으로 굴러 떨어질 수도 있고…. 하지만 실제로는 바위를 언덕 **아래**로 굴리는 일과 더 비슷하다. 왜냐하면 변화는 하나님이 하시는 일이고 하나님은 항상 성공을 거두시기 때문이다. 문제는 잘 내려가는 바위를 내가 자꾸만 위로 올린다는 것이다. 그 순간 나는 이렇게 말하고 있는 셈이다. "아직은 나를 변화시키지 마세요. 죄가 아직 더 좋으니까요."

믿음에 의한 성화

어떤 사람들은 구원은 전적인 하나님의 역사이고 성화는 하나님과 인간의 협동 작업이라고 이야기한다. 어느 쪽도 백 퍼센트 맞지는 않다. 주님을 영접하는 것은 **전적으로** 하나님의 역사지만 우리에게도 믿음과 회개로 화답할 책임이 있다. 바꿔 말하면, 믿음과 회개 역시 하나님이 우리 안에서 역사하신 결과물이며 그분의 선물이다. 하나님은 우리의 감긴 눈을 뜨게 하시고 회개를 받아 주신다(막 8:18-30; 고후 4:4-6; 딤후 2:25). 주님을 영접하는 것은 전적으로 하나님의 은혜로 이루어진다. 다만 하나님의 뜻과 그분의 도움을 힘입어 우리도 주님을 영접하는 데 한몫을 거들 뿐이다. 성화도 마찬가지다. 성화는 하나님이 하시는 일이다. 그렇다고 해서 가만히 있어도 된다는 말은 아니다. 우리도 믿음과 회개로 화답해야 한다. 물론 믿음과 회개 역시 하나님이 우리 안에서 역사하심으로 가능하다. 구원은 시작부터 끝까지 하나님의 역사지만 우리는 하나님의 은혜를 받아 믿음과 회개로 그 과정에 적극적으로 참여하게 된다. 우리도 열심히 노력하지만 그것은 사도 바울이 말한 바, "이렇게 한 것은 내가 아니라, 나와 함께하신 하나님의 은혜"(고전 15:10)로 말미암은 것이다. "두렵고 떨리는 마음으로 자기의 구원을 이루어 나가십시오. 하나님은 여러분 안에서 활동하셔서, 여러분으로 하여금 하나님을 기쁘게 해 드릴 것을 염원하게 하시고 실천하게 하시는 분입니다"(빌 2:12-13).

의롭게 되는 것(하나님과 올바른 관계에 있는 것)과 거룩하게 되는 것(하나님처럼 되는 것)에는 중요한 차이점이 있다. 내가 주님을 영접했을 때 예수님의 의로움이 나의 의로움이 되었다(롬 4:4-8). 내가 그리스도와 하나가 되었으므로 그분의 의(義)가 나를 의롭게 한 것이다(롬 4:25). 내가 마지막 심판 날에 소망을 품을 수 있는 이유도 그 때문이다(롬 5:1-2, 9-10). 하나님은 오로지 예수님의 공로로 인해 나를 의롭다고 판단하실 것이다. 내 편에서 한 일은 아무것도 없다. 반면에 성화는 내 안에서 일어난다. 내가 변하는 것이다. 의롭게 된다는 것은 하나님께 용납받을 자격을 얻는다(상태의 변화)는 뜻이지만, 거룩하게 된다는 것은 내 마음과 성품이 변한다는 뜻이다.[11]

그렇다고 의롭게 됨과 거룩하게 됨을 별개로 생각해서는 안 된다. 그 둘은 서로 연결되어 있다. 의롭게 된 후에 성화가 따라오는 것이다. 그리고 그 둘의 기반에는 믿음으로 그리스도와 하나 되는 것이 깔려 있다. 우리는 의인이신 그리스도와 하나 됨으로써 의롭게 된다. 그리고 그 연합은 삶의 변화를 가져온다. 장 칼뱅의 말을 들어 보라.

오직 믿음으로 그리스도의 의로움을 취하게 되며 그로 인해서만 하나님과 화목하게 된다. 그러나 의로움을 취하는 동시에 성화 역시 취할 수밖에 없다.…따라서 그리스도는 의롭게 함과 동시에 거룩하게 하신다. 두 가지 유익은 영원하고도 변치 않는 결속으로 함께 연결되어 있다.[12]

의롭게 됨과 거룩하게 됨의 공통점은 두 가지 모두 예수님을 믿음으로 가능하다는 것이다. 성경은 우리가 **믿음으로** 의롭게 된다고 가르친다.[13] 믿음의 눈을 가지면 죄가 주는 쾌락보다 하나님 그분이 훨씬 귀하다는 사실을 알게 된다. 우리는 오직 믿음으로 새 생명의 근원이신 예수님과 계속해서 연합할 수 있다. 또한 믿음으로 성령이 주시는 새로운 욕구를 따라갈 수 있다. 복음주의나 개혁주의 전통에서는 칭의에 대한 반응으로 인간이 노력할 때 성화가 이루어진다고 말한다. 하지만 우리는 십자가 공로로 의롭게 되지만 거룩함은 스스로의 노력으로, 심지어 율법을 준수함으로써 가능하다고 생각하는 경향이 있다. 내가 이 책에서 강조하는 '믿음에 의한 성화'는 개혁주의 전통과 성경 말씀에 근거를 두고 있다.[14] 믿음과 회개로 그리스도인이 되었듯이 믿음과 회개로 그리스도인의 삶을 살아가는 것이다. 존 오웬은 이렇게 말한다. "거룩함은 복음을 영혼 깊이 새기고 깨닫고 쓰는 일에 다름 아니다."[15] "하나님께서 보내신 이를 믿는 것이 곧 하나님의 일이다"(요 6:28-29).

우리는 날마다 주님을 '재영접'해야 한다. 마르틴 루터가 작성한 95개조 반박문은 이렇게 시작한다. "우리의 주님이신 예수 그리스도는 '회개하라' 말씀하셨고 믿는 자들이 일생 동안 회개의 삶을 살기 원하셨다."[16] 우리는 날마다 믿음을 새롭게 하고 하나님께 죄를 회개해야 한다. 항상 첫사랑으로 돌아가서 영적 간음에 빠지지 않도록 주의해야 한다. "지속적이고도 깊이 있는 영적 각성과 부흥의 비결은 **지속적으로 복음을 재발견하는 것**이다."[17]

그리스 신화에 나오는 마녀 사이렌은 매혹적인 노래로 항해하는 뱃사람들을 현혹해 바위에 부딪치거나 파선하도록 만들었다. 오디세우스는 선원들의 귀를 밀랍으로 막고 돛대에 꽁꽁 묶어 꼼짝 못하도록 했다. 그것은 율법주의와 같은 방식이었다. 우리도 율법과 규율로 자신을 꽁꽁 묶어 보지만 유혹을 이기지 못한다. 반면 오르페우스는 하프로 아름다운 음악을 연주해 선원들이 사이렌의 매혹적인 노래를 무시하게 만들었다. 이것이 바로 믿음의 방식이다. 복음의 은혜는 죄의 유혹보다 더욱 아름답고 영광스러운 노래를 부른다. 문제는 우리가 믿음으로 그 노래를 들어야 한다는 것이다.

되돌아보기

1. 당신이 예수님을 위해 하고 있는 일들을 떠올려 보라. 그것들을 이익 부분(예수님과의 관계를 강화하는 일)과 손해 부분(예수님과의 관계를 방해하는 일)으로 나누어 보라.

이익	손해

빌립보서 3:4-9을 읽고 이익 부분과 손해 부분에 어떤 일이 들어가야 하는지 점검하라. 이익 부분에는 오로지 "그리스도를 믿는 믿음으로 말미암아 오는 의"만이 해당한다는 사실을 명심하라(9절).

2. "하나님께서는 죄를 모르시는 분에게 우리 대신으로 죄를 씌우셨습니다. 그것은 우리가 그리스도 안에서 하나님의 의가 되게 하시려는 것입니다"(고후 5:21). 이 말씀은 하나님 앞에서 우리가 어떤 사람이 되었는지를 말해 준다(의인이 됨). 이것이 우리 삶이 변화(거룩하게 됨)되는 토대가 된다. 당신이 씨름하고 있는 죄를 이 말씀에 넣어 보라. 예를 들면, "하나님께서는 죄를 모르시는 예수님에게 나 대신 **음욕과 음란물 중독의** 죄를 씌우셨습니다. 그것은 내가 그리스도 안에서 하나님 앞에 **성적으로 정결한** 사람이 되게 하시려는 것입니다."

- 하나님께서는 죄를 모르시는 예수님에게 나 대신 _____ 죄(당신의 죄에 대하여 적으라)를 씌우셨습니다. 그것은 내가 그리스도 안에서 하나님 앞에 _____ 한 사람(당신이 짓는 죄의 반대 개념을 적으라)이 되게 하시려는 것입니다.

변화 프로젝트

3단계: 무엇이 당신을 변화시키는가?

과거에는 어떻게 변화되려고 했는가?
- 변화되려고 어떤 시도를 해 보았는가?
- 효과가 있었던 것은 무엇인가?
- 효과가 없었던 것은 무엇인가?

당신은 자신을 변화시키기 위해 애쓰고 있는가?
- 맹세를 하거나 지켜야 할 항목들을 정해 놓은 적이 있는가?
- 자신을 남들과 비교해 본 적이 있는가?
- 자신을 변화시키기 위한 자체적인 노력을 회개해야 한다고 생각하는가?

하나님은 당신의 삶에 어떻게 역사하셨는가?
- 지난 2년간 당신은 어떤 변화를 경험했는가?
- 그 변화는 어떤 계기로 이루어졌는가?
- 하나님이 당신 삶에 역사하신다는 사실을 깨닫고 있는가? 성부, 성자, 성령께서 당신을 자유롭게 하셨다는 증거를 발견할 수 있는가?

하나님의 변화 사역에 당신은 어떻게 화답하고 있는가?
- 하나님은 그분의 자녀들을 변화시켜 하나님의 가족이 되게 하신다. 당신은 하나님을 닮으려고 애쓰고 있지 않은가?
- 당신의 신앙이 정체되어 그리스도인으로서 성장이 멈췄다고 생각하는가? 그렇게 생각하는 이유는 무엇인가?

- 오랫동안 씨름하고 있는 죄의 문제가 있는가? 그 문제가 해결될 거라고 믿고 있는가?

어떤 방법으로 변화되려고 하는지 요약하여 적어 보라. 당신이 변화될 수 있다는 확신을 갖게 하는 하나님의 변화 사역에 대해 적어 보라.

4단계

언제 죄를 짓는가?

당신은 언제 죄를 짓는가? 주로 어떤 상황에서 잘못 반응하며 부정적인 감정을 경험하는가? 무엇이 당신을 화나게 하고 우울하게 하고 짜증나게 하고 억울하게 하고 좌절하게 하는가? 당신은 어떤 때에 유혹에 쉽게 넘어가는가? 당신의 변화 프로젝트를 생각해 보라. 최근에 느꼈던 부정적인 감정이나 잘못된 행동을 떠올려 보라. 어떤 일이 일어났는가? 무엇이 당신을 폭발시켰는가? 무엇이 당신 마음에 상처를 주었는가? 무엇이 당신을 우울하고 화나고 좌절하게 만들었는가? 반복되는 양상을 발견할 수 있는가?

인생살이는 힘들다. 살다 보면 누구나 어렵고 힘든 상황에 부딪힌다. 당신은 어떤 문제에 부딪혀 있는가? 가정 불화나 질병, 혹은 금전적인 문제로 골치를 앓고 있는가? 당신을 속상하게 만드는 사람이 있는가? 사업이 어려운가? 결혼을 못했거나 아니면 애정 없는 결혼 생활로 고민하고 있는가? 동료들의 압력이나 과중한 업무량으로 허덕이고 있는가? 우리는 만신창이 세상에서 살아가는 만신창이들이다.

하나님이 우리의 상황을 아신다

하나님은 애굽에서 고통받는 이스라엘 백성을 향해 이렇게 말씀하셨다. "나는…똑똑히 보았고…들었다.…분명히 안다.…이제 내가 내려가서"(출 3:7-8). 하나님 아버지는 우리가 겪는 아픔과 고통을 다 보고 계신다. 도와달라고 부르짖는 소리도 다 듣고 계신다. 우리가 어떤 어려움을 겪고 있는지도 분명히 알고 계신다. 우리는 아무도 내 사정을 모른다고, 아무도 신경 쓰지 않는다고 생각할 때가 많다. 하지만 하나님이 아시고 하나님이 신경 쓰고 계신다. 우리가 겪는 어려움 모두 하나님의 관심사에 속해 있다. 힘들 때 고통과 좌절과 아픔을 느끼는 것은 당연한 것이다. 시편 기자들도 자신이 당한 고통을 하소연했고, 그럼으로써 성경에까지 실리게 되었다. 하나님은 우리의 고통을 보고 계신다.

그러나 하나님은 멀리서 구경만 하지 않으셨다. 소매를 걷어붙이고 내려오셔서 우리의 고통을 친히 겪으셨다. 하나님의 아들이 인간이 되는 순간, 하나님 역시 이 세상에 내려오신 것이다. 예수님은 배고픔, 모욕, 배척, 피곤, 외로움, 유혹, 결핍, 분주함이 어떤 것인지 직접 체험하셨다. 가난과 불의와 배신도 당하셨다. 그것도 모자라 십자가 위에서 하나님 아버지에게 버림받으셨다(막 15:34). 예수님은 우리가 당하는 고통을 친히 당하셨다. 그분은 만신창이 세상에서 구름이나 타고 떠도는 존재가 아니었다. 주일학교 그림에서 흔히 볼 수 있는, 흰 옷을 입고 아이들에게 둘러싸인 행복한 예수님을 생각해서는 안 된다. 그분은 진정한 인간이셨고, 추악하고 더럽고 고통스러운 세상에서 하루하루를 살아가셨다.

우리는 가끔 이런 생각을 한다. "얘기해 봤자 누가 알아 주겠어. 내 심정은 아무도 이해 못할 거야." 하지만 하나님은 당신의 심정을 **정확히** 알고 계시다.

예수님은 온전한 인간이셨다. "그는 몸소 시험을 받아서 고난을 당하셨으므로, 시험을 받는 사람들을 도우실 수 있습니다."(히 2:14-18). 예수님은 "우리의 연약함을 동정하지 못하시는 분이 아닙니다.···그러므로 우리는 담대하게 은혜의 보좌로 나아갑시다. 그리하여 우리가 자비를 받고 은혜를 입어서, 제때에 주시는 도움을 받도록 합시다"(히 4:14-16).

예수님은 우리의 고난을 체험하셨을 뿐 아니라 성령을 통해 지금도 함께하신다. 하나님이 뭐라고 말씀하셨는가? "두려워하지 말아라. 내가 너를 지명하여 불렀으니, 너는 나의 것이다. 네가 물 가운데로 건너갈 때에 내가 너와 함께 하고, 네가 강을 건널 때에도 물이 너를 침몰시키지 못할 것이다. 네가 불 속을 걸어가도 그을리지 않을 것이며, 불꽃이 너를 태우지 못할 것이다"(사 43:1-2).

십자가에 달리기 전날, 예수님은 제자들에게 이렇게 말씀하셨다. "내가 아버지께 구하겠다. 그리하면 아버지께서 다른 보혜사를 너희에게 보내셔서, 영원히 너희와 함께 계시게 하실 것이다. 그는 진리의 영이시다"(요 14:16-17). 사람들은 자신에게 상담가가 필요하다고 말한다. 물론 다른 그리스도인이 내 마음의 문제를 이해하고 도와줄 수 있다. 하지만 우리에게는 이미 위대한 상담가가 계시다. 진리의 영인 성령이 우리와 함께하신다. 예수님은 영원히 우리와 함께하겠다고 말씀하셨다. 예수님이 사용하신 '보혜사'라는 말에는 변호인, 상담가, 위로자라는 의미가 모두 포함되어 있다. 예수님은 계속해서 이렇게 말씀하셨다.

> 그러나 보혜사, 곧 아버지께서 내 이름으로 보내실 성령께서, 너희에게 모든 것을 가르쳐 주실 것이며, 또 내가 너희에게 말한 모든 것을 생각나게 하실 것이다. 나는 평화를 너희에게 남겨 준다. 나는 내 평화를 너희에게 준다. 내가 너희에게 주는 평화는 세상이 주는 것과 같지 않다. 너희는 마음에 근심하지 말고, 두려워하지도 말아라.
> (요 14:26-27)

예수님은 성령을 보혜사로 주시고 그분이 하나님의 자비로운 약속을 일깨우게 하심으로 우리 마음에 평화를 주신다. 주님은 세상물정 모르는 순진한 분도 아니었고 헤프게 약속을 남발하는 분도 아니었다. 나중에 예수님은 이런 말씀도 하셨다. "너희는 세상에서 환난을 당할 것이다"(요 16:33). 우리는 환란과 어려움을 당할 것이다. 그래도 걱정하고 두려워할 필요가 없는 것은 진리를 일깨워 주는 보혜사 성령이 계시기 때문이다.

하나님이 우리의 상황 가운데 역사하신다

나는 그녀와 마주보고 앉아 있었다. 얼마나 울었는지 그녀의 얼굴은 통통 부었고 눈은 빨개져 있었다. 그녀의 약혼자가 방금 전 사고로 세상을 떠났다. 하나님을 믿었지만 의문과 슬픔이 밀려오는 것은 어쩔 수 없었다. 나는 절망하는 사람 곁에 함께 있어 주는 것을 큰 특권으로 여긴다. 그런 상황에서는 피상적인 문제를 넘어 인생의 근원적인 문제를 파고들 수밖에 없다. 하지만 당시 내가 할 수 있는 일이라고는 곁에 있어 주는 것뿐이었다. 내가 죽은 약혼자를 살려 낼 수도 없고, 마음의 상처를 치유해 줄 수도 없었다. 죽음의 어두운 골짜기를 지날 때 누군가 내 옆에 있어 주는 것만으로도 크나큰 위로가 된다. 하지만 하나님은 우리 어깨를 감싸 안고 위로하는 것으로 그치지 않으신다.

첫째로, 하나님은 우리의 고난을 사용하신다. "하나님을 사랑하는 사람들, 곧 하나님의 뜻대로 부르심을 받은 사람들에게는, 모든 일이 서로 협력해서 선을 이룬다는 것을 우리는 압니다.…자기 아들의 형상과 같은 모습이 되도록 미리 정하셨으니"(롬 8:28-29). 사람들은 좋은 일이 일어날 거라고 믿고 싶어 한다. 나쁜 일이 일어날 거라고 믿고 싶은 사람은 아무도 없다. 성경은 하나님이 고난을 사용해 우리를 예수님처럼 만드신다고 이야기한다. 하지만 악은 악이다. 고통스럽고 괴롭고 힘들다. 그 뒤에는 사탄의 악의가 도사리고 있다. 그래도 하나님은 그분의 더 큰 목적을 위해 악과 고난을 사용하신다(창 50:20; 행 4:27-28). 당신이 경험했던 모든 악은 당신이 영원토록 경험할 영광을 더욱 찬란하게 만들 것이다. 악과 고난으로 인해 당신은 더욱 아름답게 빚어질 것이다.

그뿐만 아니라, 우리는 환난을 자랑합니다. 우리가 알기로, 환난은 인내력을 낳고, 인내력은 단련된 인격을 낳고, 단련된 인격은 희망을 낳는 줄을 알고 있기 때문입니다. 이 희망은 우리를 실망시키지 않습니다. (롬 5:3-5)

나의 형제자매 여러분, 여러 가지 시험에 빠질 때에, 그것을 더할 나위 없는 기쁨으로 생각하십시오. 여러분은 믿음의 시련이 인내를 낳는다는 것을 알고 있습니다. 여러분은 인내력을 충분히 발휘하여, 조금도 부족함이 없이 완전하고 성숙한 사람이 되십시오. (약 1:2-4)

그러므로 여러분이 지금 잠시 동안 여러 가지 시련 속에서 어쩔 수 없이 슬픔을 당하게 되었다 하더라도 기뻐하십시오. 하나님께서는 여러분의 믿음을 단련하셔서, 불로 단련하지만 결국 없어지고 마는 금보다 더 귀한 것이 되게 하시며, 예수 그리스도께서 나타나실 때에 여러분에게 칭찬과 영광과 존귀를 얻게 해주십니다. (벧전 1:6-7)

한 가지 놀라운 점은 이 세 가지 말씀이 한결같이 기뻐하라는 말씀으로 시작하고 있다는 것이다. 고난과 성숙을 연결짓게 되면 우리는 고난 중에도 기뻐할 수 있다. 때로는 그 사실을 삶 속에 확인하기도 하고, 때로는 그냥 믿음으로 받아들이기도 한다. 하나님은 모든 일이 협력해서 선이 되게 하는, 즉 예수님을 닮아 가게 하는 분이기에 우리는 기뻐하지 않을 수 없다.

둘째로, 하나님은 우리의 고난을 사용하실 뿐 아니라 반드시 그 고난을 끝내겠다고 약속하셨다. 우리의 고난을 끝내기 위해 그분은 스스로 고난을 짊어지셨다. 십자가 위에서 우리를 대신해 하나님의 진노를 당하셨고 우리를 하나님의 저주에서 풀어 주셨다. 예수님은 죄와 고통이 없는 새로운 세상을 약속하셨다. 그분의 부활은 새로운 세상의 시작이었고 인류 역사가 끝나는 날 완전히 이루어질 것이다. 새로운 세상에서 하나님은 우리의 "눈에서 모든 눈물을 닦아 주실 것이니, 다시는 죽음이 없고, 슬픔도 울부짖음도 고통도 없을 것이다"(계 21:3-4). "그러므로 여러분이 지금 잠시 동안 여러 가지 시련 속에서 어쩔 수 없이 슬픔을 당하게 되었다 하더라도 기뻐하십시오"(벧전 1:6).

행위의 근원은 마음이다

왜 우리는 어떤 일에는 화를 내고 좌절하고 우울해하다가, 어떤 일에는 즐거워하고 좋아하고 만족하는 걸까? 왜 거짓말하고 도둑질하고 싸우고 흉을 볼까? 왜 꿈을 꾸고 나쁜 상상을 하고 부러워하고 음모를 꾸밀까? 왜 과로를 하고 과식을 할까? 왜 아이들이 말썽을 부릴까? 왜 결혼한 사람들이 바람을 피울까? 왜 다른 사람의 시선을 의식할까? 왜 자신이 원하는 이상적인 부모, 배우자, 회사원이 되지 못할까? 왜 말해야 할 때 말하지 못하고 말하지 말아야 할 때 말하는 걸까? 나쁜 생각, 음욕, 도둑질, 살인, 간음, 욕심, 원한은 전부 어디에서 생겨난 걸까? 예수님은 그 모든 의문에 해답을 주셨다. "나쁜 생각은 사람의 마음에서 나오는데, 곧 음행과 도둑질과 살인과 간음과 탐욕과 악의와 사기와 방탕과 악한 시선과 모독과 교만과 어리석음이다. 이런 악한 것이 모두 속에서 나와서 사람을 더럽힌다"(막 7:21-23).

행동은 마음에서 나온다

모든 것이 안에서 나온다. 사람의 마음에서, 내면에서…. 성경 말씀에 의하면 **인간의 모든 감정과 행동의 근원지는 마음**이다. 성경에서 말하는 '마음'은 온몸에 피를 보내는 심장부 이상의 의미를 지닌다. 마음이란 속사람, 혹은 본질적인 자아를 말한다. "사람의 얼굴이 물에 비치듯이, 사람의 마음도 사람을 드러내 보인다"(잠 27:19). 마음은 생각과 욕구의 약칭이다. 행동을 하게 만드는 근본 요인은 마음에 있다. 직접적으로 보고 느끼는 것이 행동과 감정이기 때문에 우리는 행동과 감정을 변화시키는 데만 신경을 쓴다. 하지만 마음을 변화시킬 때만 진정한 변화가 가능하다. 예수님은 다음과 같이 말씀하셨다.

> 좋은 나무가 나쁜 열매를 맺지 않고, 또 나쁜 나무가 좋은 열매를 맺지 않는다. 나무는 각각 그 열매를 보면 안다. 가시나무에서 무화과를 거두어들이지 못하고, 가시덤불에서 포도를 따지 못한다. 선한 사람은 그 마음속에 갈무리해 놓은 선 더미에서 선한 것을 내고, 악한 사람은 그 마음속에 갈무리해 놓은 악 더미에서 악한 것을 낸다. 마음에 가득 찬 것을 입으로 말하는 법이다. (눅 6:43-45)

가시가 돋아 있는 나무를 보고 무화과나무라고 할 사람은 아무도 없다. 가시나무에는 가시나무의 유전자가 들어 있다. 그 유전자가 나무를 무화과나무가 아닌 가시나무로 자라게 하는 것이다. 사람도 마찬가지다. 우리의 악한 행실은 우리 마음에 들어 있는 죄를 반영한다. 우리의 모든 악행과 부정적인 감정은 우리 마음에 문제가 있음을 드러내 준다.

스무 살에 집을 떠나 독립할 때 아버지는 내게 다음과 같은 성경 말씀을 적어 주셨다. "그 무엇보다도 너는 네 마음을 지켜라. 그 마음이 바로 생명의 근원이기 때문이다"(잠 4:23). 불행하게도 이 말씀의 중요성을 깨닫는 데 무려 20년의 세월이 걸렸다. 「현대인의 성경」은 이 말씀을 다음과 같이 번역했다. "그 무엇보다도 네 마음을 지키거라. 네 마음을 지키는 것이 생명에 이르는 길이다. 사람을 살리는 길이다." 모든 행동은 마음에서 비롯된다.

상황은 계기에 불과하다

마음의 역할을 제대로 알아야 환경의 역할도 제대로 이해할 수 있다. 고통과 유혹이 죄를 짓는 **계기**는 될 수 있지만 실제로 죄를 짓게 만드는 것은 **아니다**. 죄를 짓게 만드는 것은 언제나 우리 마음속에 있는 악한 욕망이다. 우리는 환경과 상황에 어떻게 대응할지 스스로 결정한다. 그 결정을 내리게 만드는 것은 마음속에 있는 생각과 욕구다.

그러나 사람들은 그렇게 생각하지 않는다. 최근 화를 냈던 순간을 떠올려 보라. 물론 모든 분노가 나쁜 것은 아니다. 하나님은 죄를 보고 분노하신다. '하나님의 분노'는 적절한 대상(죄와 불의)에 대한 적절한 대응(자제된 분노와 선에 대한 갈망)에서 나오는 감정적 반응이다. 다시 최근 화를 냈던 때를 생각해 보라. 무엇이 당신을 화나게 했는가? 우리는 보통 외적인 것을 분노의 요인으로 지적한다. "그 사람이 나를 함부로 대했어요", "누가 내 차를 찌그러뜨렸어요", "그 사람이 내 맘을 몰라 주잖아요." 하지만 야고보는 우리가 싸우고 다투는 이유가 내면의 육욕 때문이라고 말했다(약 4:1-2). 내 안의 욕구가 좌절되고 위협받기 때문에 분노가 일어나는 것이다. 외부의 자극은 **마음을 거쳐** 행동에 영향을 미친다. 결코 환경이나 상황만을 탓할 수 없다.

시험을 당할 때에, 아무도 "내가 하나님께 시험을 당하고 있다" 하고 말하지 마십시오. 하나님께서는 악에게 시험을 받지도 않으시고, 또 시험하지도 않으십니다. 사람이 시험을 당하는 것은 각각 자기의 욕심에 이끌려서, 꾐에 빠지기 때문입니다. (약

1:13-14)

야고보는 그리스도인들이 "여러 가지 시험"(2절)에 빠질 거라고 말했다. 그 시련을 참고 견딘 사람에게 하나님은 "생명의 면류관"(12절)을 씌워 주실 것이다. 우리는 결코 하나님을 원망할 수 없다. 내가 참고 견디지 못한 것이 하나님의 잘못은 아니기 때문이다. 누구도 자신의 잘못을 부모나 가정, 환경 탓으로 돌리지 못한다. 우리가 유혹에 넘어가는 것은 우리 자신의 악한 욕망 때문이다. 그런 욕망이 죄로 이어지고 죄는 죽음으로 이어진다. 우리 삶과 감정과 관계에 치명적인 영향을 끼치는 죄는 결국 마음속의 악에서 비롯된 것이다. 제리 브리지스(Jerry Bridges)는 죄에 '패배했다'는 표현을 함부로 사용하지 말라고 충고했다. 그 말은 외부의 힘이 너무 강해서 우리 힘으로는 어쩔 수 없다는, 즉 우리 잘못이 아니라는 뜻이기 때문이다. 그보다는 '불순종'이 더 적절한 표현이라 할 수 있다.[1]

우리의 성장 배경이 잘못된 습관을 **형성**할 수도 있다. 화가 나도 조용히 혼자 삭이는 사람이 있는가 하면, 고함을 치고 발을 구르며 분노를 표출하는 사람이 있다. 같은 상황에 전혀 다른 반응을 보이는 것은 가정의 양육 방식, 즉 주변 사람에게서 보고 배운 것이 다르기 때문이다. 그러나 밖으로 표출하든 혼자 삭이든, 화가 났다는 사실은 동일하며 분노의 근본 원인은 자신의 마음에 있다.

나는 매일 아침 7시 반에 성경을 읽고 기도한다. 당신이 그런 모습을 보게 된다면 분명 나를 믿음 좋은 사람이라고 생각할 것이다. 그렇게 보일 만도 하다. 평화로운 얼굴로 진지하게 주님을 신뢰하는 남자…. 그러나 30분 후 딸을 등교시킬 때 어떤 모습인지 지켜보라. 신앙심하고는 거리가 먼 남자를 발견하게 될 것이다. 한때 나는 자신이 무척이나 점잖고 괜찮은 사람이라고 생각했다. 7시 반의 나는 확실히 경건한 신앙인이었다! 혹시 내가 죄를 짓는다면 그건 외부 요인 탓이라고 믿었다. 그런데 알고 보니 진짜 나는 7시 반이 아닌 8시에 나타났다.

상황과 사람들이 신경을 거스를 때 마음속에 있는 악한 욕구가 표출되면서 진정한 내 모습이 드러났다. 말하자면 가짜 '나'를 유지하기가 너무 지치고 버거울 때 진짜 '나'가 튀어나오는 것이었다.

하나님을 신뢰하지 않고 예배하지 않기 때문에 죄를 짓는 것이다

살면서 겪는 어려움과 문제들이 우리 속마음을 밖으로 노출시킨다. 하지만 뒤집어 생각하면 그때가 우리의 잘못된 행동과 감정의 근본 원인을 캐낼 수 있는 절호의 기회다.

대체 우리 마음속에서는 어떤 일이 일어나고 있는 걸까? 성경은 인간의 마음에서 항상 두 가지 일이 일어난다고 말한다. 히브리서 4:12은 "마음에 품은 생각과 의도"라는 표현을 사용했다.

- 우리는 생각하고 해석하고 믿고 신뢰한다.
- 우리는 바라고 예배하고 원하고 소중히 여긴다.

인간은 항상 무언가를 해석하고 무언가를 예배한다. 우리는 자신에게 무슨 일이 일어났는지 설명하기 위해 상황을 해석하려고 한다. 또한 하나님을 예배하기 위해 창조된 존재답게 우리 안에는 예배의 욕구가 들어 있다.

즉 우리 마음의 두 가지 문제는 무엇을 생각하고 신뢰하느냐와, 무엇을 원하고 예배하느냐의 문제다. 무슨 일에서든 하나님을 신뢰하지 않을 때(잘못된 해석을 내릴 때) 우리는 죄를 짓게 된다. 그리고 무슨 일에서든 하나님을 배제할 때(잘못된 대상을 숭배할 때) 죄를 짓게 된다. 하나님의 말씀 대신 하나님에 대한 거짓말을 믿고 하나님을 예배하는 대신 우상을 예배할 때 죄를 짓는다는 말이다. 에드 웰치(Ed Welch)의 말을 들어 보라.

우리의 마음은 언제나, 무언가 혹은 누군가를 예배하고 신뢰하고 동경하고 따르고 사랑하고 섬긴다. 성경은 마음에 대해 언급할 때마다 우리가 모든 순간에 하나님 앞에 있음을 강조한다. 말하자면, 하나님을 신뢰하거나 이기적인 우상을 신뢰하면서 하나님께 반응하는 것이다.

이러한 영적 충성심은 숨어 있다가도 나무에 열매가 맺히듯 언젠가는 말과 행동으로 드러난다(눅 6:43-45). 하나님의 법을 어기는 것은 믿음이나 순종처럼 마음의 표현이다. 우리의 감정도 마음에서 비롯되는 경우가 대부분이다. 하나님을 진심으로 예배하게 되면 아무리 어려운 상황에서도 기쁨과 평강과 사랑과 소망이 우러나온다. 하지만 예배가 거짓일 경우, 그리고 원하는 것을 얻지 못하거나 무력하게 느껴질 경우, 곧 슬픔과 원망과 좌절과 분노와 두려움에 휩싸이게 된다. 우리가 느끼는 감정은 무언가를 *의미*할 때가 많다. 따라서 "내 감정이 뭐라고 말하고 있는가?", "감정이 가리키는 것은 무엇인가?"라고 질문할 필요가 있다.[2]

거짓말, 속임수, 폭력, 도둑질, 간음, 중독, 섭식장애 등의 잘못된 행동과 걱정, 우울, 시기, 죄책감, 원망, 교만 등의 부정적이고 악한 감정들은 하나님을 믿지 않거나 올바로 예배하지 않아서 생기는 것들이다. 따라서 해결책은 오직 믿음과 회개뿐이다.

- 우리는 거짓말을 믿지 말고 하나님을 믿어야 한다(믿음).
- 우리는 우상을 예배하지 말고 하나님을 예배해야 한다(회개).

중요한 열쇠는 자신이 짓는 죄를 마음속 거짓말과 우상숭배와 연결짓는 일이며, 이것이 바로 다음 장에서 살펴볼 내용이다.

되돌아보기

1. 다음의 문장을 완성해 보라.
   - 내가 화를 내는 이유는 주로 _____.
   - 내가 실망하고 좌절하는 이유는 주로 _____.
   - 내가 하나님의 뜻에 순종하지 않는 이유는 주로 _____.

2. 당신이 대답한 내용들을 곰곰이 생각해 보라. 그 내용을 토대로 행동의 근본 원인을 추측할 수 있겠는가? 당신의 마음에서는 어떤 일이 일어나고 있는가?

변화 프로젝트

4단계: 당신은 언제 죄를 짓는가?

당신이 고민하는 문제는 무엇인가?
- 지속적으로 부담과 압박을 느끼게 하는 것은 무엇인가?
- 관계 맺기 힘든 사람들은 누구인가?
- 당신을 화나게 하고 걱정하게 하고 짜증나게 하고 과식하게 하고 앙심을 품게 하고 변명하게 하고 의기소침하게 만드는 상황들은 무엇인가?
- 그 순간 당신은 무엇을 생각하고 무엇을 믿는가?
- 그 순간 당신은 무엇을 원하고 무엇을 예배하는가?

당신이 변화되었으면 하는 문제가 당신을 괴롭힐 때는 언제인가?
- 언제 그렇게 행동하고 그렇게 느끼는가?
- 무엇이 그 문제를 유발하는가?
- 문제에 일정한 형태가 있다고 생각하는가?
- 그 순간 당신은 무엇을 생각하고 무엇을 믿는가?
- 그 순간 당신은 무엇을 원하고 무엇을 예배하는가?

그때 당신의 마음에는 어떤 일이 일어나고 있었는가?
- 당신은 무엇을 원하고 바라고 소원했는가?
- 당신은 무엇을 두려워하고 무엇을 걱정했는가?
- 당신은 무엇이 필요하다고 생각했는가?
- 당신이 이루려고 했던 일의 방법과 의도는 무엇이었는가?
- 당신은 무엇을 혹은 누구를 신뢰했는가?

- 당신은 누구를 기쁘게 하고 싶었는가? 또 누구의 의견을 가장 중요시했는가?
- 당신이 사랑했던 것은 무엇인가? 또 미워했던 것은 무엇인가?
- 무엇이 당신에게 가장 큰 기쁨과 행복과 만족을 주었을 거라고 생각하는가? 무엇이 당신에게 가장 큰 고통과 괴로움을 안겨 주었을 거라고 생각하는가?[30]

죄를 지었을 때 마음속에서 어떤 일이 일어나고 있었는지 적어 보라.

다음 장에서는 마음속에서 일어나는 일들을 좀더 구체적으로 살펴볼 것이다.

5단계

거짓말과 진리, 무엇을 믿는가?

지미는 공황 장애(갑자기 극심한 공포심을 느끼는 정신질환의 일종—역주)를 겪고 있었다. 나중에는 공황 장애라는 질환 자체가 공포심을 불러일으키는 요인이 되었다. 지미는 일주일에 서너 번 내게 전화를 걸었고, 그때마다 나는 성경의 진리를 이야기해 주었다. 우리 사이에는 자연스럽게 몇 가지 표어들이 생겨났다. "하나님은 당신의 생각보다 위대하고 크신 분입니다." "'만약에'라고 하지 말고 하나님이 모든 것을 다스리심을 믿으세요." 결국 진리가 지미를 자유롭게 했다. 하나님이 전능한 분이라는 진리가 그에게 평강을 주었다. 아울러 하나님이 만물의 중심이시며 그의 영광이라는 것도 깨닫게 되었다. 물론 하루아침에 이루어진 일은 아니었다. 날마다 진리를 믿기 위한 치열한 싸움을 해야 했다. 우리가 즐겨 사용했던 또 하나의 표어는 "어제는 승리, 오늘은 또 전쟁"이었다. 시간이 지나면서 지미의 공황 장애는 눈에 띄게 좋아졌다.

하나님이 우리 삶을 다스리신다는 것과 그 다스림이 지혜롭고 선하다는 것을 믿을 때, 우리는 진정한 자유를 발견하게 된다. 삶을 그런 식으로 해석할 때 기쁨과 평강이 찾아온다. 에덴 동산에서 뱀은 하와를 유혹해 하나님의 선하신 통치에 의문을 품게 만들었다. 하나님을 선제군주처럼 묘사하며 다스림을 거부하게 만드는 교활한 속임수를 사용한 것이다. 하와는 사탄의 거짓말을 믿었고 선악과를 따 먹었다. 인류의 죄는 하나님의 말씀을 불신하면서부터 시작되었다.

모든 죄와 부정적인 감정 뒤에는 거짓말이 숨어 있다

죄악의 밑바탕에는 어떤 형태로든 불신의 문제가 도사리고 있다. **모든 죄의 근원은 거짓말이다.** 우리가 하는 모든 행동과 감정은 마음에서 비롯된다. 우리가 무엇을 믿고 무엇을 소중히 여기는가에 따라 행동과 감정이 결정되는 것이다. 사람들은 "하나님의 진리를 거짓으로" 바꾸었기 때문에 마음속에 악한 욕구를 품게 되었다(롬 1:24-25).

> 그러므로 나는 주님 안에서 간곡히 권고합니다. 이제부터 여러분은 이방 사람들이 허망한 생각으로 살아가는 것과 같이 살아가지 마십시오. 그들은 자기들 속에 있는 무지와 자기들의 마음의 완고함 때문에 지각이 어두워지고, 하나님의 생명에서 떠나 있습니다. 그들은 수치의 감각을 잃고, 자기들의 몸을 방탕에 내맡기고, 탐욕을 부리며, 모든 더러운 일을 합니다. (엡 4:17-19)

인간이 갖고 있는 문제는 허망한 생각, 어두워진 판단력, 무지한 마음이다. 그렇기 때문에 무절제하고 탐욕스러우며 추악한 행동을 하게 된다. 다시 말해, '하나님이 없으면 더 잘 살 수 있다. 하나님의 통치는 억압적이다. 하나님이 없으면 자유롭다. 하나님보다 죄가 더 좋은 것을 준다'는 거짓말을 믿기 때문에 죄를 짓는 것이다. 그것은 모든 죄와 부정적인 감정에 적용된다.

때로는 자신의 죄와 감정 뒤에 어떤 거짓말이 숨어 있는지 쉽게 알아챌 수 있다. 예를 들어, 남의 것을 부러워하고 도둑질하고 돈타령을 하는 이유는 재물이 행복을 가져다준다고 믿거나 하나님이 나를 돌보지 않는다고 믿기 때문이다. 외도를 하거나 결혼을 못해 우울해하는 이유도 알고 보면 이성과의 친밀감이 하나님보다 더 중요하다고 믿어서다. 이것은 모두 거짓말이다.

어느 누구도 자신을 거짓말이나 믿는 맹추라고 생각하지 않을 것이다. 하지만 하나님의 말씀을 믿지 않는 것은 결국 다른 무언가를 믿는 것이고, 우리는 그 다른 무언가가 항상 거짓말이라는 사실을 알아야 한다! 교통체증 때문에 꼼짝달싹 못할 때 화가 나는 이유는 하나님을 믿지 못하기 때문이다. 하나님이 상황을 통제하지 못한다거나 나를 향한 하나님의 뜻이 선하지 않다는 거짓말을 믿어서다. 내가 과로할 정도로 일을 많이 하는 이유도 하나님을 믿지 못하거나 인정받고 싶어서 그런 것이다. 이는 죄를 해석하는 매우 파격적인 방식이다. 부정적인 감정이 위험한 까닭도 그것이 불신의 증상이기 때문이다. 불신은 가장 악하고 근원적인 죄다. 우울하거나 원망스러울 때 우리는 속으로 하나님이 실수를 했다거나 전능하지 못하다고 믿고 있다. "믿음에 근거하지 않는 것은 다 죄입니다"(롬 14:23).

그리스도인 중에서 자신을 불신자라고 생각하는 사람은 없을 것이다. 사실 불신자라는 말 자체도 하나님을 믿지 않는 세상 사람을 일컫는 용어가 아닌가! 우리는 교회에서 배운 기독교 교리를 아무 거리낌 없이 받아들인다. 교리를 믿지 못하거나 신학적 견해에 차이가 있어서 문제가 되는 경우는 드물다. 따라서 불신은 그보다 더 실질적 차원의 문제를 야기한다. 이론으로 믿는 것과 실제 삶에서 믿는 것은 확연히 다르다.

주일 아침에 나는 믿음으로 의롭게 된다는 칭의의 내용이 담긴 찬송을 부른다(고백적 차원의 믿음). 하지만 월요일 아침이면 여전히 자신을 입증해 보이려고 애쓴다(실제적 차원의 불신). 또 심판 날에 면죄될 것을 믿으면서도 여전히 다음 날이면 나의 무죄를 증명해 보이려고 노력한다. 하나님이 전능하다는 사실을 믿으면서도(고백적 차원의 믿음) 내 뜻대로 일이 돌아가지 않으면 안절부절못하며 불안해한다(실제적 차원의 불신). 거룩하게 된다는 것은 결국 고백적 차원의 믿음과 실제적 차원의 믿음 사이가 좁아지는 것을 말한다.

진리가 자유롭게 하리라

거짓말을 믿기 때문에 죄를 짓는다는 주장은, 죄에 대한 파격적인 견해일 뿐 아니라 죄에서 벗어나는 길도 제시해 준다. 한마디로 하나님을 신뢰하면 되는 것이다.

> 의인의 길은 동틀 때의 햇살 같아서, 대낮이 될 때까지 점점 더 빛나지만, 악인의 길은 캄캄하여, 넘어져도 무엇에 걸려 넘어졌는지 알지 못한다. 아이들아, 내가 하는 말을 잘 듣고, 내가 이른 말에 귀를 기울여라. 이 말에서 한시도 눈을 떼지 말고, 너의 마음속 깊이 잘 간직하여라. 이 말은 그것을 얻는 사람에게 생명이 되며, 그의 온 몸에 건강을 준다. 그 무엇보다도 너는 네 마음을 지켜라. 그 마음이 바로 생명의 근원이기 때문이다. (잠 4:18-23)

잠언은 하나님을 신뢰하는 길을 "동틀 때의 햇살"에 비유하고 있다. 어쩌면 당신은 지금 캄캄한 어둠속에 있는 것 같고, 잘못된 행동을 고치려 해도 방법이 없고, 부정적인 감정에 짓눌려 있는지도 모른다. 하지만 그것이 불신의 증상이라는 것을 안다면 동틀녘 햇살처럼 한 가닥 희망을 가질 수 있다. 해답은 하나님을 신뢰하는 데 있다. 믿음의 길은 평생을 걸어야 할 머나먼 길이지만, 한 발을 내딛을 때마다 하나님의 선하심이 "대낮이 될 때까지 점점 더 빛나게" 될 것이다. 우리는 하나님의 말씀에 주의를 기울이며 그 길을 따라 걸으면 된다(20-21절).

하나님의 말씀이 곧 우리의 지도다. 하나님은 생명과 건강을 약속하셨다(22절). 진리가 우리의 마음을 지키고 또 우리의 삶을 지켜 줄 것이다(23절).

> 나 주가 말한다. 나 주에게서 마음을 멀리하고, 오히려 사람을 의지하며, 사람이 힘이 되어 주려니 하고 믿는 자는, 저주를 받을 것이다. 그는 황야에서 자라는 가시덤불 같아서, 좋은 일이 오는 것을 볼 수 없을 것이다. 그는, 소금기가 많아서 사람이 살 수도 없는 땅, 메마른 사막에서 살게 될 것이다. 그러나 주님을 믿고 의지하는 사람은 복을 받을 것이다. 그는 물가에 심은 나무와 같아서 뿌리를 개울가로 뻗으니, 잎이 언제나 푸르므로, 무더위가 닥쳐와도 걱정이 없고, 가뭄이 심해도, 걱정이 없다. 그 나무는 언제나 열매를 맺는다. (렘 17:5-8)

예레미야는 다른 그림을 보여 준다. 자기 힘을 믿으려는 사람은 사막에 있는 헐벗은 나무와 같다는 것이다. 당신이 지금 그런 느낌을 받고 있는지도 모른다. 모든 게 공허하고 갈급한가? 사는 게 무의미하게 느껴지는가? 하나님을 믿는 사람들은 물가에 심긴 나무와 같아서 항상 열매를 맺는다. 그것은 우리가 순탄한 삶을 살게 될 거라는 의미가 아니다. 따가운 햇볕이 내리쬐겠지만 하나님에 대한 믿음이 나무를 지켜 주고 고난 속에서 열매를 맺게 할 거라는 뜻이다.

예수님은 "죄를 짓는 사람은 다 죄의 종이다"(요 8:34)라고 말씀하셨다. 사람들은 자신이 부정적인 행동과 감정에 갇혀 있다고 말한다. 그러면서 자신은 결코 바뀌지 않을 거라고 생각한다. 한편으로는 맞는 말이다. 행동만 바꾸려는 노력은 먹혀들지 않을 것이기 때문이다. 그런 행동을 유발하는 거짓말을 계속 믿는데 바뀔 턱이 있겠는가. 예수님은 이렇게 강조하셨다. "너희가 나의 말에 머물러 있으면, 너희는 참으로 나의 제자들이다. 그리고 너희는 진리를 알게 될 것이며, 진리가 너희를 자유롭게 할 것이다"(요 8:31-32). 하나님에 대한 거짓말은 우리를 죄의 노예가 되게 하지만, 하나님에 대한 진리는 섬김의 자유로 인도한다(갈 5:1, 13). 우리를 자유롭게 만드는 것은 복음이다("나의 말에 머물러 있으면"). 자유는 진리 안에서만 발견된다. 우리가 하나님을 예배하고 그분을 섬기고 그분을 신뢰하도록 창조된 존재임을 알 때 비로소 자유가 찾아온다. 자신의 삶을 만신창이로 만든 잘못에 책임을 져야 한다는 것, 문제의 근원은 마음에 있다는 것, 우리는 하나님의 심판을 받아 마땅한 죄인이라는 것, 그러기에 절대적으로 하나님이 필요하다는 것을 깨달을 때 비로소 자유로워진다. 하나님이 우리 삶을 전적으로 다스리시며 믿음으로 나아오는 자를 용서하신다는 사실을 알 때 우리는 자유로워진다. 사도 바울은 이렇게 말했다. "모든 사람에게 하나님의 구원의 은혜가 나타났습니다. 그 은혜는 우리를 교육하여, 경건하지 않음과 속된 정욕을 버리고, 지금 이 세상에서 신중하고 의롭고 경건하게 살게 합니다"(딛 2:11-12).

때로는 우리를 묶고 있는 거짓말에서 해방되기 위해 그에 대응하는 진리를 알아야 한다. 걱정의 노예가 된 사람은 하늘 아버지가 나를 돌보고 지킨다는 사실을 믿어야 걱정에서 놓일 수 있다. 자신의 가치를 증명하고픈 욕구에 붙들린 사람은 예수님의 십자가 공로로 하나님께 온전히 용납되었음을 믿어야 자유로워진다.

보고 알고 수용하고 갈구하다

예수님 안에서 하나님의 영광을 보는 사람에게는 변화가 일어난다. 진리가 우리를 자유롭게 하리라 말씀하지 않으셨는가! 하지만 '보다'와 '알다'라는 말은 '이해'의 차원을 정확하게 담아내지 못한다. '진리를 알라'는 말은 단순히 정보를 얻거나 어떤 말에 동의하라는 의미가 아니다. 우리는 보면서도 보지 못하는 경우가 있다(렘 5:21; 겔 12:2; 마 13:13). 19세기 신학자 찰스 핫지(Charles Hodge)

는 예수님을 진정으로 아는 것은 "지식으로 그분이 어떤 분인가를 이해하는 것만이 아니라…애정과 기쁨과 소원과 [만족]의 느낌이 함께 동반되는 것"이라고 말했다.[1] 예수님을 보는 것과 아는 것은 그저 정보를 받아들이는 것이 아니라 그분이 참으로 아름다운 분임을 인식하는 것이다. 아울러 하나님에 대한 진리를 전적으로 수용하고 기뻐하는 것이다.

시편 19:10은 하나님의 말씀이 꿀보다 달다고 말한다. 자, 당신이 평생 한 번도 꿀을 먹어 보지 못했다고 가정해 보자. 당신은 믿을 만한 정보를 통해 꿀이 달다는 사실은 알게 되었다. 하지만 꿀 한 숟갈을 입에 넣고 감탄하면서 알게 되는 꿀의 실제적인 단맛과 정보로 아는 단맛은 결코 같을 수 없다.[2] 우리는 "여호와의 선하심을 맛보아"(시 34:8, 개역개정) 알아야 한다. 사도 바울은 이렇게 기도했다. "지혜와 계시의 영을 여러분에게 주셔서, 하나님을 알게 하시고, [여러분의] 마음의 눈을 밝혀 주셔서, 하나님의 부르심에 속한 소망이 무엇이며, 성도들에게 베푸시는 하나님의 영광스러운 상속이 얼마나 풍성한지를, 여러분이 알게 되기를 바랍니다"(엡 1:17-18). 우리 역시 기도할 때 생각의 눈을 열어 진리를 깨달을 뿐 아니라 그 진리를 '마음의 눈'으로 수용하게 해 달라고 간구해야 한다. 이것이 바로 변화의 열쇠다. 청교도 목사였던 월터 마샬(Walter Marshall)은 "하나님이 정말로 선한 분이고 영원히 은혜로운 분임을 알면 알수록 그분을 향한 우리의 사랑은 더 뜨겁게 불타오를 것"이라고 말했다. '하나님을 앎 → 하나님을 좋아함 → 하나님을 갈망함 → 하나님을 더욱더 갈망함'의 순서로 우리는 죄보다 하나님을 더 갈망하게 된다.

자기 마음에 설교하라

우리는 설교자가 되어, 자기 마음을 향해 설교하는 법을 배워야 한다. 시편 기자는 이렇게 말했다. "내 영혼아, 주님을 찬송하여라. 주님이 베푸신 모든 은혜를 잊지 말아라." 누구를 향해 하는 말인가? 바로 자기 자신을 향해 하는 말이다. 유명한 설교가 마틴 로이드 존스(Martyn Lloyd-Jones)는 "당신이 불행한 이유는 자신에게 말하지 않고 자신의 말을 듣는 데에 있음을 깨닫지 못하는가?"라고 물었다.[3] 우리는 머릿속에 떠오르는 모든 생각을 사로잡아야 한다(고후 10:3-5). 싱클레어 퍼거슨 역시 우리의 문제가 "느끼는 대로 생각하는 것"에 있다고 말했다.[4] 하나님 안에서 언제나 기쁨을 **느낄** 수는 없지만 **하나님이 우리의 기쁨**이라고 믿음으로 말할 수는 있다. 죄에 대한 충동이 일어날 때, 혹은 자신의 감정에 압도당할 때 자신의 마음을 향해 진리를 말해야 한다. 그 말이 완전히 마음에 새겨질 때까지 몇 번이고 반복해서 자신에게 진리를 이야기하라. "내게 필요한 건 하나님뿐이다!" 자신을 향해 천천히 "내게…필요한 건…하나님뿐이다"라고 이야기하라. 큰소리로 말하라. 하나님께도 "제게는 당신만이 필요합니다"라고 말하라. C. S. 루이스(Lewis)는 이렇게 충고했다. "아침에 눈을 뜰 때마다 그날 당신이 원하고 바라는 일들이 맹수처럼 달려들 것이다. 아침에 일어나서 제일 먼저 해야 할 일은 그것들을 모두 떠밀어 내고 다른 목소리에 귀를 기울이며 다른 관점을 수용하는 것이다. 더 크고 더 강력하고 더 조용한 다른 생명이 자신의 내부로 흘러들어 오게 하는 일이다."[5]

현재 자신이 짓고 있는 죄의 배후에 어떤 거짓말이 도사리고 있는지 밝혀내, 그 거짓말에 상응하는 진리가 무엇인지를 알아낸다면 큰 도움이 될 것이다. 그렇다고 자신의 마음을 낱낱이 분석할 필요는 없다. 변화를 일으키는 것은 진리의 복음이다. 예수님 이름에 있는 자유의 권능을 존 뉴턴(John Newton)은 다음과 같이 읊었다.

귀하신 주의 이름은 참 아름다워라.
내 근심 위로하시고 평강을 주시네.
주님은 반석이시요 내 방패 되도다.
그 은혜 무한하시니 바다와 같도다.
선하신 목자 구세주 내 생명 되시고
대제사장이 되시니 늘 찬송하겠네.
무한히 넓은 사랑을 쉬지 않고 전하세.
숨질 때까지 주 이름 늘 의지하겠네.

이 책에서는 삶을 변화시키는 하나님에 관한 진리를 네 가지로 요약했다. 시편 62:11-12은 이렇게 말한다. "하나님께서 한 가지를 말씀하셨을 때에, 나는 두 가지를 배웠다. '권세는 하나님의 것'이요, '한결같은 사랑도 주님의 것'이라는 사실을." 하나님 자신이 선포하시는 가장 중요한 진리는 그분의 **위대함**과 **영광**("권세는 하나님의 것"), 그리고 **선함**과 **은혜로움**("한결같은 사랑도 주님의 것")이다.

- 하나님은 위대하시다. 따라서 우리가 나서서 전부 해결할 필요가 없다.
- 하나님은 영광스러우시다. 따라서 다른 사람을 두려워할 필요가 없다.
- 하나님은 선하시다. 따라서 다른 곳을 바라볼 필요가 없다.
- 하나님은 은혜로우시다. 따라서 우리의 가치를 입증하려고 애쓸 필요가 없다.

하나님에 대한 진리는 위의 네 가지 외에도 무궁무진하다. 그러나 이 네 가지는 우리가 주로 고민하는 죄와 감정의 문제에 강력한 처방책을 제시한다.[6]

1. 하나님은 위대하시다. 따라서 우리가 나서서 전부 해결할 필요가 없다.

당신이 빛의 속도(1초에 30만 킬로미터)로 날아간다면 1초에 지구 일곱 바퀴 반을 돌고 2초 안에 달에 도달할 수 있다. 또한 가장 가까운 행성에는 4.3광년 만에 도착하고 10만 광년 후에는 우리가 사는 은하계를 통과할 수 있다. 이 우주에는 약 천 억 개 정도의 은하계가 있다고 알려져 있다. 그렇다면 가장 가까운 은하계에 도달하는 데 2백 만 광년이 걸릴 것이고 그다음 은하계에 도달하는 데는 2천만 광년이 걸릴 것이다. 하지만 그마저 우주를 탐험하기 위한 시작에 불과하다.

이 모든 것이 하나님의 말씀 한마디로 창조되었다. 이사야 선지자는 하나님이 손 한 뼘으로 하늘을 재어 보셨다고 말한다(사 20:12). 공간을 초월하는 하나님을 공간에 대입시킨 불완전한 비유이기는 하지만, 어쨌든 하나님의 광대하심을 엿보게 하는 말씀이다. 우주 전체가 하나님의 손바닥 안에 들어간다. 당신의 손을 활짝 펴 보라. 하나님에게 이 우주는 그 손바닥만 하다! 히브리서 1:3은 예수님이 능력의 말씀으로 우주 만물을 유지시킨다고 했다. "모든 것을 자기의 원하시는 뜻대로 행하시는 분의 계획에 따라 미리 정해진 일입니다"(엡 1:11). 하나님은 인간에게 자유의지를 주셨지만 그와 동시에 불가사의한 방법으로 모든 사건을 계획하시고 모든 일을 미리 정하신다. "왕의 마음은 흐르는 물줄기 같아서 주님의 손 안에 있다. 주님께서 원하시는 대로 왕을 이끄신다"(잠 21:1). 심지어 악행도 하나님 계획의 일부분이다. 예수님을 십자가에 죽게 한 음모는 인간들의 사악한 결정이었다. 그럼에도 불구하고 "주님의 권능과 뜻으로 미리 정하여 두신 일들을 모두 행하였습니다"(행 4:28)라고 말한다. 미세한 분자 활동에서부터 복잡한 인류 역사까지 하나님은 모든 것을 다스리며 통제하신다.

혹시 컴퓨터가 고장 나서 저장된 데이터가 한순간에 날아가 버리는 경험을 한 적 있는가? 엊그제 나에게 그런 일이 일어났다. 나는 책상에 머리를 박으며 "안 돼~~~~~!"라고 부르짖었다. 나는 누구에게 말했던 걸까? 사실 그건, 내가 인정을 하건 안 하건, 하나님의 섭리에 대해 "안 돼!"라고 소리쳤던 것이다. 나는 내 삶을 향한 하나님의 섭리를 거부했다. "안 돼요, 하나님! 그렇게 하시면 안 됩니다. 당신의 통치는 선하지 못합니다!"

앨런은 기차를 타고 병원으로 가고 있었다. 그런데 한마디 설명도 없이 도중에 기차가 멈춰 서고 말았다. 예약한 진료 시간에 도착할 수 없게 되자 화가 치밀어 올랐다.

베스는 초조하고 불안했다. 자동차를 바꾸는 데 저축한 돈을 다 써 버렸다. 이러다 생활비마저 모자라는 게 아닌지 걱정이 되었다. 그날 저녁, 남편이 자신을 기쁘게 하려고 값비싼 꽃다발을 안고 퇴근했을 때 베스는 그만 울음을 터뜨리고 말았다.

콜린은 이만저만 낙담한 게 아니었다. 야심차게 새로운 프로젝트를 시작했지만 제대로 돌아가는 게 없었다. 결국 집에 돌아와 죄 없는 아이들에게 신경질을 내 버렸다.

도로시는 잠자리에 들어서도 친구 에일린 생각이 떠나지 않았다. 아무래도 에일린의 우울증이 다시 시작된 것 같았다. 두어 번 에일린의 아기를 돌봐 주기는 했지만 도로시도 해야 할 일이 산더미였다. 도와주고 싶지만 더는 무리였다.

마가복음 4:35-5:43에 보면 예수님이 자연계와 영의 세계, 질병과 죽음까지 다스리시는 이야기가 나온다. 그 이야기는 예수님의 절대 권위를 강조하기 위한 것이었다. 예수님은 죽은 소녀를 살려 내셨다. 마치 우리가 자고 있는 사람을 깨우듯이 아주 손쉽게 죽음에서 불러내셨다. 마가는 매 사건마다 두려움 대신 믿음을 가질 수 있는 대안을 제시했다. 폭풍을 만난 제자들은 두려움에 떨었다. 고기잡이로 잔뼈가 굵은 어부들도 있었으니 그들의 두려움은 근거 없는 공포가 아니었다. 하지만 예수님은 그런 제자들을 꾸짖으셨다. "왜들 무서워하느냐? 아직도 믿음이 없느냐?"(막 4:40). 사람들은 귀신 들렸다가 멀쩡해진 남자를 보고 귀

신까지 길들이는 예수님의 권능을 두려워했다. 혈루병에 걸린 여인은 두려워 떨며 예수님의 옷자락을 만졌고 예수님은 여인에게 평강을 빌어 주셨다. 그 여인은 믿음이 있었기에 하나님을 두려워하지 않았다. 그중 최고의 압권은 회당장에게 하신 예수님의 말씀이었다. "두려워하지 말고 믿기만 하여라"(막 5:36). 하나님은 우리가 두려워하는 그 어떤 것보다도 크신 분이다. 마가복음의 이야기는 우리가 죽음이나 질병을 겪지 않을 거라는 의미가 아니다. 하나님이 다스리고 계시니 어떤 상황도 두려워할 필요가 없다는 뜻이다. 하나님은 모든 상황이 우리에게 유익이 되도록 역사하신다. 그리고 우리를 영광의 집으로 안전하게 인도해 주신다. 죽음은 우리의 최후가 아니다. 최후는 '달리다굼', 즉 '일어나는 것'이다(막 5:41).

하나님의 전능한 통치를 믿지 못하면 어떤 일이 일어나는가? 그때는 속임수나 위압 등의 해로운 방법으로 모든 것을 통제하려고 든다. 분주함과 좌절감으로 탈진하기도 하고, 하나님의 왕국보다 재물을 섬기기도 하고(눅 12:22-31), 걱정과 근심에 휩싸이기도 하고(빌 4:6-7), 청구서에만 정신이 팔린 돈의 노예로 전락하기도 한다. 모두가 하나님 아버지가 우리의 필요를 아신다는 믿음이 없어서 벌어지는 현상이다. 예수님은 문제의 핵심을 정확하게 찌르시며 우리의 적은 믿음을 개탄하셨다.

너희 가운데서 누가 걱정한다고 해서, 제 수명을 한순간인들 늘일 수 있느냐?…믿음이 적은 사람들아.…그러므로 너희는, 무엇을 먹을까 무엇을 마실까 하고 찾지 말고, 염려하지 말아라. 이런 것은 다 이방 사람들이 추구하는 것이다. 너희 아버지께서는, 이런 것이 너희에게 필요하다는 것을 아신다. 그러므로 너희는 그의 나라를 구하여라. 그리하면 이런 것들을 너희에게 더하여 주실 것이다. (눅 12:25-31)

우리는 하나님의 섭리를 신학적 논쟁거리로만 생각한다. 하지만 그건 일상 속 선택에 관한 문제다. 나는 현실도피적인 성향을 갖고 있다. 그렇기 때문에 내가 전능한 위치를 차지하는 '공상 세계'와 하나님이 전능하게 역사하시는 '현실 세계' 중에서 선택해야 한다. 즉, 나의 가짜 전능함과 하나님의 진짜 전능함 중 하나를 택해야 하는 것이다. 현실에서 도망가고 싶을 때마다 나는 하나님 안에서 도피처를 발견하려고 노력해야 한다.

2. 하나님은 영광스러우시다. 따라서 다른 사람을 두려워할 필요가 없다.

우리가 죄를 짓는 이유 중 하나는 다른 사람의 인정을 받고 싶거나 사람들에게 미움을 받을까 두렵기 때문이다. 결국 다른 사람에게 용납받고 싶은 간절한 바람이 그들의 요구에 응하도록 만드는 것이다. 성경은 이것을 '사람을 두려워하는 것'이라고 말한다. "사람을 두려워하면 올무에 걸리지만, 주님을 의지하면 안전하다"(잠 29:25). 에드 웰치는 「사람들은 크고 하나님은 작아 보일 때」(*When People are Big and God is Small*)라는 책에서 사람에 대한 두려움은 여러 가지 증상으로 나타난다고 설명했다.[7] 예를 들면, 동료 집단의 압력에 굴복하기, 배우자에게 무언가를 요구하기, 지나치게 자존심을 내세우기, 거절하지 못해서 무리한 요구까지 들어주기, 비밀이 발각될까 봐 두려워하기, 체면 때문에 사소한 거짓말 하기, 사람들로 인해 시기하고 화내며 우울해하고 불안해하기, 사람을 피하고 남과 비교하기, 전도를 두려워하기 등으로 나타난다는 것이다.[8]

서양에서는 이러한 문제들을 극복하기 위해 자존감을 강화해야 한다고 말한다. 하지만 그건 문제를 더 복잡하게 만들 뿐이다. 자존감을 세워 주는 것이라면 무엇이든 의존하려고 들 것이기 때문이다. 낮은 자존감도 알고 보면 교만에 지나지 않는다. 자신은 당연히 이래야 하는데 그것에 미치지 못한다고 생각하니까 자존감이 낮아지는 게 아닌가! 사랑이나 인정, 존경 등은 그 자체로는 좋은 것이지만, 그것 없이는 온전해질 수 없다고 믿어서는 안 된다. 우리는 다른 사람의 인정과 용납이 '필요'하다고 말하지만, 우리에게 진정 필요한 것은 하나님을 영화롭게 하고 다른 사람을 사랑하는 것이다.

우리는 하나님을 두려워함으로써 사람에 대한 두려움을 해결할 수 있다. 우리는 하나님이 어떤 분인지 제대로 알아야 한다. 하나님을 두려워하는 것은 그분을 존중하고 예배하고 신뢰하고 그분의 말씀에 순종하는 것이다. 그것이 거룩하고 영광스럽고 강하고 자비롭고 선하고 의로운 하나님에 대한 인간의 합당한 도리다. 성경에서는 하나님의 임재를 주로 찬란한 빛과 불로 묘사한다. 핵폭탄이 터질 때 나타나는 어마어마한 빛과 열을 상상해 보라. 그 빛은 수십 리 밖에서도 볼 수 있을 정도로 강렬하지 않겠는가? 그러나 하나님의 영광의 강렬함과 실체는 핵폭탄에 비할 수 없을 정도다. 하나님은 위엄과 능력을 옷처럼 두르고 계신다(시 93:1). "너희가 나를 누구와 견주겠으며, 나를 누구와 같다고 하겠느냐?"(사 40:25). 그리스도인에게 하나님을 두려워한다는 것은 절대로 공포심을 의미하지 않는다. 그분은 우리의 아버지시고 우리는 예수님으로 인해 당당하게 그분 앞에 나아갈 수 있다(히 4:14-16). 그러나 하나님은 결코 만만한 분이 아니다. 그분은 맹렬한 불이다. "이 몸은 주님이 두려워서 떨고, 주님의 판단이 두려워서 또 떱니다"(시 119:120)라고 시편 기자는 말했다.

혹시 당신이 남의 눈을 의식하며 살고 있다면, 이제 하나님을 두려워하는 법을 배워야 한다. 그것은 얼마든지 배울 수 있다(신 4:10; 17:18-19; 31:12; 시 34:9-11). 하나님의 영광, 위대하심, 거룩하심, 권능, 위엄, 아름다움, 자비, 은혜, 사랑을 묵상해 보라. 시편 18편과 34편에서 시편 기자들이 하고 있는 일이 무엇인지 찾아보라. 그들은 다가오는 위험 앞에서 하나님이 과거에 어떤 분이었는가를 회상했다. 하나님의 영광을 떠올리며 사람에 대한 두려움을 하나님에 대한 신뢰로 바꾸었다. 이제부터 두려워하는 사람을 만나거나 누군가의 인정을 받고 싶을 때 하나님을 상상하라. 누가 더 위대하고 영광스럽고 위엄 있고 아름답고 거룩하고 자비롭고 강한가? 당신은 누구의 인정과 사랑을 받는 것이 더 중요한가? 예수님은 몸은 죽일지라도 영혼은 죽이지 못하는 이를 두려워하지 말고, 둘 다 지옥에 던져서 멸망시킬 수 있는 분을 두려워하라고 말씀하셨다(마 10:28). 위험 앞에서 두려워하는 것은 인간의 자연스러운 반응이다. 하지만 그 역시 하나님에 대한 믿음으로 조절되어야 한다. 당신의 상사가 호랑이라고 해도 그는 하나님보다 크지 못하다. 다윗은 얼마든지 두려워할 만한 상황에 처했지만 그때마다 이렇게 고백했다.

주님이 나의 빛, 나의 구원이신데,
내가 누구를 두려워하랴?
주님이 내 생명의 피난처이신데,
내가 누구를 무서워하랴? (시 27:1-3: 참고 시 56:3-4)

하나님을 두려워할 때 우리는 자유로워진다. 물론 하나님이 명령하신 대로 사람들을 사랑하기 위해 사람들이 거는 기대를 진지하게 받아들여야 할 때도 있다. 그러나 그러면서도 그들의 기대에 매이지 않을 수 있다. 그들을 섬기는 목적이 보상을 받으려는, 말하자면 인정과 사랑과 도움을 받으려는 게 아니기 때문이다. 하나님을 두려워하고 예수님의 주권에 순복하는 사람은 다른 사람도 마음껏 사랑할 수 있게 된다(갈 5:13).

3. 하나님은 선하시다. 따라서 다른 곳을 바라볼 필요가 없다.

최근에 이런 이야기를 들었다. 러시아에 사는 나이 많은 과부가 아파트 단지의 계단 청소부로 취직을 했다고 한다. 국가에서 받는 연금만으로도 충분히 생활할 수 있지만 몽골에서 일하는 선교사들을 후원하고 싶어 일을 시작했다는 것이다. 만날 가능성조차 없는, 생판 모르는 사람들과 교회를 위해 궂은일을 자처한 이유는 무엇일까? 바로 기쁨 때문이다. 그 여인은 밭에 숨겨진 보화를 발견한 사람처럼 "기뻐하며 집에 돌아가서는, 가진 것을 다 팔아서 그 밭을 산"(마 13:44) 것이다. 성경이 권하는 것은 뼈를 깎는 고행이 아니라, 하나님 안에서 진정으로 만족할 만한 것을 발견하는 것이다. 즉, 하나님이 아니면 어디서도 찾을 수 없는 진정한 희열과 만족과 성취감을 맛보라는 것이다. 죄가 주는 것보다 하나님이 주시는 것이 더 좋다. 왜냐하면 하나님은 우리에게 그분 자신을 주시기 때문이다. 하나님은 그냥 좋은 분이 아니라 그 무엇보다 좋은 분이다. 이 세상 무엇보다 좋은 분, 그래서 모든 기쁨의 참 원천이 되는 분이다.

요한복음 4장에 보면 예수님과 사마리아 여인이 나온다. 여인에게 물을 달라고 청하셨던 예수님은 갑자기 화제를 생명수로 돌리신다. "내가 주는 물을 마시는 사람은, 영원히 목마르지 아니할 것이다. 내가 주는 물은, 그 사람 속에서 영생에 이르게 하는 샘물이 될 것이다"(요 4:14). 이 생명수는 하나님 자신이다. 성령을 통해 자신의 백성과 소통하시는 하나님을 가리키는 것이다(요 7:37-39). 우리 안에 있는 모든 갈망은 하나님에 대한 갈망의 변형이다. 때로 아주 왜곡된 형태로 나타나기도 하지만 하나님을 알고자 하는 본래의 갈망인 것만은 틀림없다.

문제는 우리가 오로지 그 순간밖에 생각하지 못한다는 점이다. 죄를 짓는 순간에는 죄가 주는 쾌락만이 실제적으로 느껴지고 하나님이 주시는 기쁨은 비현실적이거나 멀게 느껴진다. 하지만 진실은 그 반대다. 우리가 누리는 모든 기쁨은 기쁨의 근원 되시는 하나님의 그림자에 불과하다. 예를 들어, 결혼의 기쁨은 하나님과의 연합으로 인한 기쁨을 반영하고 간음은 그 기쁨을 왜곡되게 반영한다. 만일 당신이 결혼을 이상화하거나 간음을 행한다면 생명수보다 못한 것에 안주하는 셈이 된다. 산들바람이 불고 잔잔한 물결이 일렁이는 호수 위에 아름다운 풍경이 비치고 있는 모습을 상상해 보라. 죄는 바로 그 호수에 비치는 거꾸로 된 풍경과 같다. 하나님은 아름다움과 영광과 힘 그 자체시다. C. S. 루이스는 이렇게 말했다. "한때는 인간에게 천국에 대한 갈망이 없다고 생각한 적이 있었다. 하지만 마음 깊은 곳에서는 인간이 갈망하는 것이 천국이 아니고 무엇이겠는지 반문하곤 했다.…그것은 인간의 영혼에 비밀스럽게 새겨진 고유한 특징, 말로 표현할 수 없고 무엇으로도 채워지지 않는 갈망이다."9)

그렇기 때문에 하나님 외에는 그 무엇도 우리를 만족시키지 못한다. 하나님만이 영원토록 우리를 만족시킨다. 하나님 외에 다른 것에서 만족과 의미와 정체성을 찾으려 한다면 공허함만 남을 뿐이다. 일시적인 만족과 기쁨은 있겠지만 얼마 안 가 또다시 갈증을 느낄 것이다. 예수님은 사마리아 여인에게 남편을 데려오라고 말씀하셨다. 느닷없는 요구 같았지만 그 말씀은 여인의 가슴을 정곡으로 찔렀다. 여인은 과거에 다섯 명의 남편이 있었고 지금 같이 사는 남자도 법적인 남편이 아니었다. 그녀는 결혼과 섹스와 친밀감을 통해 만족과 의미와 정체성을 찾으려 했지만 결국 마른 우물처럼 다시 목마르게 되었다. 물론 순간적인 만족은 있었을 것이다. 하지만 계속 유지되지는 못했다.

사마리아 여인의 인생에는 한 가지 뚜렷하게 반복되는 요소가 있다. 다섯 남편과 또 한 명의 남자가 그것을 말해 준다.

당신의 인생에는 무엇이 반복되고 있는가? 당신의 입에서 '혹시 이랬다면?' 이라는 말이 반복되는가? '혹시 이랬다면' 뒤에는 어떤 말이 숨겨져 있는가? 당신은 정말로 하나님이 선한 분이라고 믿고 있는가?

사마리아 여인이 예배를 화제에 올렸을 때 예수님은 예배가 무엇인지 새롭게 정의해 주셨다(19-24절). 예배는 장소가 중요한 게 아니라 마음가짐이 중요하다고 말이다. 즉, 신령과 진정으로 예배를 드려야 한다는 것이다. 예배란 가장 절실하게 원하고 가장 가치 있게 여기는 존재를 예배하는 것이다. 하나님만이 당신의 갈망을 채워 주실 수 있다고 여길 때 당신은 신령과 진정으로 그분을 예배하고 있는 것이다. 하지만 다른 대상을 바라본다면 그것은 곧 우상숭배다. 좋은 일도 때로는 우상숭배가 될 수 있다. 하나님을 사랑하지 않고 그분의 아름다움과 영광을 깨닫지 못한다면 우리는 보상을 바라면서 하나님을 섬기려 할 것이다. 예를 들면, 명예를 얻거나 지옥행을 피하기 위해서 말이다. 결국 자신이 진정으로 사랑하는 것은 명예와 영생과 자기 자신인 것이다.[10]

우리는 순종을 천국에 들어가기 위한 대가로 생각하기 쉽다. 솔직히 쾌락을 좇아 사는 게 더 좋지만 그리스도인이니까 하나님을 위해 살아야 한다고 생각한다. 순종의 삶이 우울하고 불행할 거라고 생각하면 큰 오산이다. 사실은 아주 멋진 삶이다. 하나님과 함께, 그리고 하나님을 위해 사는 삶은 인간이 누릴 수 있는 최고의 삶이다. 변화란 **하나님이 예수님을 통해 우리에게 허락하신 삶, 즉 죄로부터 해방을 누리며 하나님 안에서 기뻐하는 것**이다.

하나님은 죄가 주는 것보다 더 좋은 것을 주시는 분일 뿐 아니라 **영원하신** 분이다. 성경에도 '죄의 쾌락'에 대한 이야기가 나오듯이 대부분의 죄는 기쁨과 쾌락을 가져다준다. 아니라고 하면 거짓말이다. 하지만 성경은 죄가 주는 쾌락이 '일시적'이라고 말한다.

> 믿음으로 모세는, 어른이 되었을 때에 바로 왕의 공주의 아들이라 불리기를 거절하였습니다. 오히려 그는 잠시 죄의 향락을 누리는 것보다 하나님의 백성과 함께 학대받는 길을 택하였습니다. 모세는 그리스도를 위하여 받는 모욕을 이집트의 재물보다 더 값진 것으로 여겼습니다. 그는 장차 받을 상을 내다보고 있었던 것입니다. (히 11:24-26)

우리는 현재를 넘어 영원을 바라봐야 한다. 사도 바울은 "죄의 삯은 죽음"(롬

6:23)이라고 말했다. 대가는 반드시 지불해야 한다. 보통은 그 대가를 세상에 사는 동안 지불한다. 깨어진 관계, 상한 육신, 굴욕, 중독 등이 그 대가다. 하지만 내세에서도 치러야 할 대가가 있다. "욕심이 잉태하면 죄를 낳고, 죄가 자라면 죽음을 낳습니다"(약 1:15). 우리는 유혹에만 신경을 집중한 채 더 큰 그림을 보지 못한다. 내가 아는 어떤 사람은 호스피스 병동에서 죽어가는 교회 친구를 문병한 뒤 그동안 짓던 죄를 단번에 끊어 버렸다. 갑자기 더 큰 그림에 맞닥뜨리자 죄 너머의 것들이 보였던 것이다.

자, 모세를 한번 생각해 보라. 피라미드와 스핑크스를 보면 과거 이집트 군주들이 얼마나 부유했는지 짐작할 수 있다. 당시에는 비교 대상이 없을 정도였다. 요즘으로 치면 억만장자의 삶과 같았을 것이다. 모세는 왕궁에서 성장했고 모든 부를 누리고 있었다. 하지만 부유한 삶을 포기하고 히브리 노예들처럼 학대받는 길을 선택했다. 이집트의 모든 보화보다 하나님이 더 값진 분임을 깨달았기 때문이다. 이집트 군주들은 피라미드 속에 온갖 보물을 합장해 내세로 가져가려고 했다. 하지만 그것은 불가능한 일이었다. 그중 많은 보물이 대영박물관으로 직행했다. 한편 모세는 '장차 받을 상'을 내다보았다. 하나님이 영원토록 주실 것들이 이 세상에서 죄가 주는 것보다 훨씬 낫다는 사실을 일찍 깨달은 덕분이었다(막 8:34-36).

G. K. 체스터턴(Chesterton)은 현대인들이 다양한 것을 추구하는 이유가 너무 쉽게 질리기 때문이라고 말했다. 그러나 만일 '생명력과 기쁨이 너무나 커서 일상이 결코 질리지 않는다면' 어떻게 될까?

아이는 지칠 줄 모르고 까불어 댄다. 아이들이란 원래 자유분방하고 기운이 좋아 늘 활력이 넘친다. 그래서 무언가를 반복하기를 좋아하고 바뀌지 않기를 바란다. 아이들은 늘 "또 해주세요!"라고 말한다. 어쩌면 하나님은 단조로움도 기뻐할 만큼 강한 분이 아닐까? 하나님은 아침마다 해를 향해 "또 떠오르라"고 말씀하시고, 저녁마다 달에게 "또 떠오르라"고 말씀하실 것이다. 또한 이 세상의 모든 데이지 꽃을 똑같이 만들어야 할 필연적인 이유는 없었을 것이다. 그냥 각각의 모양으로 만들 수도 있었을 것이다. 하지만 하나님은 모든 데이지 꽃을 똑같이 만드는 일에 싫증 내지 않으셨다. 혹시 그분은 영원한 유아적 취향을 갖고 계신 게 아닐까? 우리는 죄를 짓고 늙지만 하나님 아버지는 우리보다 젊으시다. 자연의 반복성은 단순한 되풀이가 아니다. 무대에서의 앙코르인 것이다.[11]

우리는 살면서 너무 쉽게 싫증을 낸다. 죄가 남기고 간 허무함에 지쳐 버린다. 그러나 하나님은 절대로 지치지 않으신다. 그분은 **생명**이시다. 그분은 넘치는 기쁨과 생명력 덕분에 날마다 돋는 해와 똑같은 데이지 꽃에 싫증 내지 않으신다. 아름다움과 삶과 기쁨에 따분해하지 않으신다. 잠언 8:30-31에서는 예수님을 지혜로 의인화해서 피조물에 대한 기쁨과 즐거움을 이야기하고 있다. 결국 그분이 하는 말씀은 이것이다. "나는 하루하루 새로운 기쁨으로 충만해 있었다. 하나님 아버지 앞에서 언제나 웃었고 그분이 지은 세상에서 마음껏 놀았으며 인간들을 보고 즐거워했다."[12] 우리는 영생이 따분하지 않을까 걱정한다. 왜냐하면 세상살이가 고되고 피곤하기 때문이다. 우리는 죄의 쾌락을 탐닉하다가도 얼마 못 가 싫증을 느끼고 더 강도 높은 쾌락을 찾아 나선다. 더 신나고 재미있는 일을 찾다가 결국 지쳐 버린다. 하지만 영생을 맛보는 순간 우리의 혈관에 '생명력이 철철 흐르게' 될 것이다. 우리의 '생명력과 기쁨이 너무도 커서' 매 순간 새로운 희열을 가져다줄 것이다. 모든 데이지 꽃이 전부 사랑스럽고 모든 해돋이가 전부 경이로울 것이다. 우리는 하나님을 향해 "또 해주세요, 또 해주세요!"라고 외치게 될 것이다. 세상에서 우리는 나이 들고 지치고 냉소적이다. 하지만 천국에서는 다시 젊어질 것이다. 영원히 젊고 영원히 하나님을 기뻐할 것이다.

4. 하나님은 은혜로우시다. 따라서 우리의 가치를 입증하려고 애쓸 필요가 없다.

나는 잠자리에 누워서도 한동안 뒤척이며 그날 오고간 대화들을 머릿속에 떠올렸다. 다음 날 아침에도 고민은 계속되었다. 그날 했던 팀 모임은 나중에 딸이 묘사한 대로 그야말로 '전쟁'이었다. 그런데 한 여성도가 찾아와 심각한 고민거리를 털어놓기 전날 밤에는 편안히 숙면을 취했다.

얼마나 웃기는 노릇인가! 진짜 고민해야 할 것은 잊어버리고, 하나님 손에 맡기면 아무것도 아닌 일에는 논쟁을 벌인 채 끈덕지게 생각하고 있으니! 나는 오로지 자신을 변호하는 데 정신이 팔려 있었다. 사실은 그런 나 때문에 언쟁이 시작된 것이었다. 나는 내가 옳다는 것을 증명하고 싶어 계속해서 싸웠다. 그런 이기적인 고집에서 벗어나게 한 것은 하나님이 은혜로운 분이라는 진리였다. 나는 나 자신을 정당화하려고 애쓸 필요가 없었다. 아니, 그럴 수도 없었다. 예수님의 공로로 하나님은 나를 옳다고 인정해 주셨다. 하나님이야말로 "용서하시는 하나님, 은혜로우시며, 너그러우시며, 좀처럼 노여워하지 않으시며"(느 9:17) 사랑에 충만한 분이었다.

누가복음 15장에 나오는 탕자의 비유는 하나님의 은혜를 보여 주는 대표적인 이야기다. 아버지 생전에 유산을 요구하는 것은 "아버지가 죽었으면 좋겠어요"라는 말과 다름없었다. 더욱이 유산으로 받은 땅을 팔아치운 건 가산을 탕진하는 수치스런 행위였다. 다른 도시로 갔다는 것도 결국은 가족을 버리고 떠난 것이다. 그 뒤에 이어진 방탕한 생활은 둘째 치고 그것만으로도 이미 그는 패륜아였다! 유대인으로서 부정한 동물인 돼지를 쳤으니 그의 인생은 밑바닥까지 내려가 있었다. 게다가 돼지가 먹는 열매까지 먹으려 하지 않았던가! 탕자는 나와 당신의 자화상이다. 우리는 하나님이 죽기를 바랐고 그분의 사랑을 거부했으며 하나님에게서 가능한 멀리 떨어지려고 했다. 사랑에서 벗어나려고 반항하다가 결국은 돼지치기로 전락해 쓰레기로 만족하는 신세가 된 것이다.

그러나 이 비유에 나오는 아버지의 행동은 훨씬 더 충격적이다. 예수님의 비유를 듣던 사람들도 분명 그 대목에서 숨을 죽였을 것이다. 유대 사회에서는 아버지에게 유산을 요구하는 아들이 있으면 상속권을 박탈했고, 아버지의 권한에 반항하는 아들은 태형을 당했다. 집을 떠나 방탕하게 사는 아들은 아예 가문에서 쫓겨나 아들로 인정되지도 않았다. 그러나 탕자의 아버지는 돌아오는 아들을 달려가서 맞이했다. 아들이 효도할 때까지 기다리지 않고 먼저 아들에게 좋은 옷을 입히고 반지를 끼워 주고 잔치를 베풀었다. 그분이 바로 우리 하나님이시다. 하나님은 우리를 환영하고 얼싸안고 대우해 주시는 분이다.

전에는 죄를 지을 때마다 안 좋은 일이 일어나거나 기도가 응답되지 않을 거라고 생각했다. 남이 나에게 잘못할 때 차갑게 대하는 것처럼 하나님도 나를 그렇게 대하실 거라고 생각했다. 일부러라도 괴로운 하루를 보내 잘못의 대가를 치르려 했고, 필사적인 회개로 용서를 받아 내려고 했다. 예수님의 십자가 공로는 아랑곳하지 않은 채 말이다. 그렇게 우리는 하나님에게서 멀찍이 떨어져 있으려 한다. 하지만 하나님은 우리를 눈 빠지게 기다리고 계시다가 언제든 오기만 하면 얼싸안고 환영할 태세를 갖추고 계시다. 누가복음 15장의 다른 비유에서도 나오듯이 하나님은 우리가 집으로 돌아오도록 먼저 나서서 우리를 인도하는 분이다.

탕자 이야기가 하나님의 은혜를 보여 주는 것이라면, 맏아들 이야기는 하나님의 은혜를 믿지 못하는 그리스도인들의 불편한 진실을 대변해 준다.

불만에 찬 분노

"큰아들은 화가 나서, 집으로 들어가려고 하지 않았다"(눅 15:28). 큰아들이 화가 난 이유는 둘째 아들이 대우를 받는 게 부당하다고 여겼기 때문이다. 그동안 피땀 흘려 일했던 자신의 노고는 아무것도 아니란 말인가? 바로 이것이 하나님

은혜에 의혹을 품는 것이다. 만일 은혜가 없다면 우리와 하나님과의 관계는 조건적 계약 관계밖에 될 수 없다. 즉, 우리가 옳게 살면 그 대가로 하나님의 축복을 받는다는 것이다. 삶이 순조로울 때는 우리가 잘나서 그런 것인 양 우쭐거린다. 하지만 그렇지 못할 때는 자신을 원망하거나(또는 죄책감을 느끼거나) 하나님을 원망한다. 평소에 하나님을 염두에 두지 않고 살다가 하나님에 대한 분노가 일어나면 혼란스러워지기 시작한다. 자신이 왜 화가 났는지조차 알 수 없다. 그러나 하나님과 우리의 계약 혹은 언약은 이미 '예수 그리스도의 피로 완불'되었다. 그런 은혜를 깨달아야 보상을 바라지 않고 하나님을 사랑으로 섬길 수 있다.

마지못한 의무

"나는 이렇게 여러 해를 두고 아버지를 섬기고 있고"(눅 15:29). 큰아들은 아버지와 함께 일했다거나 동역했다는 표현 대신 종처럼 '섬겼다'는 표현을 사용했다. 만일 어떤 주부가 불평을 늘어놓는 가족을 위해 요리를 한다고 생각해 보라. 아마도 음식 장만이 고역으로 느껴질 것이다. 반면 자상하고 다정하게 아내를 대하는 남편이 있다고 해 보자. 아내가 무엇을 만들어 주건 남편은 그 음식이 최고라고 말한다. 과연 그 아내에게도 요리가 고된 노동일까? 하나님을 인정머리 없는 회사 사장처럼 생각하는 사람에게는 모든 일이 마지못해 하는 의무가 되어 버릴 것이다.

불안한 업적 쌓기

"아버지의 명령을 한 번도 어긴 일이 없는데"(눅 15:29). 큰아들은 자신을 내세우고 싶어 열심히 일했고 공로를 인정받고 싶었다. 그리스도인 중에도 그런 마음으로 하루하루를 살아가는 사람들이 있다. 목사는 매주 감동적인 설교를 하고, 부모는 자식을 잘 기르려 하고, 근로자는 오랜 시간을 회사에서 일한다. 하지만 그렇게 하는 속셈은 모두가 자신의 가치를 입증하고 싶은 욕심 때문이다. 어떤 날은 잘했다는 생각에 의기양양하고 어떤 날은 실패한 것 같아 의기소침해진다. 그래서 쉴 새 없이 일하고, 스트레스에 시달리고, 성과에 집착하고, 공든 탑이 무너질까 불안해한다. 우리는 스스로를 입증할 수도 없거니와 입증하려고 **애쓸 필요도 없다!** 하나님은 은혜로우셔서 우리를 있는 그대로 껴안아 주신다.

교만한 비교

"그런데 창녀들과 어울려서 아버지의 재산을 다 삼켜 버린 이 아들이 오니까"(눅 15:20). 이 구절에서 처음으로 창녀라는 말이 언급된다. 어쩌면 자기 동생의 삶을 최악의 타락으로 묘사하기 위해 과장을 했는지도 모른다. 때로 우리는 교만을 친절로 가장해 남에게 선심을 쓰는 척한다. 아니면 자신을 더 낫게 보이려고 남의 잘못을 강조하기도 한다. 우리는 의로움을 등급으로 나누어 자신이 몇 등급인지 계산하려 한다.

하지만 하나님의 은혜는 우리가 내린 평가를 완전히 뒤집는다. 우리는 누구나 십자가 밑에 서 있다. 똑같이 죄를 지었고 똑같이 용납을 받았다. 예수님이 탕자의 비유를 말씀하신 이유는 바리새인들이 예수님에게 죄인들과 어울리고 음식을 함께 먹는다며 비난했기 때문이다(1-2절). 사실 스스로 의롭게 여기고 대우받는 사람에게 하나님은 별 관심이 없으시다. 그분은 자신에게로 돌아오는 죄인들에게 관심이 있으시다. 예수님이 악명 높은 죄인들과 먹고 마신 것은 어찌 보면 당연한 일이었다. 천국은 바로 죄인들의 잔치가 아닌가!(7, 10, 23-24절)

그리스도인들은 마지막 심판 날 의롭다는 판결을 받을 거라 확신한다. 예수님의 십자가 공로로 하나님이 우리를 용서하셨으니까. 그러나 오늘과 내일은 어떠한가? 여전히 당신은 자신의 의로움을 증명해 보이려고 애쓰지 않는가?

- 자신의 옳음을 증명하기 위해 화를 내거나 언쟁을 벌인 적이 있는가?
- 의무감 때문에 마지못해 교회 봉사를 하는가?
- 사람들의 평가를 의식해 뭔가를 성취하려고 노력한 적이 있는가?
- 잘 보이려고 혹은 자기 기분을 좋게 하려고 선행을 한 적이 있는가?
- 다른 사람을 업신여기거나 남의 잘못을 과장해서 말한 적이 있는가?
- 성공하지 못할까 봐 노심초사하는가?
- 뒤에서 다른 사람의 흉을 보는 게 즐거운가?

큰아들은 자신을 아들로 여기지 않고 종으로 여겼다. 아버지에게 순종은 했지만 아버지를 사랑하지는 않았다. 당신은 어떠한가? 하나님 아버지께 순종만 하고 사랑하지 않는 것은 아닌가?

진짜 충격적인 사실은 이것이다. 의롭게 되었다는 믿음이 없다면 우리는 절대로 하나님을 사랑해서 섬기지 않을 것이며, 오로지 이기적인 동기에서 두려움 때문에 하나님을 섬길 것이다.[13] 사람들에게 훌륭하다고 평가받을 행동들이 사실은 하나님의 생명책에 기록되기 위한, 혹은 행위로 자신을 입증하기 위한 헛된 몸부림에 그칠 수 있다. 이는 내가 예수님보다 더 나은 구원자임을 자처하는 것이다.[14] 우리는 예수님이 끝내지 못한 일을 우리가 끝내야 한다고 생각한다. 그렇기 때문에 예수님은 이렇게 말씀하셨다. "하나님께서 보내신 이를 믿는 것이 곧 하나님의 일이다"(요 6:29). 하나님이 우리에게 요구하시는 일은 오직 한 가지, 그분의 아들을 믿는 것이다. 그 외 모든 것은 그 믿음에서 흘러나오게 되어 있다.

여기에 윌리엄 로메인이 한 말을 다시 한 번 옮겨 보겠다. "먼저 양심에서 죄를 용서받지 못하면 마음이나 삶 속의 어떤 죄도 못 박을 수 없다.…양심의 가책으로 죄를 억제하지 못한다면 결코 죄의 힘을 이길 수 없다."[15] 리처드 러브레이스(Richard Lovelace)는 그리스도인들이 바뀌지 않는 가장 큰 이유가 하나님의 은혜를 제대로 깨닫지 못해서라고 말한다.

> 하나님이 자신을 사랑하고 예수님 안에서 용납하셨다는 사실을 확신하지 못하는 그리스도인들은, 현재 신앙적 성취를 이루었다 하더라도 잠재의식 속에 상당한 불안감을 갖고 있다.…그들의 불안감은 교만, 자신의 의로움에 대한 과도한 방어, 타인에 대한 비난 속에 고스란히 드러난다.…그들은 율법적이고 바리새적인 의로움에 필사적으로 집착하지만 다른 사람에 대한 시기와 질투, 그 밖의 모든 죄의 가지들이 그들의 근원적인 불안감에서 자라난다.[16]

탕자의 이야기는 그것으로 끝나지 않는다. 아버지는 큰아들을 달래기 위해 밖으로 나갔다(눅 15:28). 아버지는 방탕한 아들도 용납했고 독선적인 아들도 용납했다. 결국 탕자의 비유는 큰아들이 잔치에 참여하지 않는 것으로 끝을 맺는다. 그 후에 큰아들이 어떻게 되었을지 자못 궁금하다. 만일 **우리**라면 어떻게 했을까? 하나님이 은혜로운 분이라고 마침내 믿게 되었을까?

성전에서 드리는 속죄 제사에는 '완료'라는 것이 없었다. 제사장들은 날마다 제사를 드려야 했다(히 10:11-12). 하지만 예수님이 오셔서 필요한 모든 일을 완료해 주셨다. 그래서 우리가 용납받게 된 것이다. 우리는 남에게 자신을 입증하고 하나님의 축복을 받고 업적을 쌓기 위해 분주하게 돌아다니지 않아도 된다.

> 동산에서 엎드려 기도하시는 예수님,
> 창조주 하나님이 땅에 엎드리셨네.
> 갈보리 십자가에 달리신 예수님,
> 죽기 전에 외치신 한마디,

"다 이루었다, 다 이루었다!"

죄인들이여, 그것으로 충분하지 않은가?[17]

결론

진리를 올바로 깨닫지 못할 때, 하나님이 얼마나 위대하고 선한 분인지 망각할 때, 우리는 죄를 지을 수밖에 없다. 애석하게도 우리 삶에는 그런 일이 수도 없이 반복된다. 하나님이 어떤 분이신지 잊어버리고 우리가 어떤 사람인지도 잊어버린다. 그러나 하나님이 위대하고 선한 분이라는 믿음이 있어야만 변화될 수 있다. 자신의 마음에 진리를 선포해야 변화가 일어난다. 물론 말처럼 쉽지는 않다. 그냥 믿기만 하면 되는데 문제는 '그냥' 믿기가 어렵다는 것이다! 믿음은 날마다 치르는 싸움이다. 하나님에 대한 거짓말이 우리 주변에 수두룩하게 널려 있다. 이 세상과 내 육신과 사탄이 수시로 우리 마음에 거짓말을 속삭인다. 그렇기 때문에 싸워야만 한다. 이는 충분히 승산 있는 싸움이다. "세상을 이긴 승리는 이것이니, 곧 우리의 믿음입니다"(요일 5:4).

이 말씀은 실생활에서 무엇을 의미하는가? 첫째, 우리는 하나님의 위대함을 신뢰하고 그분의 영광을 두려워하고 그분의 사랑을 기뻐하고 그분의 미래를 갈망하고 그분의 은혜 속에서 안심하는 법을 배워야 한다. 성경 말씀과 기도와 성도의 교제를 통해 날마다 그렇게 하는 법을 배워야 한다(더 구체적인 방법은 8장에서 다루겠다).

둘째, 유혹에 직면했을 때는 "이러면 안 돼"라고 하지 말고 "**이럴 필요가 없어**"라고 말하라. 다른 사람이 부러울 때는 "부러워하면 안 돼"라고 하는 동시에 "예수님이 계신데 부러워할 이유가 없지"라고 말하라. 걱정과 근심이 찾아올 때는 "걱정하면 안 돼"라고 하는 동시에 "하나님이 알아서 하시는데 걱정할 필요가 없지"라고 말하라. 죄가 아무리 좋아도 하나님은 그와 비교할 수 없이 크고 좋은 분이다.

유혹을 향해 "이것을 하면 안 돼"라고 하는 것은 율법주의다. 반면에 "하나님이 더 크고 좋으신 분이기에 이것을 할 필요가 없어"라고 하는 것은 복음이다.

되돌아보기

1. 다음에 나오는 사람들의 행동이나 감정 뒤에는 어떤 거짓말이 숨어 있을까? 정답은 여러 가지가 있을 것이다. 각 사례의 주인공들은 믿음 안에서 어떤 진리를 인식해야겠는가?

a. 압둘은 불평불만을 입에 달고 산다. 몇 해 동안 병에 시달려 왔지만 정확한 병명을 찾지 못했다. 그는 실의에 빠져 있을 뿐 아니라 항상 병 이야기를 입에 달고 다닌다.

b. 콜린은 몹시 지쳐 있다. 너무 피곤해서 아이들에게도 자주 짜증을 낸다. 간밤에는 아내가 같이 얘기 좀 하자고 했지만 소파에서 그냥 잠이 들어 버렸다. 그는 언제나 시간 외 근무를 자청한다. 가족을 잘 부양하고 싶은데 주택자금 융자를 갚기에도 빠듯한 형편이다.

c. 캐시는 남자친구와 함께 동거할 생각을 하고 있다. 그리스도인 친구들은 그러면 안 된다고 이야기하지만, 남자친구가 자기에게 얼마나 잘해 주는지를 몰라서 하는 얘기라며 무시한다. 남자친구를 만나기 전에는 삶이 너무 공허했지만 지금은 행복하다. 게다가 두 사람은 결혼할 계획이기 때문에 미리 동거하는 게 나쁘지 않다고 생각한다.

d. 자말은 하루에도 몇 시간씩 컴퓨터 게임에 빠져 지낸다. 그 때문에 가족들과의 관계도 나빠졌고 해야 할 일도 제대로 하지 못한다. 현실에서는 그냥 평범한 인간에 지나지 않지만, 가상 세계에서는 영웅이 될 수 있다고 생각한다.

e. 엘자는 학교에 등교할 때마다 괜히 주눅이 든다. 친구들은 언제나 선생님을 흉보거나 다른 아이들의 험담을 늘어놓는다. 그들의 관심사는 온통 최신 유행과 남자친구뿐이다. 엘자는 그 이야기에 끼어들지 않는다고 핀

잔을 든는다. 때로는 잘못인 줄 알면서도 어쩔 수 없이 맞장구치기도 한다. 엘자는 마음이 불안하고 초조할 때가 많다.

f. 칼라는 사람들 험담을 자주 한다. 그들의 잘못을 들추고 비난하는 게 재미있다. 그러면 자신은 괜찮은 사람인 것 같아 기분이 좋다.

2. 시편 27편의 내용을 완전히 반대로 만들어 보라. 예를 들면 다음과 같다.

주님이 나의 빛, 나의 구원이신데, 내가 누구를 두려워하랴?	내 배우자가 나의 빛이므로 나는 그의 마음에 들려고 애쓸 것이다.
주님이 내 생명의 피난처이신데, 내가 누구를 무서워하랴?	회사 사장이 나의 밥줄이니 그의 신경을 건드릴까 봐 두렵다.
나의 대적자들, 나의 원수들, 저 악한 자들이, 나를 잡아먹으려고 다가왔다가 비틀거리며 넘어졌구나.	동료들이 나를 대적하고 그들이 나를 비웃으면 나는 비틀거리며 넘어진다.

반대로 만들어 본 내용은 당신의 실제 생각을 어떻게 반영하는가? 하나님에 대한 당신의 잘못된 생각을 바로잡아 주는 진리는 무엇인가?
시편 31편, 84편, 103편도 같은 방법으로 시도해 보라.

변화 프로젝트

5단계: 당신은 거짓말과 진리, 무엇을 믿는가?

당신의 행동과 감정 뒤에는 어떤 생각이 전제되어 있는가?
당신이 변화되길 원하는 부분을 생각해 보라.
- 당신은 왜 그렇게 행동하고 느끼는가?
- 당신은 무엇을 이루려고 하는가?
- 그 상황에서 당신을 행복하게 만드는 것은 무엇이라고 생각하는가?
- 어떤 믿음과 생각이 당신의 생각과 감정을 형성하고 있는가?

거짓말은 무엇인가?
모든 죄와 부정적인 감정 뒤에는 거짓말이 숨어 있다. 당신이 변화되기 원하는 부분 뒤에는 어떤 거짓말이 숨어 있는가?

당신의 생각은 하나님에 대한 어떤 믿음을 드러내는가?
당신이 무엇을 믿고 있는지, 또 하나님에 대해 어떻게 생각하고 있는지 표현하는 것은 매우 중요하다. 우리는 보통 그런 것을 잘 표현하지 않는다. 실생활에서 하나님을 제쳐 두고 살아가는 것이다. 그래서 하나님에 대한 거짓말도 잘 알아채지 못한다. 당신이 갖고 있는 생각을 하나님과 연관시켜 보라. 다음의 질문이 도움이 될 것이다.
- 무언가를 원할 때, 그것이 하나님보다 더 좋을 거라고 생각하기 때문인가?
- 무언가를 두려워할 때, 그것이 하나님보다 더 중요하다고 여기기 때문인가?
- 무언가에 화가 났을 때, 하나님이 당신에게 잘못했다고 생각하기 때문인가?

당신은 어떤 진리를 가슴에 새겨야 하는가?

앞선 질문의 대답을 반대로 생각해 보자. 당신이 거짓말을 믿었다면 그것에 반대되는 진리는 무엇인가? 다음의 네 가지 진리 중 당신이 변화되고자 하는 부분에 상응하는 진리는 무엇인가?

- 하나님은 위대하시다. 따라서 우리가 나서서 전부 해결할 필요가 없다.
- 하나님은 영광스러우시다. 따라서 다른 사람을 두려워할 필요가 없다.
- 하나님은 선하시다. 따라서 다른 곳을 바라볼 필요가 없다.
- 하나님은 은혜로우시다. 따라서 우리의 가치를 입증하려고 애쓸 필요가 없다.

다음에 제시하는 성경 구절은 위의 네 가지 진리를 포함하고 있다. 말씀을 천천히 묵상한 다음 말씀대로 기도해 보라. 유혹이 올 때 그 말씀을 기억하고 믿게 해 달라고 하나님께 간구하라.

- 하나님은 위대하시다(시편 27편).
- 하나님은 영광스러우시다(시편 31편).
- 하나님은 선하시다(시편 84편).
- 하나님은 은혜로우시다(시편 103편).

당신이 믿음으로 새겨 두어야 할 진리를 요약해서 정리해 보라.

6단계

욕망과 하나님, 무엇을 따르는가?

그러므로 여러분은 마음을 단단히 먹고 정신을 차려서, 예수 그리스도께서 나타나실 때에 여러분이 받을 은혜를 끝까지 바라고 있으십시오. 순종하는 자녀로서 여러분은 전에 모르고 좇았던 욕망을 따라 살지 말고, 여러분을 불러 주신 그 거룩하신 분을 따라 모든 행실을 거룩하게 하십시오. (벧전 1:13-15)

하나님은 우리가 하나님처럼 거룩하게 살아가기를 바라신다. 거룩함은 우리의 생각과 믿음, 소망과 예배의 결과물이다. 앞서 이야기했듯이 하나님의 말씀을 믿지 않고 하나님에 대한 거짓말을 믿을 때 죄를 짓게 된다. 그래서 베드로는 "마음을 단단히 먹고 정신을 차리라"고 말했다. 우리는 머릿속을 진리로 채우고 불신과 싸워야 한다. 베드로는 "전에 모르고 좇았던 욕망을 따라 살지 말라"고 충고했다(참고. 벧전 2:11). 또한 우리는 마음 깊은 곳에서 무언가를 원하고 예배하고 소중히 여기기를 원한다. 우리가 죄를 짓는 것도 하나님 대신 우상을 원하고 숭배하기 때문이다.

우리는 하나님 대신 우상을 원하고 숭배한다

자신이 우상을 숭배한다고 생각하는 그리스도인은 없을 것이다. 우상숭배라고 하면 보통 사당에 가서 신상에 절하는 것을 떠올린다. 하나님은 이스라엘 장로들을 가리켜 "여러 우상을 마음으로 떠받드는 사람들"이라고 질책하셨다(겔 14:3). 우리는 이스라엘 백성이 우상을 숭배했다고 손가락질해서는 안 된다. 오히려 자기 마음을 들여다봐야 한다. 장 칼뱅은 "인간의 본성은 끊임없이 우상을 만들어 내는 우상 공장이다"라고 말했다.[1] 하나님은 이렇게 한탄하셨다. "참으로 나의 백성이 두 가지 악을 저질렀다. 하나는, 생수의 근원인 나를 버린 것이고, 또 하나는, 전혀 물이 고이지 않는 물이 새는 웅덩이를 파서, 그것을 샘으로 삼은 것이다." 그 결과 "다른 신들을 섬겨 스스로 재앙을" 불러들였고, "수치"를 당하였다(렘 2:13; 7:6, 19). 하나님이 아닌 다른 것을 생수로 여긴다면 그것이 곧 우상이다. 우리가 짓는 두 가지 죄악은, 첫째 하나님이 위대하고 선하다는 진리를 외면한 것이고, 둘째로 하나님이 아닌 다른 것을 사랑하고 섬긴 것이다.

> 우상이란, 좋은 것을 줄 거라 기대하며 어려울 때 의지하는 대상을 말한다.…마음을 주고 신뢰를 주는 것, 그것이 당신의 진짜 신이다(마르틴 루터).[2]

> 우상숭배는 하나님의 존재와 성품을 전적으로 부인하는 형태가 아니라, 본질적으로 완벽하다고 여겨지는 대상에게 집착하는 형태로 나타난다.…사물을 비롯해 사람, 일, 역할, 명성, 재물, 희망, 이미지, 생각, 쾌락, 영웅 등 하나님을 대체하는 것이라면 무엇이든 우상이 될 수 있다(리처드 케이즈).[3]

우상이란, 우리 삶에 의미를 준다고 여겨지는 것들이다. 말하자면 "행복하기 위해서는 이것이 필요해"라거나 "이것이 없으면 내 인생은 무의미하고 살 가치가 없어"라고 말하는 대상을 말한다(팀 켈러).⁴⁾

신약에서는 우상숭배를 '정욕'(sinful desires)이라는 단어로 표현한다. 말 그대로 '육신적 욕망'이란 뜻이다. 여기에서의 '욕망'은 성적인 욕구만이 아니라 잘못되고 빗나간 모든 욕구를 의미한다. 아울러 '육신'은 우리 몸이 아닌 악한 본성, 즉 타고난 범죄 성향을 말한다. 바울은 탐욕을 우상숭배라고 이야기했다 (골 3:5). 당신이 탐욕을 부리고 있는 대상이 곧 우상인 것이다. 그것은 돈일 수도 있고 섹스나 권력 또는 명예일 수도 있다. 데이빗 포울리슨(David Powlison)은 이렇게 말했다. "인간이 하나님을 떠나 멀어진 상태를 구약에서 '우상숭배'로 표현했다면, 신약에서는 '정욕'으로 표현했다. 두 가지 모두 인간이 갖고 있는 문제를 압축한 표현이다."⁵⁾ 바꿔 말하면 '육신의 정욕'은 마음속 우상숭배의 또 다른 표현인 것이다. 팀 스태포드(Tim Stafford)의 말을 들어 보라.

하나님 없이 육신을 따라 살아갈 때 우리에게는 절실한 욕구가 많아진다. 권력도 필요하고 쾌락도 필요하고 돈도 필요하고 명예와 존경도 필요하다. 그 자체는 나쁜 것이 아니며 그것을 원하는 것도 잘못된 일이 아니다. 하지만 욕망이나 정욕은 단순히 원하는 정도가 아니라 강한 소유욕을 의미한다. 정욕은 좋은 것들을 숭배의 대상으로 변모시킨다. 그런 까닭에 정욕과 탐심이 우상숭배와 밀접하게 연관되어 있는 것이다. 우리는 자신이 욕망하는 것을 숭배하기 마련이다. 입으로는 농담처럼 말할지라도 우리의 행동은 그 근원적인 추종을 숨기지 못한다. 우리는 우상이 우리에게 필요한 것을 줄 거라고 믿는다. 그래서 우리 삶을 더 풍요롭고 의미 있게 해줄 거라고 말이다.⁶⁾

예수님은 "너의 보물이 있는 곳에, 너의 마음도 있을 것이다"(마 6:21)라고 말씀하셨다. 당신이 가장 소중하게 여기는 것이 당신의 마음을 사로잡고 당신의 삶을 통제한다. 'captivated'(사로잡히다)라는 단어가 그것을 잘 설명해 준다. 우리는 욕구의 포로가 되어 마음을 빼앗긴다. '자유의지'(free-willed)와 '자기의지'(self-willed)를 혼동하는 것이다. 인간은 하나님에게서 독립하여 자유로워졌다고 생각했지만, 실제로는 스스로 악한 정욕의 노예가 되고 말았다. "누구든지 진 사람은 이긴 사람의 종노릇을 하게 되는 것입니다"(벧후 2:19). "아무도 두 주인을 섬기지 못한다. 한쪽을 미워하고 다른 쪽을 사랑하거나, 한쪽을 중히 여기고 다른 쪽을 업신여길 것이다. 너희는 하나님과 재물을 아울러 섬길 수 없다"(마 6:24). 우리는 마음속에서 간절히 원하는 것을 섬기게 되어 있다. 그것이 하나님과 그분의 영광이라면 우리의 주인은 하나님이다. 하지만 돈이라면 우리의 주인은 돈이다. '맘몬'을 섬기는 우상숭배 말이다.

"여자가 그 나무의 열매를 보니, 먹음직도 하고, 보암직도 하였다. 그뿐만 아니라, 사람을 슬기롭게 할 만큼 탐스럽기도 한 나무였다. 여자가 그 열매를 따서 먹고, 함께 있는 남편에게도 주니, 그도 그것을 먹었다"(창 3:6). "먹음직…보암직…탐스럽기도…" 엘리제 피츠패트릭(Elyse Fitzpatrick)은 창세기 3:6에 이런 주석을 달았다. "인간은 '좋다'고 생각되는 것, 자신을 '즐겁게' 해주는 것, 가장 '탐스럽게' 보이는 것을 기준으로 선택한다. 항상 자신에게 최상이라고 믿는 것을 선택하는 것이다. 우리는 언제나 자신에게 가장 큰 기쁨을 주리라 예상되는 것을 선택한다."⁷ 하와는 선악과가 하나님이 주시는 것보다 더 좋은 것을 줄 거라 생각했다. 그래서 열매를 간절히 원했고 그 욕구가 하와의 마음을 움직여 행동하게 만들었다. 인류 최초의 죄도 그런 식이었고, 그 후에 이어진 인류의 모든 죄도 마찬가지다. "사람이 시험을 당하는 것은 각각 자기의 욕심에 이끌려서, 꾐에 빠지기 때문입니다. 욕심이 잉태하면 죄를 낳고, 죄가 자라면 죽음을 낳습니다"(약 1:14-15). 죄는 욕구에서 시작된다. 우리는 죄를 지어서 죄인이 된 것이 아니라 태어날 때부터 범죄 성향을 지닌, 악한 욕구의 노예가 된 죄인이기에 죄를 짓는다. 단순히 행동을 바꾸는 것만으로 변화될 수 없는 이유가 거기에 있다. 우리에게는 마음을 새롭게 해주고 건전한 욕구를 심어 줄 하나님이 필요하다.

모든 죄는 마음속 악한 욕구에서 비롯된다. "그러므로 하나님께서는, 사람들이 마음의 욕정대로 하도록 더러움에 그대로 내버려두시니, 서로의 몸을 욕되게 하였습니다. 사람들은 하나님의 진리를 거짓으로 바꾸고, 창조주 대신에 피조물을 숭배하고 섬겼습니다. 하나님은 영원히 찬송을 받으실 분이십니다. 아멘"(롬 1:24-25). 앞 장에서는 하나님에 대한 진리를 거짓말로 대체할 때 죄를 짓는다고 이야기했다. 이제부터는 마음의 욕정 때문에 죄를 짓는 것에 대해 살펴볼 것이다. 창조주가 아닌 피조물을 숭배할 때 우리는 죄를 지을 수밖에 없다. 우리의 문제는 하나님을 믿지 않고 거짓말을 믿는 것과(5장) 하나님을 경배하지 않고 우상을 숭배하는(6장) 것이다.

욕구는 우리 삶의 방향키와 같다. 욕구가 인간의 행동을 결정한다. **우리는 언제나 자신이 하고 싶은 일을 하려고 한다.** 문제는 '어떤 욕구가 그 순간 가장 강하게 일어나는가'이다. 알코올 중독자가 술을 마시고 싶은데 그 욕구를 참는다고 해 보자. 겉으로는 원하는 일을 하지 않는 것처럼 보이지만 실은 다른 욕구(올바로 살고 싶다거나 가족에게 버림받고 싶지 않다는 욕구)가 술을 마시고 싶은 욕구를 이긴 것이다. 그러므로 결과적으로는 자신이 원하는 일을 하고 있는 셈이다. 욕구를 참은 그에게 가장 강한 욕구는 술을 마시려는 욕구가 아니었다.[8] 사람들은 흔히 자기는 잘하고 싶었는데 다른 요인(환경, 가정, 건강 등)에 의해 잘못된 길로 갈 수밖에 없었다고 말한다. 하지만 성경은 죄를 짓는 것이 전적으로 우리 책임이라고 이야기한다. 우리는 항상 자신이 원하는 것을 하는 존재니까 말이다.

그러나 한편으로는 그 사실이 우리에게 희망을 안겨 준다. 로마서 7장에서 바울은 이렇게 말한다. "나는 내가 원하는 선한 일은 하지 않고, 도리어 원하지 않는 악한 일은 합니다"(롬 7:19). 언뜻 생각하면 이 구절은 앞의 이야기와 모순된 것처럼 보인다. 자신이 원하는 것을 하지 **않는다**고 말하지 않는가! 그러나 자신의 선한 욕구를 좇지 않는 이유는 그보다 강한 악한 욕구에 지배당하기 때문이다(롬 1:24-26; 7:23-25). 따라서 바울은 성령과 성령이 주시는 새로운 욕구만이 해결책이라고 말한다.

> 육신을 따라 사는 사람은 육신에 속한 것을 생각하나, 성령을 따라 사는 사람은 성령에 속한 것을 생각합니다.…육신에 매인 사람은 하나님을 기쁘게 해 드릴 수 없습니다. 그러나 하나님의 영이 여러분 안에 살아 계시면, 여러분은 육신 안에 있지 않고, 성령 안에 있습니다. (롬 8:5, 8-9)

이 말씀은 우리를 겸허하게 하는 동시에 변화에 대한 소망을 갖게 한다. 우리가 하나님의 영광을 바라볼 때, 그래서 죄가 주는 만족보다 하나님을 더욱 갈망할 때, 우리는 믿음으로 변화될 수 있다. 하나님에 대한 갈망이 죄의 욕구를 누르는 것이다.

욕구가 잘못될 때

욕구 자체는 나쁜 것이 아니다. 인간이라면 누구나 욕구를 갖고 있다. 우리는 하나님과 그분의 영광을 갈망해야 한다(눅 22:15; 고전 12:31). 악한 욕구란 하나님보다 다른 것을 더 갈망하는 것이다. 비록 그 대상이 좋은 것이라 해도 **하나님보다 더 소중한 존재가 된다면** 문제가 된다. 칼뱅은 그 점을 예리하게 지적했다. "우리의 문제는 하나님이 태초에 부여하신 자연스런 욕구, 즉 인간을 인간답게 만드는 [사랑과 질서와 기쁨을 추구하는] 욕구가 아니다. 우리의 문제는 하나님의 지배에 반발하려는 욕구다.……우리의 욕구가 죄가 되는 이유는 부적절한 것을 원해서가 아니라 욕구가 터무니없기 때문이다."⁹ 결국 우리가 무엇을 원하는가 보다는 그 대상을 하나님보다 더 원한다는 사실이 문제다. 결혼하고 싶고 성공하고 싶고 건강하고 싶은 욕구는 바람직하지만, 그 욕구가 채워지지 않아 괴로워한다면 그것은 결혼과 성공과 건강에 대한 욕구가 하나님에 대한 욕구보다 더 컸다는 의미다. 그렇기 때문에 자신의 인생을 다스리는 하나님의 섭리에 만족하지 못하는 것이다.

이 세상은 하나님이 주신 좋은 것들로 가득 차 있다. 우리는 그것들을 얼마든지 누릴 수 있고, 또 당연히 누려야 한다. 하지만 그것은 하나님 안에서 기뻐하게 만드는 다리일 뿐이다. 우리는 선물과 선물을 주신 분을 **모두** 기뻐해야 한다. 주신 선물은 감사한 마음으로 받으면 된다. "하나님께서 지으신 것은 모두 다 좋은 것이요, 감사하는 마음으로 받으면, 버릴 것이 하나도 없습니다. 모든 것은 하나님의 말씀과 기도로 거룩해집니다"(딤전 4:1-5). 그러나 선물이 하나님을 가리고 선물을 주신 분보다 더 중요해지면 좋은 것(good thing)은 '우상의 것'(god-thing)으로 탈바꿈한다.

요한복음 6장에 보면 예수님이 보리떡 다섯 개와 물고기 두 마리로 오천 명을 먹이신 기적이 나온다. 다음 날이 되자 더 많은 것을 기대하며 군중이 구름떼처럼 몰려들었다. 그들은 먹을거리를 찾아 예수님께로 나아왔다. 그것이 뭐가 잘못되었단 말인가? 문제는 그들이 예수님에게는 관심이 없었다는 점이다. 그들이 원한 것은 오직 무료 급식이었다. 예수께서 그들에게 대답하셨다. "내가 진정으로 진정으로 너희에게 말한다. 너희가 나를 찾는 것은 표징을 보았기 때문이 아니라, 빵을 먹고 배가 불렀기 때문이다"(요 6:26). 예수님은 우상숭배적인 욕구를 채우려 하지 말고 주님이 주시는 진정한 만족을 갈구하라고 하셨다. "너희는 썩어 없어질 양식을 얻으려고 일하지 말고, 영생에 이르도록 남아 있을 양식을 얻으려고 일하여라. 이 양식은, 인자가 너희에게 줄 것이다"(27절). 그들은 순간적인 욕구를 충족하기 위해 예수님을 원한 것뿐이었다.

우리도 얼마든지 그럴 수 있다. 물질적·정서적 결핍을 채워 달라고 하나님을 찾는다. 하나님도 가끔은 그런 간구를 들어주신다. 하지만 언제나 그보다 더 큰 뜻을 갖고 계신다. 하나님은 우리가 그분을 알게 되고 섬기게 되기를 원하신다. 아울러 그분의 아들 예수님을 닮아 가길 원하신다. 우리의 욕구가 하나님보다 더 중요해지면 하나님은 그분의 큰 뜻에 따라 그 욕구를 바로잡으실 것이다.

"만물보다 더 거짓되고 아주 썩은 것이 사람의 마음이니"(렘 17:9). 인간의 정욕은 "허망한 욕정"(엡 4:22)이다. 정욕이 우리를 속이는 주된 방법은 꼭 '필요한' 것으로 가장하는 것이다. 우리는 "사랑받고 싶어"라고 말하는 대신 "사랑받아야 해"라고 말한다. 올바른 욕구(사랑받음)에 '필요'라는 탈을 씌워 우상숭배로 변질시키는 것이다. 그럴 때 하나님과 그분의 영광은 더 이상 삶의 중심이 되지 못한다. 자기 자신이 중심이 되어, 사람들이 사랑과 인정으로 자신을 '숭배'해 주길 요구한다. 리처드 러브레이스는 이것을 가리켜 '우상 콤플렉스'라고 말했다.[10]

하나님은 우리에게 필요한 것을 다 주겠다고 약속하셨지만, 그렇다고 우리의 이기적인 욕망까지 채워 달라고 요구할 수 없다. 하나님은 우리의 시중을 들어주는 웨이터가 아니다. 그분은 행복한 삶의 열쇠가 아니라(물론 이러한 정의에도 동의하지만) 행복한 삶 자체다. 그분으로 인해 우리는 행복해진다. 하나님을 순수한 마음으로 사랑해야지 세속적인 성공의 조달자로 여겨서는 안 된다.

캐롤린은 결혼을 하고 싶어 하나님께 남편감을 달라고 간구했다. 나름 성실하게 살았고 신앙생활도 열심히 했다. 하지만 캐롤린의 말에 의하면 하나님은 그분의 역할을 제대로 해내지 않았다. 그녀는 하나님을 원망하기 시작했다. 나는 캐롤린과 이야기를 나누다가 하나님의 은혜에 대해 설명해 주었다. 그러나 은혜에 대한 이야기도 캐롤린의 마음을 돌려놓지 못했다. 그 순간 나는 캐롤린의 마음속에 있는 더 크고 근원적인 문제를 알아챘다. 결혼은 캐롤린의 우상이 되어 있었던 것이다. 하나님보다 남편을 더 원했기 때문에 자신의 간구를 들어주지 않는 하나님을 원망하게 되었다. 사실 그 자리에서 캐롤린에게 이 말씀을 들려주었어야 했다. "너희는 여호와의 선하심을 맛보아 알지어다"(시 34:8, 개역개정). '우상숭배에서 돌아서서 생명의 빵이신 주님으로 배를 채우세요. 그러면 절대로 굶주리지 않을 겁니다.'

아모스 4장에는 하나님이 그분의 백성에게 주실 선물이 '배고픔'이라고 나온다(6절). "비도 너희에게는 내리지 않았다.…그런데도 너희는 나에게로 돌아오지 않았다"(7-8절). 하나님은 앞마름병과 깜부기병으로 그들을 치셨다(9절). 그야말로 희한한 선물이 아닐 수 없었다! 하나님이 그것을 주신 이유는 이스라엘 백성이 회개하기를 바라셨기 때문이었다. '선물'은 끔찍했지만 우상숭배와 그로 인한 결과보다는 덜 끔찍했다. 하나님은 언제나 자기 백성을 위해 가장 좋은 것을 주고자 하신다. 그것은 바로 하나님 자신이다. 하나님께로 돌아오는 게 궁극적인 목적이었으므로 가뭄과 기근은 결국 하나님의 사랑 표현이었던 셈이다.

회개: 악한 욕구로부터 돌아섬

우리는 하나님보다 다른 것을 더 원할 때 죄를 짓게 된다. 죄를 짓고 싶지 않으면 그 반대로 하면 된다. 즉, 다른 어떤 것보다 하나님을 더 원하면 되는 것이다. 성경은 이것을 '회개'라고 부른다. 회개는 우상숭배의 악한 욕구를 버리고 하나님을 믿는 믿음으로 돌아서는 것이다.

죄는 근본적으로 자아 중심적이다. 하나님을 자신의 삶 속에서 하나님 되지 못하게 한다. 그래서 하나님 없이 자기 마음대로 살아가려고 한다. '자아'가 모든 것의 중심을 차지하고 있다. 그러나 회개는 하나님께로 방향을 재조정하는 것이다. 즉, 하나님을 중앙으로 모셔 들이는 일이다. 그렇게 되면 쾌락이나 성공, 심지어 자신의 문제까지도 중요하지 않게 된다. 오로지 하나님의 영광만이 중요해진다(고후 12:7-9).

자신을 세상의 중심으로 여길 때 문제가 발생한다. 스스로 인생이라는 이야기의 주인공이 되는 것이다. 하나님은 조연쯤으로 여기고 말이다. 그래서 필요할 때만 하나님을 찾고 자신의 섬김에 하나님이 고마워해 주기를 바란다. 하나님이 이야기의 중요한 요소이기는 하지만 여전히 주인공은 **자기 자신**인 것이다. 분명한 것은, 인생은 우리 자신의 이야기가 아니라 **하나님**의 이야기라는 사실이다. 물론 하나님이 우리를 위해 존재하시는 듯한 느낌을 받을 때도 있다. 하지만 실제로는 우리가 하나님을 위해 존재한다. 우리는 하나님께 영광을 돌리기 위해 존재한다. 하나님이 우리에게 갚아야 할 빚은 없다. 심지어 무엇을 설명하실 필요조차 없다. 반면에 우리는 하나님께 창조와 구원에 대한 전적인 빚을 지고 있다.

하나님의 이야기에서 엑스트라가 되는 게 우리 손으로 직접 이야기를 써 나가는 것보다 좋은 일이다. 하나님을 중심에 모시고 사는 것이 행복하고 정상적인 삶이다. 집에서 모닥불을 쬐는 것보다 태양의 따뜻한 햇살을 받는 것이 훨씬 더 좋지 않은가! 자신의 영광을 헛되게 추구하는 것보다 하나님의 영광을 반영하는 것이 더할 나위 없이 좋은 일이다.

내가 갖고 있는 고질적인 죄 중 하나가 자기연민이다. 누군가 조금이라도 나를 서운하게 하면 금세 토라져 버린다. 일이 잘 안 풀리면 짜증을 내고 아침부터 기분이 울적해진다. 나는 마치 세상이 **나**를 중심으로 돌아가기라도 하는 것처럼 행동한다. 하지만 그건 사실이 아니다. 나는 하나님을 영화롭게 하고 그분을 영원히 기뻐하기 위해 태어난 존재다. 우선은 나 자신에게 야단을 좀 쳐야겠지만,

이 세계가 나의 세계가 아니라 하나님의 세계라는 사실을 인정하는 것만으로도 기분이 훨씬 홀가분해진다. 내가 짜증을 내는 이유는 내 뜻대로 되지 않아서다. 하지만 나에게는 내 뜻대로 되기를 바랄 권리도 없거니와 그럴 필요조차 없다. 하나님의 뜻대로 되면 그만이고 그분의 뜻은 언제나 선하니까 말이다.

하나님 중심적인 인생관은 우리를 겸허하게 하는 동시에 자유롭게 한다. 겸허하게 하는 이유는 우리를 우리 자리로 돌아가게 하기 때문이다. 미안한 말이지만 우리는 결코 세상의 중심이 아니다. 심지어 **우리 인생**에서조차 중심이 될 수 없다. 우리가 자유로운 이유는 더 이상 우리 힘으로 해 보려고 애쓸 필요가 없어졌기 때문이다. 하나님을 그냥 하나님 되시게 하라. 우리에게 중요한 것은 자신의 명성이 아니다. 다른 사람의 반응에 신경 쓸 필요도 없고 그저 자유롭게 다른 사람을 사랑으로 섬기면 된다.

지속적인 회개

우리를 그리스도인 되게 하는 것이 믿음과 회개라면, 우리를 성장하게 하는 것은 '지속적인' 믿음과 회개다. 거룩함과 신앙에는 속성 과정도 없고 졸업도 없다. 마르틴 루터는 "앞으로 나아간다는 것은 언제나 다시 시작하는 것이다"라고 말했다.[11]

회개는 주님을 영접할 때 한 번 하고 끝나는 일회성 행사가 아니다. 장 칼뱅의 말을 들어 보라. "하나님은 [신자들에게] 회개의 경주를 지정해 일생 동안 달리게 하신다."[12] 회개는 하나님을 폐위하려는 욕구를 버리고 하나님께로 돌아가려고 평생 부단히 노력하는 것이다. 악한 행위를 그만두는 차원이 아니라 악한 행위를 유발하는 우상과 정욕에서 등을 돌리는 것이다.

성경은 지속적인 회개를 가리켜 '죽임'(mortification)이라는 단어로 묘사한다.

즉, 죄를 죽인다는 의미다. "그러므로 땅에 속한 지체의 일들, 곧 음행과 더러움과 정욕과 악한 욕망과 탐욕을 죽이십시오. 탐욕은 우상숭배입니다"(골 3:5). 우리는 살아가는 내내 죄를 향해 단호하게 '안 돼!'라고 말해야 한다. 특히 유혹의 초기 단계에서 굳은 의지를 발휘해야 한다.

죄는 **성령에 의해** 또 **그리스도를 통해** 우리 삶에서 죽는다. 죽임의 토대는 그리스도의 십자가 공로다. "우리의 옛 사람이 그리스도와 함께 십자가에 달려 죽은 것은, 죄의 몸을 멸하여서, 우리가 다시는 죄의 노예가 되지 않게 하려는 것임을 우리는 압니다"(롬 6:6; 참고 갈 2:20; 5:24). 예수님은 십자가 위에서 우리의 옛 사람에게 결정타를 날려 우리를 해방하셨다. 우리는 "그리스도와 함께" 죽었다가 "그리스도와 함께" 살아났으므로 "악한 욕망과 탐욕"을 죽여야 한다(골 2:20; 3:1, 5). 오직 성령의 능력으로 그렇게 할 수 있다. "여러분이 성령으로 몸의 행실을 죽이면, 살 것입니다"(롬 8:13). 성령은 하나님을 영화롭게 하려는 새로운 욕구와 새로운 마음을 주신다. 회개(악한 욕구에서 돌아섬)나 죽임(악한 욕구를 죽임)은 우리를 위한 예수님의 역사이며 우리 안에 계신 성령의 역사다. 하지만 우리도 성령의 도움을 받아 그 과정에 적극적으로 참여할 수 있다.

죽임은 정원 손질과 같다. 살면서 짓는 죄의 잡초들을 제거해야 한다. 우리 집 정원에는 온갖 잡초들이 불청객처럼 자란다. 그중에는 뿌리가 제법 단단한 녀석들도 있다. 그런 뿌리를 제거하기란 여간 어려운 일이 아니다. 튼튼한 곡괭이와 한나절의 시간, 그리고 내 친구 스티브가 필요하다. 우리 집 정원에는 주홍색의 별봄맞이꽃도 무성한데 몇 주만 방치해 두면 순식간에 정원을 잠식해 버린다. 작은 가시덤불은 두꺼운 장갑을 끼고 뽑으면 쉽게 뽑히지만 뿌리를 조금이라도 남겨 두면 재빨리 다시 자란다.

죄를 제거하는 것은 나무뿌리를 뽑아내는 일과 흡사하다. 어떤 죄는 우리 마음에 너무 오랫동안 자리잡고 있어서 그 뿌리가 단단하게 박혀 있다. 한마디로 습관이 된 것이다. 이러한 죄를 뽑아내는 일은 힘들고 고통스럽다. 죄를 지을 때마다 바로바로 뽑아내는 것이 훨씬 수월하다. 별봄맞이꽃처럼 작고 뿌리가 연약할 때 재빨리 뽑아내야 한다. 이것은 끊임없이 해야 하는 작업이다. 하루라도 방치했다가는 일이 더 어려워진다. 중요한 것은 죄의 뿌리를 완전히 죽이는 일이다. 단순히 행동만 바꿀 것이 아니라 악한 욕구 자체를 사형에 처해야 한다. 그렇지 않으면 가시덤불마냥 뿌리가 남겨진 곳에서 또다시 자라날 것이다. 물론 그 뿌리가 어디에 있는지 처음부터 알 수는 없다. 싹이 나올 때 그 자리를 파헤쳐 뿌리를 찾아내야 한다. 잘못된 행동을 하는 즉시 그 행동의 뿌리를 찾으라는 말이다. 싱클레어 퍼거슨은 이렇게 말했다.

> 죄를 죽인다는 것은 무슨 의미인가? 그것은 날마다 죄와 부단히 전쟁을 한다는 말이다. 우리를 예수님에게서 멀어지게 하는 것은 무엇이든 눈길을 보내지 않고, 머릿속으로 생각하지 않고, 마음을 주지 않으려는 지속적인 노력 말이다. 즉, 그 순간에 존재하는 잘못된 생각, 추측, 욕구, 열망, 행동, 상황, 충동을 의식하면서 의지적으로 거부하는 것을 의미한다.[13]

나의 문제는 그런 의식을 제대로 하지 않는다는 것이었다. 악한 욕구가 유혹과 충동을 일으키면 나는 속으로 '실제로 죄를 짓는 건 아니잖아' 하면서 머릿속에서 장난을 친다. 계속 그것에 눈길을 주고 생각이 머물도록 허락하면 욕구는 더욱 커진다. 그래 놓고는 유혹이 너무 강했다는 식으로 불평을 한다. 결국 나는 항상 죄를 **짓고** 있다. 행동은 안 했다 해도 의지 차원에서 죄를 지은 것이다. 그건 내가 죄에게 '안 돼'라고 말하지 않아서다.[14] 악한 욕구를 의식하는 그 순간 '안 돼'라고 말하는 습관을 길러야 한다.

악한 욕구가 악하다는 사실만 인정해도 죄에서 훨씬 멀어질 수 있다.

- 원망하는 마음이 들면 억울했던 일을 계속 곱씹는 버릇이 있었다. 그러나 원망은 하나님의 선하심에 대한 불만이라는 것을 깨닫고, 이제는 (하나님의 도움을 받아) 원망이 깊어지기 전에 생각을 멈추려고 노력한다.

- 짜증이나 신경질이 나면 사람들의 단점을 계속 생각하는 버릇이 있었다. 그러나 하나님의 전능함을 믿지 못하는 마음과 내 멋대로 하고 싶은 욕구 때문에 짜증이 난다는 것을 깨닫고, 이제는 그런 생각을 멈추려고 노력한다.

- 화가 나면 부당하게 대우받았던 일을 계속 생각하는 버릇이 있었다. 그러나 예수님의 구속 사역을 의지하지 않고 스스로 의로워지려는 마음 때문에 화가 난다는 것을 깨닫고, 이제는 그런 생각을 멈추려고 노력한다.

우상 찾기에 골몰하거나 죄의 뿌리를 캐는 데 혈안이 되는 것도 현명하지 않다. 자칫 불건전한 내면 분석으로 이어질 가능성이 크기 때문이다. 우리는 자유를 주는 하나님의 진리에 초점을 맞추어야 한다. 잘못된 행동이 악한 열매를 맺거나 부정적인 감정이 계속될 때에만, 그 밑바탕에 깔려 있는 악한 욕구를 찾아내는 게 좋다.

사람들은 이런 질문을 많이 한다. "내 안에 드는 욕구가 악한 것인지 아닌지 어떻게 알 수 있습니까? 내가 그것을 과도하게 원하는 것인지 아닌지 어떻게 알 수 있냐는 말입니다." 그러면 나는 나쁜 나무에서 나쁜 열매가 맺힌다는 예수님의 말씀을 들려준다(눅 6:43-45). 자신의 욕구가 잘못되었다는 것을 알려면 삶 속에 어떤 나쁜 열매(불순종, 분노, 걱정 등)가 있는지 확인해 보면 된다. 그때는 뿌리 쪽으로 거슬러 내려가 당신 마음에 숨겨진 악하고 우상숭배적인 욕구를 찾아내야 한다.

요즘에는 자기 분석이 하나의 유행이 되었다. 과거 믿음의 조상들도 자기를

136

점검하기는 했지만 요즘과는 성격이 전혀 달랐다. 그들은 행동과 마음이 연결되어 있다고 생각했다. 죄의 기만성 때문에 그 연관성을 찾기가 쉽지는 않았겠지만, 자기 기준으로 내면을 분석하지 않고 성령과 하나님 말씀을 따라 조명해 보려고 했다. 지금 우리는 프로이트 이후 세계를 살아가고 있다. 심리학자 프로이트는 인간 행동과 감정의 뿌리가 잠재의식 속에 박혀 있다고 주장했다. 뿌리가 잠재의식 속에 박혀 있기 때문에 철저하고 끊임없는 내면 분석으로 그것을 캐내야 한다는 것이다. 기독교에서도 프로이트의 주장을 성화의 과정에 적용시키는 경우가 있다. 우리 행동의 숨겨진 면을 발견하기 위해 문제를 분석하거나 상담을 받아야 한다고 말이다. 마틴 로이드 존스는 이렇게 꼬집었다. "오로지 자기를 관찰하는 데만 몰두하면, 우리는 자기 점검의 경계를 넘어 내면 분석으로 나아간다.…언제나 자기 자신과 자기 문제만 이야기하고 있다면…언제나 자기 자신만이 중심이라는 얘기가 아니겠는가."[15] 내면 분석은 스스로를 성화에서 가장 중요한 존재로 여기는 행위다. 그러나 우리를 변화시키는 분은 하나님이다. 말씀과 성령을 통해 마음을 변화시켜 달라고 간구하라(시 139:23-24; 히 4:12-13). 자기 자신만 하염없이 쳐다보지 말고 그리스도를 하염없이 바라보라. 로버트 머레이 맥체인(Robert Murray M'Cheyne)의 유명한 말처럼 "자신을 한 번 보았으면 그리스도는 열 번 쳐다보라."[16]

죄의 잡초를 뽑는 일도 중요하지만 '은혜를 심는 일'도 그 못지않게 중요하다. 우리가 심은 식물이 무성하게 자라면 잡초는 공간과 빛과 물과 영양분을 빼앗겨 자연히 시들어 버린다. 그리스도인의 삶도 마찬가지다. 우리의 생각이 하나님의 영광과 하나님을 섬길 계획으로 가득 차면, 죄와 유혹에 넘어갈 가능성이 줄어든다(갈 6:7-10). 이 주제는 8장에서 더 자세히 다룰 것이다.

새로운 습관과 인격 형성

우리는 가끔 유혹거리를 조금 허용하는 게 뭐 어떠냐고 말한다. 예를 들어 살짝 음흉한 눈길을 보낸다든가, 분노로 가득 찬 생각을 한다든가, 잠시 공상을 하는 정도는 큰 문제가 아니라는 것이다. 물론 약간 허용한다고 해서 반드시 유혹에 넘어가는 것은 아니다. 다만 **유혹에 불이 붙는다**! 그래서 다음번에는 그런 유혹이 더 빨리 더 강하게 온다. 그러다 보면 죄가 습관이 되어 버리는 것이다. 하지만 죄를 끊는 것 역시 습관이 될 수 있다. 자꾸 죄를 끊게 되면 유혹이 더 빨리 더 강하게 오는 게 아니라, 더 느리고 더 약하게 온다. 우리는 스트레스를 느낄수록 죄가 아니라 하나님께 나아가야 한다.

사실 도덕적 결정의 대부분은 반사적으로 이루어진다. 그 순간에 그 행동이 나와 버리는 것이다. 입에서 나쁜 말들이 나오고 나면 우리는 그 말을 돌이킬 수 없다. 따라서 도덕적 논리나 성경 말씀보다는 거룩함의 습관이 더 중요하다. 그리스도인으로서 성숙한 인격과 진실한 마음이 필요한 것이다. 빅토리아 여왕 시대의 소설가 찰스 리드(Charles Reade)는 이런 말을 했다. "행동을 심으면 습관을 거두고, 습관을 심으면 인격을 거두고, 인격을 심으면 운명을 거둔다."

1569년에 디르크 빌렘스(Dirk Willems)는 네덜란드 감옥을 탈출했다. 그가 죄수가 된 것은 오직 믿음으로 신앙을 고백하는 재세례파 교회에 속했다는 이유에서였다. 빌렘스는 얼어붙은 호수로 도망쳤고 간수가 뒤쫓아 왔다. 굶주린 빌렘스는 무사히 강을 건넜지만 간수는 얼음이 깨지는 바람에 차가운 물속에 빠지고 말았다. 그 모습을 본 빌렘스는 즉시 되돌아와 간수를 구해 주었고 간수는 생명의 은인인 빌렘스를 그냥 놓아 주려고 했다. 바로 그때, 그곳에 도착한 간수장의 명령으로 빌렘스는 체포되었고 고문을 당한 후 산 채로 화형당했다. 사실 빌렘스는 무엇이 옳고 그른가를 생각할 겨를이 없었다. 그 순간 반사적으로 물에 빠진 간수를 구해 준 것이다. 그 행동이 그리스도인의 인격을 말해 주며, 선행이 습관이 되었음을 나타낸다. 우리는 하룻밤 사이에 성숙한 인격으로 성장할 수 없다. 성숙한 인격은 수많은 고난을 견딤으로써 맺히는 인내의 열매이며(롬 5:3-4), 날마다 죄의 잡초를 뽑아내고 은혜를 심은 뒤에 거두는 수확이다. 폴 토우스(Paul Toews)는 이렇게 말했다.

> 16세기 메노파 교도들에게 그보다 더 가슴 뭉클한 이야기는 없었다. 얼어붙은 호수에서 빌렘스가 했던 행동은 반사적인 것이었다. 그에게는 무엇이 옳고 그른지, 결과가 어떻게 될지 따져 볼 여유가 없었다. 그저 평소의 믿음과 신념대로 행동했을 뿐이다. 곤경에 처한 사람을 도와주는 빌렘스의 즉각적인 반응은 오직 진실한 마음에서 우러나온 것이었다.[17]

우리는 믿음으로 회개한다

어떻게 회개해야 하는가? 믿음으로 해야 한다. 자신의 우상보다 하나님이 더 낫다고 판단될 때 비로소 하나님께 돌아와 그분을 숭배하게 된다.

예전에 나는 회개를 하나의 추가 작업이라고 생각했다. 믿음으로 구원을 받는다고 하지만 실은 회개를 해야만 진짜 구원을 받는다고 생각했다. 하지만 틀린 생각이었다. 믿음으로 하나님께 나아가는 것과 죄를 회개하는 것은 동시에 이루어지는 일이다. 자, 한 번 실험을 해 보라. 창문을 마주보고 서 있다가 반대편 벽을 향해 몸을 돌려 보라. 창문에서 몸을 돌리는 것과 반대편 벽을 향하는 일은 한 동작이다. 창문에서 몸을 돌리지 않고 반대편 벽을 향할 수는 없는 노릇이다. 마찬가지로 죄에서 회개하지 않고 하나님을 믿을 수는 없다. 하나님을 신뢰하는 순간 우리는 그분이 우리의 잘못된 욕망보다 더 크고 위대한 분임을 인정하게 된다. 회개는 그 자체로 믿음의 행위다.

하나님은 나의 욕망보다 크신 분이다

우리는 유혹 앞에서 부득이하게 죄를 지을 수밖에 없다고 생각한다. 한번은 어떤 친구가 이런 이메일을 보내 왔다. "유혹은 두 가지 형태로 온다. (1) 죄가 아주 매력적으로 보이고, (2) 그 죄를 짓지 않으면 안 될 것처럼 여겨진다. 결국 어쩔 수 없다고 느끼며 받아들이기 때문에 죄에 항복하고 마는 것이다."

이는 내 경우에 정확히 들어맞았다. 유혹을 향해 '안 돼'라고 말하는데도 유혹은 계속해서 되돌아왔다. 항복할 것이냐 말 것이냐의 문제가 아니라, 언제 항복할 것이냐의 문제로 느껴졌던 것이다. 하지만 그건 새빨간 거짓말이다. 하나님의 자녀들에게 죄는 절대 불가피한 것이 아니다. 우리는 죄의 권세에서 해방되었다. 하나님이 나의 욕망보다 더 크고 위대한 분이라는 사실을 믿어야 한다. 죄를 회개했다면 그다음에는 하나님의 능력을 신뢰해야 한다.

하나님은 나의 욕망보다 좋은 분이다

우리가 악한 욕망을 따르는 이유는 죄가 하나님이 주는 것보다 더 좋은 것을 준다고 믿기 때문이다. 믿음이란 하나님이 훨씬 더 좋은 것을 주신다는 깨달음이다. 이것을 굳게 믿는 사람은 공허하고 헛된 욕망을 버리고 하나님 안에서 진정한 만족을 찾게 된다.

어찌하여 너희는 양식을 얻지도 못하면서 돈을 지불하며,
배부르게 하여 주지도 못하는데, 그것 때문에 수고하느냐?
들어라, 내가 하는 말을 들어라. 그리하면 너희가 좋은 것을 먹으며,
기름진 것으로 너희 마음이 즐거울 것이다. (사 55:2)

'나는 이제 우상들과 아무 상관이 없습니다.'

그러면 나는 그에게 응답할 것이다.

'내가 너를 지켜 주마.' 나는 무성한 잣나무와 같으니,

너는 필요한 생명의 열매를 나에게서 언제나 얻을 수 있을 것이다. (호 14:8)

되돌아보기

우리는 '죄들'이라고 복수형으로 말하곤 하는데, 그것은 고의적으로 저지르는 잘못된 행동들만 죄라고 생각하기 때문이다. 하지만 하나님은 죄의 무의식적인 면을 강조하실 때가 많다. 우리가 추구하는 욕망, 품고 있는 신념들, 제2의 천성으로 여기는 습관들은 본질적으로 거짓된 것이다. 그것이 거짓이라는 사실만 알아도 그렇게 쉽게 속아 넘어가지 않을 것이다. 말씀과 성령으로 깨닫지 못하면 속아 넘어갈 수밖에 없다. 죄는 어두워진 마음, 술 취함, 야만적 본능과 충동, 광기, 예속, 무지, 무감각에서 비롯된다. 무의식적인 죄를 들먹이면 사람들은 자신에게 책임이 없는 줄 안다. 일부러 한 일이 아닌데 왜 비난을 받느냐는 것이다.

그러나 성경은 정반대로 이야기한다. 무의식적 혹은 반의식적으로 짓는 죄들이라도 그런 죄에 빠져든 것은 우리 자신이다. 인간은 천성적으로 또 양육이나 반복 학습에 의해, 죄를 생각하고 원하고 짓게 되어 있다(데이빗 포울리슨).[18]

변화 프로젝트

6단계: 당신은 욕망과 하나님, 무엇을 따르고 있는가?

당신 마음속에는 어떤 우상들이 있는가?
- 무엇을 갖지 못할 때 화가 나는가?
- 무엇이 두려울 때 걱정하는가?
- 무엇을 잃거나 실패할 때 낙담하는가?
- 당신은 무엇이 필요하다고 생각하는가?
- 나에게 _____ 만 있다면 행복할 텐데….

당신의 마음을 지배하는 욕구는 무엇인가?
앞서 4장의 질문 내용을 다시 한 번 살펴보라. 변화시키고 싶은 감정이나 행동의 밑바탕에는 어떤 마음이 숨어 있는가?
- 무엇을 원하고 바라고 소원했는가?
- 무엇을 두려워했는가? 무엇을 걱정했는가?
- 무엇이 필요하다고 생각했는가?
- 이루고자 했던 일의 방법과 의도는 무엇이었는가?
- 무엇을 혹은 누구를 신뢰했는가?
- 누구를 기쁘게 하고 싶었는가? 또 누구의 의견을 가장 중요시했는가?
- 사랑했던 것은 무엇인가? 미워했던 것은 무엇인가?
- 무엇이 가장 큰 기쁨과 행복과 만족을 주었을 거라고 생각하는가? 무엇이 가장 큰 고통과 괴로움을 안겨 주었을 거라고 생각하는가?[19]

당신이 버리고 싶은 마음속 욕망들을 요약해서 적어 보라.

변화가 더딘 이유는 무엇인가?

"변하려고 애를 많이 썼는데 매번 작심삼일로 끝나더군요."
"늘 똑같은 죄를 짓고 있으니 정말 한심하고 지겹습니다."
"거룩함이라면 책 한 권을 쓸 수도 있겠지만 저 자신은 여전히 부족하네요."
"저도 변화 프로젝트에 돌입했는데 이번 주는 한 발 후퇴하고 말았습니다."

앞 장에서 나는 하나님이 우리를 변화시키고자 하신다고 말했다. 그런데 왜 이렇게 더딘 걸까? 무엇이 변화를 가로막고 있는 걸까? 목사로서의 경험과 성경 말씀을 토대로 볼 때 그 이유는 두 가지다. 자신을 사랑하거나 죄를 사랑하거나. 훈련이나 지식이나 도움이 부족해서가 아니다. 물론 그런 것들도 중요하지만 사람들이 변하지 않는 가장 큰 이유는 교만함과 죄의 결과를 혐오하는 마음이 부족해서다. 더 솔직히 말하자면 여전히 죄 자체를 좋아하기 때문이다.

교만한 자기 의존

당신은 변하지 않는 자신에게 화를 내거나 좌절해 본 적이 있는가? 많은 사람이 내게 이렇게 하소연한다. "내가 또 그런 짓을 하다니 믿을 수가 없어요."

"이런 일을 하는 나 자신에게 화가 나요." 나 역시 그러한 생각을 수도 없이 했었다. 자, 에드 웰치의 말을 들어 보라. "같은 죄를 되풀이해서 짓는 자신에게 화가 나는 건 당연한 일일지도 모른다. 그러나 이는 자신의 힘으로 옳은 일을 할 수 있다는 또 다른 형태의 교만에 불과하다. 하나님의 은혜가 아니면 아무것도 할 수 없는 자신의 영적 무능력을 축소하는 행위인 것이다."[1] 제리 브리지스는 "하나님은 우리가 순종하며 살기를 원하시지 늘 승리하며 살기를 원하시지 않는다"고 말했다. 또한 "죄에 대한 우리의 태도는 하나님 중심이 아니라 자기중심적이다. 우리는 자신의 죄가 하나님의 마음을 얼마나 아프게 할지 생각하기보다 죄를 이기고 '승리'하는 데에만 관심을 둔다"고 말했다.[2]

교만은 죄의 종류가 아니다. 죄가 무엇인지를 보여 주는 요소일 뿐이다. 교만은 우리를 하나님의 자리에 올려놓는다. 우리의 최우선 목표는 하나님을 영화롭게 하는 일이지만, 이내 자기 자신을 영화롭게 하는 일로 바뀐다. 성화도 마찬가지다. 거룩하게 되어 스스로 영광을 얻고 공적을 쌓으려고 한다. C. J. 매허니(Mahaney)는 그것을 가리켜 '우주적 표절'(cosmic plagiarism)이라고 불렀다.[3]

겸손이 회개의 근본이 되는 것도 그런 이유에서다. 하나님 앞에서 자신을 겸허히 낮추는 것은 자신의 우상 콤플렉스를 회개한다는 뜻이다. 그렇기 때문에 하나님은 우리가 하나님 앞에서 겸손히 행하기를 요구하시는 것이다(미 6:8). "그러므로 성경에 이르기를 '하나님께서는 교만한 자들을 물리치시고, 겸손한 사람들에게 은혜를 주신다' 하고 말합니다.…주님 앞에서 자신을 낮추십시오. 그리하면 주님께서 여러분을 높여 주실 것입니다"(약 4:6, 10; 벧전 5:6). 은혜를 받을 수 있는 비결은 겸손이다. 잭 밀러(Jack Miller)가 말했듯이 "은혜는 내리막길로 흘러간다." 사람들은 성화의 높은 삶을 이야기하지만 우리에게 진정으로 필요한 것은 낮은 삶이다. "우리는 **낮은 곳으로** 내려감으로써 그리스도처럼 **위로** 성장할 수 있다."[4] 진정으로 거룩함의 은혜를 원한다면 스스로를 낮추고 하나님을 더 높여 드려야 한다.

그렇다고 겸손이 하나님의 은혜를 받게 하는 신앙의 높은 경지라는 뜻은 아니다. 오히려 그 반대다. 겸손은 자신이 결코 하나님의 축복을 받을 만한 존재가 아니라는 사실을 깨닫는 것이며, 하나님의 은혜만이 유일한 희망임을 인정하는 것이다. 그럴 때 자아를 내려놓고 예수님 안에서 모든 필요를 채워 갈 수 있다. 당신이 뜻대로 변화되지 못해 낙담했다면 당신이 취할 첫 번째 단계는 포기다. 자신에게 걸었던 기대를 포기하라. 스스로의 능력을 과신했던 점을 회개하라. 두 번째 단계는 하나님의 은혜를 기대하는 것이다. 당신을 용서하고 변화시키는 하나님의 은혜를 의지하라.

교만한 자기 의

자신을 나쁜 사람이라고 생각하는 사람은 없다. 자기 마음이 악하다고 믿고 싶은 사람도 없다. 그렇기 때문에 우리는 자신이 짓는 죄에 책임을 느끼지 않는다. 변해야 한다는 필요는 인정하지만 **자기 자신**이 문제라는 사실은 인정하려 들지 않는다. 그래서 다양한 회피 전략을 만들어 낸다. 스스로를 과신하면서 "나는 잘할 수 있을 거야"라고 하거나 스스로를 의롭게 생각하며 "나는 잘하고 있어"라고 말한다. 그러면서 자신의 죄를 변명하고 축소하고 숨긴다.

죄를 변명하기

인류가 지은 최초의 죄는 하나님의 말씀을 의심하고 창조주보다 피조물을 더 갈망하면서 시작되었다. 앞서 이야기했듯이 그 뒤에 이어지는 모든 죄가 동일한 성격을 띠고 있다. 죄에 따르는 또 하나의 공통점은 비난과 변명이다. 아담은 하와를 비난했고 하와는 뱀을 비난했다(창 3:11-13). 오늘날에도 우리는 여전히 남 탓을 하며 자신이 지은 죄에 책임지기를 거부한다.

말하자면 이런 식이다. "그 사람이 나를 부추겨서…그 사람이 내게 상처를 줘서…그 사람이 먼저 시작해서…사람들이 뭐라고 말할지 두려워서…." 우리는 다른 사람이 하지 않은 일에 대해서도 원망한다. "네가 조금만 도와줬더라면…네가 나를 조금만 이해했더라면…네가 나를 더 사랑했더라면…."

상황이나 가정 환경, 개인사, 출생 배경(유전자, 성격, 기질) 등도 그 목록에 포함된다. 자, 화를 잘 내는 사람에게 다음의 말이 어떤 의미일지 생각해 보라.

- 상황: "그 사람 정말 성질나게 만드네. 어떻게 나한테 그럴 수가 있어? 자기도 내 처지였다면 똑같이 했을 걸."
- 가정 환경: "난 우리 아버지를 닮았어. 아버지도 걸핏하면 화를 내셨으니 내가 화를 내는 것도 어찌 보면 당연해."
- 개인사: "너도 나처럼 험한 일을 겪었으면 성격이 불 같아졌을 걸."
- 출생 배경: "난 원래 이런 사람이야. 욱하는 성격을 타고 났는데 나보고 어떻게 하라는 거야?"

나름 일리 있는 말이다. 외부 요인이 잘못된 행동을 부추기고 자극하는 역할을 하는 것은 사실이다. 또한 죄의 형태를 결정지을 때도 있다. 그러나 우리가 짓는 죄의 전적인 책임을 외부 요인으로 돌릴 수는 없다. 그 상황에서 어떻게 반응할지는 스스로 결정하는 것이고, 그 결정은 우리의 생각과 마음속 욕구에 따라 내려진다. 악한 마음과 욕구가 죄를 불가피하고 적절한 행동으로 보이게 만드는 것이다. 나는 내가 화를 내는 것이 불가피하고 적절하다고 생각한다. 하지만 실제로는 내 마음에 있는 악한 욕구를 드러낼 뿐이다. 제리 브리지스는 죄를 묘사할 때 패배라는 말 대신 불순종이라는 말을 사용해야 한다고 말한다.

죄에 졌다고 말하는 것은 무의식적으로 책임을 회피하며 빠져나가는 행위다. 그것은 무언가 외부적인 요인에 의해 패배를 당했다는 의미다. 반면에 불순종했다고 이야기하면 그것은 자신의 죄를 자기 책임 아래 놓는 것이다. 사실, 죄에게 지는 것은 맞지만 지는 이유는 스스로 불순종하기로 결정했기 때문이다.[5]

우리가 하는 모든 비난은 결국 하나님의 발 앞에 쌓이게 된다. 우리는 다른 사람과 환경과 상황을 비난하지만, 이는 결론적으로 모든 것이 하나님의 잘못이라고 말하는 꼴이다. 하나님이 그런 상황을 허락했기 때문에 내가 이렇게 되었다는 얘기다. 야고보는 그 점에 대해 어떻게 반박하는가? "시험을 당할 때에, 아무도 '내가 하나님께 시험을 당하고 있다' 하고 말하지 마십시오. 하나님께서는 악에게 시험을 받지도 않으시고, 또 시험하지도 않으십니다. 사람이 시험을 당하는 것은 각각 자기의 욕심에 이끌려서, 꾐에 빠지기 때문입니다"(약 1:13-14). 하나님은 우리를 넘어뜨리는 분이 아니다. 죄를 지을 수밖에 없는 불가피한 상황으로 몰아넣는 분은 더더욱 아니다. 우리는 흔히 이런 식으로 이야기한다. "내 경우는 달라. 특별하다고. 정말 그럴 수밖에 없는 상황이었으니까 내 잘못이라고 말할 수 없어." 우리는 죄의 문제에 있어서도 자신이 특별하기를 바란다! 그러나 하나님은 무엇이라고 말씀하시는가? "여러분은 사람이 흔히 겪는 시련 밖에 다른 시련을 당한 적이 없습니다. 하나님은 신실하십니다. 여러분이 감당할 수 있는 능력 이상으로 시련을 겪는 것을 하나님은 허락하지 않으십니다. 하나님께서는 시련과 함께 그것을 벗어날 길도 마련해 주셔서, 여러분이 그 시련을 견디어 낼 수 있게 해주십니다"(고전 10:13).

도로시 할머니와 작고한 나오미 할머니는 모두 우리 교회 성도들이다. 나오미 할머니는 연세가 많아서 생전에 건강이 좋지 않았다. 도로시 할머니도 마찬가지다. 도로시 할머니는 만나는 사람마다 붙잡고 아픈 데를 호소하곤 한다. 아픈 다리 때문에 늘 침울하고 기운도 없다. 도로시 할머니와 대화를 하면 주제는 늘 한 가지다. 오로지 할머니 자신뿐이다. 돌아가신 나오미 할머니는 수년 전부터 관절염을 앓았는데 나중에는 손가락 마디가 모두 굽어서 펼 수조차 없을 정도였다. 설상가상으로 암까지 할머니의 몸을 점령했다. 언제나 질병의 고통에 시달리던 나오미 할머니는 가끔씩 몸을 움찔거릴 정도로 괴로워하곤 했다. 그럼에도 할머니의 눈은 늘 밝게 빛났으며 언제나 하나님의 선하심에 대해 이야기했고 다른 사람의 안부를 궁금해했다. 두 할머니 모두 비슷한 상황에 놓여 있었지만, 도로시 할머니에게 왜 기운이 없냐고 물으면 자신의 병 때문이라고 대답하는 반면, 나오미 할머니는 같은 상황에서도 매우 다르게 반응했다. 하나님을 기뻐하는 것이 그분의 힘이었다.

죄를 축소하기

우리는 죄를 축소해서 책임을 회피하려고 한다.

(1) 잘못을 과소평가하는 경우: "그건 별로 나쁜 일이 아니었어요." "별것도 아닌데요, 뭘." (2) 다른 사람과 비교하는 경우: "적어도 저는 그 녀석 같은 짓은 안 했어요." "그 여자가 어떤 짓을 했는지 아세요?" (3) 잘한 점을 내세우는 경우: "전 그리 나쁜 놈이 아니에요." "저는 사람들을 잘 도와주는 편이잖아요." 이 모든 말은 내가 사람들에게 실제로 들은 이야기다. 우리는 죄를 가리켜 품행불량, 실수, 과실이라고 부른다. 이를테면 '내가 버릇없게 굴었어, 거칠었어, 생각이 짧았어, 경솔했어, 장난이 과했어, 방정맞았어, 정신이 없었어, 자제력이 없었어'라는 식이다. 우리에게는 죄가 단지 선의의 거짓말, 철없는 짓, 한때의 치기에 불과하다. 죄를 죄라고, 악을 악이라고 말하는 대신 온갖 구실과 이름을 갖다 붙인다. "사소한 잘못일 뿐이야." "남들도 다 하는 일인 걸, 뭐." "죄라기보다는 성격 문제인 거죠." 하지만 죄는 죄다. 영원한 지옥으로 떨어지거나 하나님 아들

의 죽음을 요구할 정도로 심각한 것이다. 진정한 회개는 죄를 축소하는 것이 아니라 죄를 애통해하는 것이다.

당신이 하나님 말씀에 두려움을 느꼈던 때는 언제인가? "주님의 말씀이시다. '나의 손이 이 모든 것을 지었으며, 이 모든 것이 나의 것이다. 겸손한 사람, 회개하는 사람, 나를 경외하고 복종하는 사람, 바로 이런 사람을 내가 좋아한다'(사 66:2). 겸손한 사람은 하나님 말씀 앞에서 두려워 떤다. 자신의 죄를 축소하지 않고 하나님 말씀을 무서워한다. 하지만 교만은 하나님 말씀에 귀를 닫게 한다. 이미 다 알고 있다고 생각하면서 전심으로 받아들이지 않는다. 가련한 죄인의 모습으로 나아오지 않는다. 또한 우리의 교만은 죄책감을 억눌러 자존심에 상처를 입히지 않으려 한다.

"내 잘못도 아니고 대단한 문제도 아니야. 내가 얼마나 괜찮은 사람인데…." 사람들은 이런 식으로 자신의 책임을 교묘히 피한다. 그러나 올바른 반응은 그 반대가 되어야 한다. "이건 **내** 잘못이고 **큰** 문제야. **나는** 정말 나쁜 사람이야."

서구 세계에서는 자아실현이 인간의 최우선 과제로 떠올랐다. 내가 원하는 사람이 되거나 현재의 나를 있는 그대로 받아들이는 것이 스스로에게 해야 할 의무라고 주장한다. 죄책감을 거론하는 것 자체가 '나' 프로젝트에 대한 공격이다. 따라서 잘못을 지적받아도 자신은 여전히 희생자라고 생각한다. 자신에 대해 나쁜 감정만 생기게 하니 말이다.

나는 사람들이 자신에 대해 나쁜 감정을 갖길 바라지 않는다. 용서와 자유의 기쁨을 맛보길 원한다. 하지만 사람들은 그런 기쁨을 거부한다. 자신에게 구원자가 필요하다는 사실을 인정하고 싶지 **않기** 때문이다. 죄에 대해 이야기한다고 해서 자신이 희생자가 되는 것은 아니다. 오히려 용서와 자유의 길로 들어서는 것이다. 죄를 회개하고 하나님을 신뢰할 때에만 죄를 용서받고 죄에서 해방될 수 있다. 회개 없이는 용서도 해방도 없다. 또한 죄에 대한 책임을 느끼지 않으면 회개할 수 없다. 자신의 죄를 축소하고 남의 탓으로 돌리는 사람은 결코 회개하지 못한다. 회개에는 '하지만'이라는 변명이 들어갈 여지가 없다. "죄를 회개는 하지만 내 잘못은 아니야"라거나 "죄를 회개는 하지만 그다지 나쁜 일은 아니었어"라고 말할 수 없다.

이 글을 쓰는 동안 안타깝고 서글픈 마음이 밀려들었다. 자신들이 지은 죄에 아무런 책임도 느끼지 않던 사람들이 떠올라서다. 하나같이 비극적인 일이었다. 내가 보기에 어떤 사람들은 그리스도인이면서 죄의 덫에 걸려 있었다. 개중에는 자신의 죄를 인정하지 않고 하나님 없이 생을 마감하게 될 불신자도 있었다.

"심슨 가족"이라는 만화에 보면 호머와 바트가 구명보트를 타고 바다에서 표류하는 이야기가 나온다.⁶ 호머는 배 안에 있는 물로 양말을 빨아 물을 낭비하고 비상식량을 모조리 먹어 치웠다. 구조 헬기가 도착했을 때 호머가 조명탄을 쏘아 올렸지만 조명탄은 헬기에 부딪히고 말았다. 그들은 짙은 안개 속에 갇히게 되었고 호머는 공포에 질려 "우리는 죽었어, 우리는 죽었다고!"라고 울부짖었다. 하지만 안개가 걷히고 그들이 탄 구명보트가 모습을 나타내자 누군가 "괜찮으세요?"라고 물었다. 도움받기를 싫어했던 호머는 그 말에 "예! 괜찮습니다!"라고 큰소리로 응답했다. 하지만 다시 짙은 안개에 쌓여 보트의 모습이 사라지자 호머는 또다시 공포에 사로잡혔다.

우리도 같은 처지에 놓여 있다! 절박한 상황에 처해 있지만 스스로 죄에서 벗어날 수 없다. 죄는 우리의 삶을 비극으로 몰아간다. 하나님이 도움의 손길을 내미셔도 도움이 필요하다는 사실을 좀처럼 인정하려 들지 않는다. 죄를 인정하느니 차라리 하나님께 도움받기를 거절하는 것이다.

죄를 숨기기

죄를 숨길 때 나타나는 가장 큰 문제는 교만이 우리의 변화를 가로막는다는

152

것이다. "자기의 죄를 숨기는 사람은 잘되지 못하지만, 죄를 자백하고 그것을 끊어 버리는 사람은 불쌍히 여김을 받는다"(잠 28:13). 우리는 사람들에게 좋은 평판을 받고 싶어 한다. 그래서 숨기고 속이고 도움을 청하지 않는다. 자기 힘으로 해결하려는 자기의존의 교만도 맞물려 있다. 잘못이 알려지는 것을 막고 스스로 문제를 해결해 보려고 안간힘을 쓰지만, 진짜 문제는 그것이 아니다. 죄를 미워하는 것보다 자신의 명성을 더 사랑하는 것이 진짜 문제다. 죄를 안 짓고 싶지만 좋은 평판을 잃으면서까지 그럴 필요는 없다고 생각하는 것이다. 그것은 진정으로 잘못을 뉘우치지 않았다는 증거다. "마음을 먹는 것과 회개를 하는 것은 완전히 다른 얘기다. 회개란 열심히 충고를 듣고, 다른 사람의 뜻에 따르고, 예수님 중심의 확고한 계획을 세우는 것이다." 자, 생각해 보라. 우리는 다른 사람이 자신을 나쁘게 생각할까 봐, 죄를 짓고 하나님을 거부하고 자유를 포기하고 심지어 지옥에 떨어질 위험마저 감수하려 하고 있다.

진정한 회개는 변화의 걸림돌이 되는 모든 것을 제거하는 것이다. 그 속에는 자신의 명성도 포함된다. 당신은 자신의 죄를 다른 그리스도인에게 털어놓았는가? 그 죄에 대해 책임을 지려 하는가? 그 죄의 영향을 받은 사람, 이를테면 친구나 배우자에게 당신의 죄를 고백할 것인가? 여러 사람에게 죄를 고백하는 것이 현명하지 못한 경우도 분명 있다. 하지만 당신이 잘못한 사람들에게는 반드시 잘못을 빌어야 한다. 아직도 고백을 하지 않았는가? 여전히 망설이고 있는가? 그렇다면 아직도 당신의 명성이 거룩함보다 더 중요하다는 이야기다. 지속적인 죄책감은 자기 자신의 의견에 귀 기울이도록 만들고, 수치심은 다른 사람의 의견에 귀 기울이도록 만든다. 회개는 하나님을 중심에 두는 것이고 예수님 안에서 당신이 의로워졌다는 그분의 선포를 받아들이는 것이다.

죄는 곰팡이와 같아서 어두운 곳에서 가장 잘 자란다. 그러나 빛에 노출시키면 마르기 시작한다. "악한 일을 저지르는 사람은, 누구나 빛을 미워하며, 빛으로 나아오지 않는다. 그것은 자기 행위가 드러날까 봐 두려워하기 때문이다. 그러나 진리를 행하는 사람은 빛으로 나아온다. 그것은 자기의 행위가 하나님 안에서 이루어졌음을 드러내려는 것이다"(요 3:20-21). 우리는 자신의 죄를 빛 가운데 갖고 나와야 한다.

테리는 조지를 만나기 위해 집으로 찾아갔지만 문을 열어 주는 사람이 없었다. 하지만 안에서 누군가 걸어다니는 듯한 인기척을 느낄 수 있었다. 조지가 또 월급으로 술을 퍼마신 것이다. 지금 그는 그 사실이 탄로 날까 봐 집에 숨어 있었다. 우리도 조지처럼 행동할 때가 많다(비록 그처럼 심각한 상태는 아닐지라도). 이는 죄가 드러나는 것을 두려워하는 우리들의 서글픈 자화상이다. 우리는 어두운 곳에 숨어서 자신의 죄를 비밀에 붙인다. 하지만 숨어 있으면 도움받을 길이 없다. 우리는 빛 대신 어둠을 선택한다. 숨는 행동은 죄로 연결되고, 죄는 또다시 숨도록 만든다. 악순환의 고리를 끊는 것은 오직 은혜뿐이다. 은혜는 탄로의 두려움을 없애고 우리를 변화의 장소인 빛으로 나아오게 한다.

날마다 복음을 자기 마음에 적용한 사람은 자기 자신과 하나님 앞에 모질 정도로 솔직해진다. 예수님의 보혈로 완전히 용서받았기 때문에 더 이상 방어를 할 필요가 없다. 죄를 변명하거나 정당화할 필요도 없다. 과장이라는 말 대신 거짓말이었다고 말할 수 있고, 부모로 인해 상처받았다고 비난하는 대신 용서하는 마음이 없었다고 솔직히 고백할 수 있다. 예수님이 십자가 위에서 몸으로 우리 죄를 담당하셨음을 알기에 아무리 추하고 부끄러운 일이라도 죄는 죄라고 분명히 인정할 수 있다. 예수님을 통해 완전히 용서받았음을 확신한다면 더 이상 죄를 숨길 이유가 없어진다.[8]

나는 사람들에게 거룩한 사람이라는 소리가 듣고 싶다. 하지만 그런 소망이 실제로는 거룩해지는 것을 방해한다. 나의 교만이 거룩함을 내 자랑거리로 전락

154

시키고 유일한 희망인 하나님의 은혜에서 떼어놓기 때문이다(약 4:6). 교만은 죄를 숨기고 다른 그리스도인에게 도움을 청하지 못하게 만든다. 또한 죄를 축소하거나 변명하면서 제대로 죄를 다루지 못하게 만든다. 나는 거룩한 사람으로 알려지고 싶다는 욕구와 실제로 거룩해지고 싶다는 욕구 사이에서 날마다 갈등한다. 하나님을 알고 그분의 영광을 반영하는 기쁨에 비하면 명예를 잃는 일쯤은 사소한 대가에 불과하다는 사실을 끊임없이 상기시켜야 한다. 나는 사람들의 존경을 받는 모습과 하나님과 함께 있는 모습을 상상한다. 하나님과 함께 있는 것이 훨씬 더 좋은 선택으로 보인다. 그리고 사람들 속에 있으면 다시 내적 싸움이 시작된다.

죄 자체가 아닌 죄의 결과를 혐오함

우리가 변하지 않는 이유는 진짜 변화되고 싶은 마음이 없어서이기도 하다. 어쩌면 그 말에 반발할지도 모른다. "나는 오랫동안 죄와 싸워 왔습니다. 죄에서 벗어나 보려고 무진장 애를 썼는데, 지금 나보고 실제로는 그럴 마음이 없었다고 말하는 겁니까?"

사실 우리가 변화를 원하는 이유는 죄 자체보다는 죄의 결과 때문일 때가 많다. 죄책감을 없앤다든가 틀어진 관계를 회복하고 싶어서 변화를 원한다는 말이다. 그러나 마음 한 구석에서는 여전히 죄를 원하고 있다. 그래서 유혹에 직면하면 여전히 그 죄가 하나님보다 더 좋다고 생각한다.

나는 사람들에게서 그런 모습을 많이 보았다. 삶이 엉망이 된 자신을 도와달라고 요청하지만 근본적으로는 자기 행동을 바꿀 마음이 전혀 없었다. 빚을 지고 한계에 다다라 도와달라고는 하지만 낭비벽을 유발하는 쇼핑을 절제하려고 하지는 않았다. 관계가 회복될 수 있게 도와달라고 하면서, 불화를 조장하는 이기심은 버리려 하지 않았다. 존 오웬은 그 사실을 다음과 같이 꼬집었다.

> 사람들에게 수치를 당할까 두려워서, 혹은 하나님의 영원한 형벌이 무서워서 죄를 짓지 않는 사람은 처벌이 없어질 경우에 다시 죄를 짓게 된다. 그렇다면 죄를 짓고 사는 것과 무엇이 다르단 말인가? 그리스도께 속하고 하나님의 말씀에 순종하는 사람은 그리스도의 죽음과 하나님의 사랑을 마음에 새기며 죄의 본질을 혐오하고, 하나님과의 친교를 귀하게 여기고, 죄를 **죄로서** 미워하는 뿌리 깊은 증오심을 갖고 마음속에 일어나는 모든 정욕에 대항한다.9)

해답은 언제나 동일하다. 믿음과 회개뿐이다. 우리는 마음속 깊이 숨겨진 거짓말을 파헤치고 숨겨진 우상을 회개해야 한다. 신약에 나오는 회개의 언어는 극단적이며 무자비하다. 사지를 절단한다든지 살인한다든지 굶기거나 싸운다든지 하는 표현이 사용된다.10) 우리는 죄에 대해 극단적이어야 한다. 그렇게 하지 못한다면 여전히 죄를 좋아한다는 얘기다. 죄는 죄로서 미워해야 하며, 하나님을 사랑하기 때문에 그분을 갈망해야 한다. 다시 존 오웬의 말을 들어 보라.

> 당신이 창으로 찌른 사람을 바라볼 때 하나님으로 인해 심란해하라. 당신의 영혼에게 이렇게 말하라. "내가 무슨 짓을 한 거지? 내가 어떤 사랑, 어떤 자비, 어떤 보혈, 어떤 은혜를 경멸하고 짓밟은 거지? 하나님 아버지의 사랑을 어떻게 이런 식으로 되갚는단 말인가? 이것이 내가 예수님의 보혈에 감사하는 방식인가? 이것이 성령과 그분의 은혜에 보답하는 방식인가? 예수님의 죽음으로 깨끗하게 되어 이제는 성령이 거하게 된 내 마음을 이런 식으로 더럽힌단 말인가? 어떻게 하면 더러움을 피해 나를 깨끗이 지킬 수 있을까? 사랑하는 주 예수님께 뭐라고 말해야 할까? 주님 앞에서 조금이라도 떳떳하려면 어떻게 해야 할까? 내 악한 정욕 때문에 주님과의 교제도

무시하고 그분을 모셔 둘 마음의 공간까지 없애 버리는 게 말이 되는가? 그 위대한 구원을 팽개치고 하나님의 진노를 피할 수 있겠는가?

주님께 뭐라고 말해야 하나? 그분의 사랑, 자비, 은혜, 평강, 기쁨, 위로…. 나는 그 모두를 경멸했다! 마음속에 정욕을 품기 위해 나는 그것들을 무가치하게 내던졌다. 내가 하나님을 정말로 나의 아버지로 여겼다면 그분 앞에서 어떻게 그런 짓을 한단 말인가? 내 영혼을 정결하게 씻어 주셨는데 어떻게 또다시 영혼을 더럽힌단 말인가? 그리스도의 죽음을 무의미하게 만들 셈인가? 구원의 날에 인을 쳐 주실 성령을 근심하게 할 것인가?[12]

날마다 자신의 양심에 손을 얹고 이런 질문들을 해 보라.

십자가 중심의 삶

변화의 열쇠는 계속해서 십자가로 돌아가는 것이다. 변화하는 삶은 십자가 중심의 삶이다. 십자가에서 우리는 성화의 원동력을 보게 된다(엡 5:25; 골 1:22; 딛 2:14). 십자가에서 우리는 죄의 권세가 꺾이고 옛 사람이 죽는 것을 보며 소망을 품게 된다. 십자가에서 우리는 그리스도와 연합하여 그분의 피로 새 사람이 된다. 십자가에서 우리는 원수들을 위해 죽으시는, 즉 불의한 자를 위해 의로운 자가 희생하는 하나님의 영광스런 은혜를 본다. 십자가에서 우리는 희망과 생명과 활력과 기쁨을 본다. 십자가에서 우리는 죄를 이기기 위한 하나님의 은혜와 힘과 기쁨을 발견한다. 계속해서 십자가 앞에 다가서지 않으면, 하나님과 거리가 생기고 그분의 능력과 단절되며 그분의 영광에 무관심해진다. 이것이 곧 죄로 가는 지름길이다.

십자가 중심의 삶은 자기의존과 자기합리화를 철저히 부인하는 삶이다. 예수님의 십자가는 우리를 겸허하게 한다. 십자가 위에서 우리는 죄의 적나라한 모습을 본다. 기회만 오면 자신의 창조주도 죽일 수 있는 자가 바로 우리다. 십자가는 인간의 자긍심을 무참히 깨뜨린다. 우리가 '자랑'할 것은 오직 예수 그리스도뿐이다. 예수님은 우리의 "의와 거룩함과 구원이 되셨습니다"(고전 1:30-31). "완전히 밑바닥으로 내려가 나 자신을 티끌보다 하찮게 느낄 때는 오로지 하나님의 아들을 바라볼 때, 특히 십자가를 묵상할 때다.…그 외의 어떤 것도 나를 그렇게 만들지 못한다. 내가 죄인이라는 사실을 깨달을 때…십자가에 달린 하나님의 아들만이 나를 구원할 수 있음을 깨달을 때, 나는 티끌보다 못한 자의 수치를 느낀다.…십자가만이 우리를 겸손하게 만든다."[12] 겸손해지는 비결, 그래서 변화될 수 있는 비결은 십자가에서 멀어지지 않는 것이다. 십자가는 항상 우리 생각과 입술과 노래에 들어 있어, 우리 행동을 결정하고 태도를 형성하고 마음을 사로잡아야 한다.

십자가 앞에 다가서면 하나님이 우리를 위해 죽어가는 모습을 보게 된다. 만일 당신이 어느 신을 실망시켰다면 그 신은 당신을 응징했을 것이다. 명예나 재물이나 권력을 위해 살다가 성공하지 못하고 실패했다면 당신은 두려움과 좌절의 쓴맛을 맛보았을 것이다. 하지만 당신이 예수님을 실망시켰다 해도 그분은 여전히 당신을 사랑하실 것이다. 당신을 응징하지 않으시고 오히려 당신을 위해 죽으실 것이다.

예수님의 사랑이 당신의 마음을 사로잡고 그 사랑이 다른 모든 사랑을 대체하게 하라. 당신을 위해 십자가에 달린 예수님을 보면서 그분에 대한 사랑을 회복하는 것이 확실한 변화의 비결이다.

주님, 우리는 축복받고 상처입은 백성으로서 당신 앞에 나아옵니다.
우리 손에는 죄와 수치심밖에 들어 있지 않습니다.

인기를 좋아하고 당신의 이름을 미워하는
교만에 찬 마음의 모든 갈등이 우리 손에 쥐여 있습니다.
이제 한 가닥 자랑거리도 없이 당신 앞으로 나아옵니다.
보좌에 앉으신 유다의 사자, 하나님의 어린양이
자신의 생명을 버려 희생제물이 되신
그리스도의 귀한 십자가만 붙들고 나아옵니다.

그럼에도 우리는 날마다 당신 없이 살아가려고 했습니다.
사라질 헛된 것들 속에서 우리 자신을 발견하려고 했습니다.
당신이 아닌 우리가 하는 일에서 정체성을 찾으려고 했습니다.
연극에 나오는 바보들처럼 길을 잃고 헤맸습니다.
이제 당신의 자비와 영광 앞으로 나아옵니다.
당신의 위대한 사랑 앞에 모두를 불러 모으기 위해 나아옵니다.
그동안 섬겼던 우상과 물질들을 뒤로 하고서
하나님 한 분만 사랑하기 위해 나아옵니다.

주님, 당신의 죽음에는 헤아릴 수 없는 자비가 담겨 있습니다.
우리 죄인들은 더 이상 숨을 곳이 없어
우리를 위해 베푸신 은혜 안으로 뛰어듭니다.
이제는 위대한 구세주께서 달려 돌아가신 십자가
그리스도의 십자가 앞에서만 살아가렵니다.[13]

되돌아보기

존 플라벨은 사탄이 우리를 유혹할 때 사용하는 여섯 가지 주장과 그에 대한 모범적인 대응법을 소개했다.14) 당신의 삶에는 어떤 유혹의 목소리가 있었는지, 또 그때마다 어떻게 대응했는지 생각해 보라. 두 사람을 선정해서 대화하듯 읽어 보는 것도 좋은 방법이다.

1. 죄가 주는 쾌락

유혹: 내 웃는 얼굴을 보고 내 감미로운 목소리를 들어 봐. 자, 여기 기막히게 좋은 게 있어. 이렇게 기분 좋은 일을 누가 마다하겠니?

신자: 죄에는 분명 즐거움이 있지만 양심의 고통과 지옥의 불길도 있지. 죄의 쾌락이 아무리 좋아도 하나님이 주시는 기쁨과 비교할 수 없어.

2. 죄의 은밀함

유혹: 이 죄는 절대로 너를 사람들 앞에서 굴욕스럽게 하지 않을 거야. 아무도 알아채지 못할 거라고.

신자: 웃기네. 하나님의 눈을 피해 죄를 지을 수 있는 곳이라도 있다는 말이니?

3. 죄의 유익

유혹: 양심의 소리에 조금만 눈을 감으면 굉장한 걸 얻을 수 있어. 이런 절호의 기회를 놓치지 마.

신자: 온 세상을 얻고도 내 영혼을 잃으면 무슨 유익이 있겠니? 이 세상에서 제일 좋은 걸 준다 해도 내 영혼과 맞바꾸지 않겠어.

4. 죄의 축소
- 유혹: 이건 대단한 문제도 아니고 별것 아닌 일이야. 이런 사소한 일에 누가 신경을 쓰겠어?
- 신자: 하늘의 위엄도 사소한 문제란 말이니? 이 죄를 지으면 나는 위대한 하나님을 거역하고 그분에게 잘못을 범하는 거야. 시시한 죄인을 위한 시시한 지옥도 있나? 별것 아닌 죄에도 엄청난 처벌이 기다리고 있어. 시시한 죄라면 더더욱 지을 이유가 없지! 그런 시시한 죄를 위해 왜 내가 하나님을 배신해야 하는 거지?

5. 하나님의 은혜
- 유혹: 하나님은 이걸 너의 약점으로 여기고 봐주실 거야. 별로 문제 삼지 않으실 거라고!
- 신자: 뻔뻔하게 죄를 짓고서 자비를 기대하라는 말이야? 어떻게 그 좋으신 하나님을 이용하라고 할 수 있니? 하나님이 무한한 자비를 베푸실 테니 맘 놓고 죄를 지으란 말이야? 하나님이 선한 분이니까 잘못을 해도 된다는 거야?

6. 다른 사람의 본보기
- 유혹: 너보다 나은 사람들도 다 이런 죄를 지었어. 이 죄를 짓고도 다시 회복된 사람들이 엄청 많다고!
- 신자: 하나님이 훌륭한 사람들의 죄를 기록한 것은 나보고 따라하라는 게 아니라 경고를 하시려는 거야. 나보고 죄를 짓고 그들처럼 뼈아픈 후회를 하라는 말이야? 하나님이 그들을 얼마나 깊은 나락과 고통으로 떨어뜨리셨는지 생각하면 오히려 죄짓고 싶은 마음이 싹 사라진다고!

변화 프로젝트

7단계: 변화가 더딘 이유는 무엇인가?

당신이 지은 죄에 대해 누구를 혹은 무엇을 원망하는가?
당신의 변화 프로젝트를 생각해 보라. 다음과 같이 말한 적이 있는가?

- 그 사람의 꼬임에 넘어간 거야.
- 나를 좀 도와주었거나 더 사랑해 주었어도 이런 일은 없었을 텐데.
- 나는 우리 가족을 닮았어.
- 나는 원래 그런 사람이야.
- 내 처지를 사람들은 이해 못해.
- 내가 자란 환경이 그런 걸 어떡해.
- 나는 억울해.
- 누구라도 나처럼 행동했을 거야.

당신의 행동과 감정에 대해 누구를 혹은 무엇을 원망하는가?
당신의 변화 프로젝트를 생각해 보라. 다음과 같이 말한 적이 있는가?

- 그렇게 나쁜 일은 아니야.
- 별것도 아닌데 뭐.
- 다른 사람들은 어떻고?
- 나는 절대 나쁜 사람이 아니야.
- 내가 좋은 일을 얼마나 많이 하는데.
- 다른 사람들도 다 하잖아.
- 나로서는 이게 최선이야.

당신의 행동과 감정을 어떤 식으로 축소하고 변명했는가?

당신은 죄에 대한 책임을 어떤 식으로 회피하는가?

변화를 원하는 부분에 대해,

- '하지만'이라고 말하는가? '하지만' 다음에는 어떤 말이 따라오는가?
- '…였다면'이라고 말하는가? '…였다면' 다음에는 어떤 말이 따라오는가?

당신은 정말로 변화되기를 바라는가?

죄의 결과나 수치심이 두려워서 변화되려고 하는가?

다음 문장 중 당신에게 해당하는 내용은 무엇인지 생각해 보라.[15]

- 변화되고 싶은 마음은 있지만 피나는 노력이나 희생은 하고 싶지 않다.
- 변화되고 싶은 이유는 아무래도 그래야 할 것 같아서다.
- 변화되고 싶지만 그 일(죄)에 대해 영원히 '안 돼'라고 하고 싶지는 않다.
- 변화되기를 원한다. 가끔씩!
- 변화되기를 원한다. 오늘이 아니라 내일부터!
- 변화되고 싶지만 하나님이 당신의 욕망부터 없애 주기를 바란다.
- 변화되고 싶은 이유는 변해야만 인생살이가 수월할 것 같아서다.

당신의 회개는 고린도후서 7:8-13에서 말하는 내용과 같은가?

- 정말로 거룩해지기를 갈망하는가?
- 당신이 지은 죄에 화가 나고 그로 인해 어떻게 될지 경각심을 갖고 있는가?
- 하나님의 사랑과 거룩함에 대한 관심이 갈수록 깊어지는가?
- 다른 사람에게 잘못한 것을 사과하고 손해를 배상할 마음이 있는가?

누군가에게 죄에 대해 이야기했는가?

- 신뢰할 만한 사람에게 당신의 문제를 털어놓고 상담한 적이 있는가? 만약 없다면 혹시 하나님보다 죄가 알려지는 것을 더 두려워하거나 여전히 죄를 지을 여지를 남겨 두려는 것은 아닌가?
- 이렇게 말해 본 적이 있는가? "또 그런 일을 하게 되면 그때는 누군가에게 이야기하겠다." 이 말은 한낱 핑계에 불과하다. 다른 사람에게 알리고 진정으로 변화되려고 노력하라.

당신이 죄를 변명하고 축소하고 숨기는 전형적인 방법을 요약해서 적어 보라. 앞으로 그런 일이 있으면 재빨리 알아챌 수 있도록 하라.

8단계

믿음과 회개로 나아갈 전략은 무엇인가?

이제 당신은 나쁜 행동과 부정적인 감정 뒤에 어떤 거짓말이 숨어 있는지 알았을 것이고, 믿음 안에서 어떤 진리를 받아들여야 할지도 깨달았을 것이다. 또한 마음속 우상과 욕망을 회개해야 한다는 사실도 인정했을 것이다. 하지만 애석하게도 깨닫는 것만으로는 변화가 일어나지 않는다. 물론 깨달음이 큰 진전이 될 수는 있다. 최소한 무엇을 해야 하는지는 아니까 말이다. 당신의 마음을 완전히 파악하지 못했다 하더라도—문제 뒤에 또 다른 문제가 있을지라도—당신을 자유롭게 할 복음의 진리와 복음적 훈련이 무엇인지는 알고 있을 것이다. 믿음과 회개는 날마다 씨름해야 하는 복음적 훈련이다. 따라서 8장에서 제기하는 질문은 이것이다. **믿음과 회개의 삶을 살기 위해 어떤 전략을 세워야겠는가?**

> 자기를 속이지 마십시오. 하나님은 조롱을 받으실 분이 아니십니다. 사람은 무엇을 심든지, 심은 대로 거둘 것입니다. 자기 육체에다 심는 사람은 육체에서 썩을 것을 거두고, 성령에다 심는 사람은 성령에게서 영생을 거둘 것입니다. (갈 6:7-8)

사도 바울은 하나님이 만든 세상에 한 가지 원칙이 있는데, 그것은 **심은 대로**

거두는 원칙이라고 말했다. 농사도 그렇지만 신앙생활도 마찬가지다. 콩을 심었는데 보물이 주렁주렁 열리는 건 동화에서나 가능한 이야기다. 조슈아 해리스(Joshua Harris)는 다음과 같이 역설했다.

> 당신이 현재의 신앙에서 발견하는 것은 과거에 심은 것들의 결과다.… 갈수록 거룩해지는 사람과 그렇지 못한 사람의 차이는 성격이나 가정 환경이나 재능 때문이 아니다. 그 차이는 자신의 마음과 영혼에 무엇을 심었느냐에 따라 달라진다. 거룩함은 특별한 성자만이 도달할 수 있는 신비한 영적 상태가 아니다. 감정도 굳은 의지도 사건도 아니다. 거룩함은 추수다.[1]

그렇다면 육체에 심고 성령에 심는다는 말은 무슨 의미인가? 바울은 그 전에 이렇게 말한다. "성령께서 인도하여 주시는 대로 살아가십시오. 그러면 육체의 욕망을 채우려 하지 않을 것입니다. 육체의 욕망은 성령을 거스르고, 성령이 바라시는 것은 육체를 거스릅니다. 이 둘이 서로 적대 관계에 있으므로, 여러분은 자기가 원하는 일을 할 수 없게 됩니다"(갈 5:16-17). 육체의 욕망은 악한 행동과 감정을 유발하는 우상숭배적 욕구다. 그러나 성령은 모든 그리스도인의 마음에 새로운 욕구, 곧 거룩해지려는 욕구를 심어 주신다. 육체의 욕망을 자극하고 부추기는 것은 육체에 심는 것이다. 그러나 성령이 주시는 거룩함의 욕구를 강화하는 것은 성령에 심는 것이다.

우리는 스스로 변화할 수 없다는 사실을 알고 있다. 우리를 변화시키는 분은 하나님이다. 다만 그 변화의 과정에 믿음과 회개로 동참할 뿐이다. 믿음과 회개만이 진정한 복음적 훈련이다. 그때 중요한 것은 육체에 심지 않고 성령에 심는 것이다. 믿음과 회개는 규율이나 훈련이 아니다. 우리 마음과 그 속의 욕구에 대고 말하는 것이다. 육체에 심지 않는 것은 회개를 촉구하기 위함이고, 성령에 심는 것은 믿음을 강화하기 위함이다.

육체에 심지 않는 것　＝　나의 악한 욕망을 부추기는 것에　＝　회개를 촉구함
　　　　　　　　　　　　　"안 돼"라고 말하는 것

성령에 심는 것　＝　성령께서 주시는 욕구에　＝　믿음을 강화함
　　　　　　　　　　"예"라고 말하는 것

악한 욕망을 부추기는 것은 무엇이든 피하라

　육체에 심지 않는다는 것은 악한 욕망이 일어날 상황 자체를 피한다는 의미다. 유혹을 피하는 것만으로는 자신을 바꾸지 못한다. 변화는 마음에서부터 일어나야 한다. 하지만 유혹을 피하는 것은 완전한 해결책은 아닐지라도 부분적인 해결책은 된다. 내 친구 사무엘이 말하듯 "피하면 시간을 벌 수 있다." 때로는 마음속에서 악한 욕망이 강하게 일어나기도 하는데, 그때 욕망을 자극하는 요인이 사라지면 진리가 마음을 차지할 시간을 벌게 된다. 우리는 배가 고프거나 화가 나거나 외롭거나 피곤할 때 특히 유혹에 넘어지기 쉽다. 그런 상황에서는 특별히 신경을 써서 잠을 충분히 자고 혼자 있는 것을 피해야 한다.

　성경은 유혹에서 '도망치라'고 말한다(고전 6:18-20; 딤전 6:9-11; 딤후 2:22). 악한 욕망을 자극하고 부추기는 것이 있다면 그 반대 방향으로 도망가야 한다. 십대 청소년들은 이성 문제를 놓고 "어느 선까지 허용해도 되나요?"라고 자주 질문한다. 우리는 다른 문제에 대해서도 비슷한 의문을 제기한다. "이런 건 괜찮나요?" "이렇게 하면 죄를 짓는 건가요?" 하나님의 대답은 간단하다. "**도망가라.**" "어느 정도까지 죄에 다가가도 좋은 건가요?"라고 묻지 말라. 반대로 "죄에서 얼마나 멀리 도망가야 하나요?"라고 물으라.

여러분은 사람이 흔히 겪는 시련(영어 성경에는 temtation, 즉 유혹으로도 번역되어 있다—역주) 밖에 다른 시련을 당한 적이 없습니다. 하나님은 신실하십니다. 여러분이 감당할 수 있는 능력 이상으로 시련을 겪는 것을 하나님은 허락하지 않으십니다. 하나님께서는 시련과 함께 그것을 벗어날 길도 마련해 주셔서, 여러분이 그 시련을 견디어 낼 수 있게 해주십니다. 그러므로 나의 사랑하는 여러분, 우상숭배를 멀리 하십시오.
(고전 10:13-14)

어떤 상황에 처하든지 하나님은 유혹에서 도망갈 길을 만들어 주실 것이다. 그렇다고 유혹받은 상황 속에서 얼쩡거리거나 악한 욕망을 갖고 시간을 끌어도 된다는 얘기가 아니다. 사도 바울은 '**그러므로**'라고 말했다. 하나님이 피할 길을 **주시므로** 우리는 그것을 이용해야 한다.

아는 사람 중에 알코올 중독과 씨름하고 있는 사람이 있다. 술 몇 잔이 들어가 취기가 올라오면 게임은 이미 끝난 것이다. 하지만 애초에 술집에 들어갈지 말지를 결정하는 것은 그의 몫이다. 하나님은 너무 늦기 전에 길을 마련해 주신다. 우리는 그 우회로로 들어서야 하고 그런 후에는 멀리 달아나야 한다.

악한 욕망을 강화하는 것은 무엇이든 피하라

인간의 악한 욕망은 주변 환경에 영향을 받을 때가 많다. 우리 사회에는 거짓말이 만연해 있다. 성경은 그런 영향력을 '세상'이라고 부른다. 때로는 '세상'이 하나님이 사랑하시는 대상으로 묘사되기도 하지만(요 3:16) 하나님을 거역하는 인간 사회를 의미하기도 한다. 우리가 살고 있는 세상은 악한 욕망을 부채질하고 하나님에 대한 거짓말을 퍼뜨린다. 그렇다고 무인도에서 살 수도 없는 노릇이니 가급적 세상의 영향력을 받지 않기 위해 적극적인 노력을 기울여야 한다.

여러분은 세상이나 세상에 있는 것들을 사랑하지 마십시오. 누가 세상을 사랑하면, 그 사람 속에는 하늘 아버지에 대한 사랑이 없습니다. 세상에 있는 모든 것, 곧 육체의 욕망과 눈의 욕망과 세상 살림에 대한 자랑은 모두 하늘 아버지에게서 온 것이 아니라, 세상에서 온 것이기 때문입니다. 이 세상도 사라지고, 이 세상의 욕망도 사라지지만, 하나님의 뜻을 행하는 사람은 영원히 남습니다. (요일 2:15-17)

내게는 20년 이상 뇌리를 떠나지 않는 생생한 기억이 하나 있다. 그리스도인 친구들과 전에 보았던 코미디 프로그램의 장면에 대해 이야기를 하고 있었다. 나는 그중에서 제일 재미있는 부분을 친구들 앞에서 흉내 내었다. 그런데 내가 다소 선정적인 장면을 따라하자 친구들이 당황하며 움칠하는 게 아닌가. 순간 퇴폐적인 영향을 미치고 있다는 생각이 들었고, 그것이 나의 영적 성장에 커다란 전환기가 되었다. 우리는 텔레비전과 라디오를 끄는 습관을 들여야 한다. 하나님은 조롱의 대상이 될 수 없다. 누구나 심는 대로 거두는 법이다.

예로부터 그리스도인들은 신앙에 위협이 되는 요소로 세상과 육신(예를 들면 악한 본성), 그리고 사탄을 꼽았다. 그 세 가지는 모두 연결되어 있다. 세상은 사탄의 지배 아래 놓여 있고 세상 문화를 통해 거짓말을 퍼뜨린다(요일 5:19). 그런 거짓말들은 악한 욕망과 장단을 맞춰 그 욕망을 더욱 부채질한다(요일 2:16). 문제는 '어떤 소리에 귀를 기울일 것인가'이다. 세상의 소리, 육신의 소리, 사탄의 소리를 들을 것인가? 아니면 하나님의 말씀을 들을 것인가? 시편 1편에서 말하듯이 세상의 소리를 걸러 내고 하나님 말씀에 귀를 기울일 때 축복이 따라온다.

복 있는 사람은 악인의 꾀를 따르지 아니하며,
　죄인의 길에 서지 아니하며, 오만한 자의 자리에 앉지 아니하며,
　오로지 주님의 율법을 즐거워하며, 밤낮으로 율법을 묵상하는 사람이다.

그는 시냇가에 심은 나무가 철따라 열매를 맺으며

그 잎이 시들지 아니함 같으니, 하는 일마다 잘될 것이다.

그러나 악인은 그렇지 않으니, 한낱 바람에 흩날리는 쭉정이와 같다. (시 1:1-4)

악한 욕망에 '안 돼!'라고 말하라

그럼, 악한 욕망을 부채질하는 것에 '안 돼'라고 말하려면 어떻게 해야 할까? 몇 가지 예를 소개하겠다.

잭은 정욕의 문제와 씨름하고 있다. 여성을 보고 나체를 상상하거나, 영화의 정사 장면을 보거나, 늦은 밤에 홀로 텔레비전을 시청하는 일을 그만두어야 한다고 생각한다. 잭은 성적인 상상이 일어날 때마다 하나님의 선하심을 생각하려고 노력한다. 컴퓨터에는 음란물 방지 프로그램을 설치했고, 친구에게 자신이 자위행위를 하는지 정기적으로 물어봐 달라고 부탁했다.

칼라는 사랑받고 싶은 욕구와 씨름하고 있다. 가슴이 파인 옷이나 짧은 치마를 입지 않고, 재미로 남자들을 사귀는 일도 그만두기로 했다. 남녀 간의 사랑을 다룬 영화나 소설도 보지 않고 결혼에 대한 공상도 하지 않기로 했다.

콜린은 자기 뜻대로 일이 돌아가야 직성이 풀린다. 그래서 이제부터는 다른 직원에게 위임한 일을 일일이 간섭하지 않기로 했다. 처음에는 마음이 불안했지만 그래도 사람들을 감시하지 않으려고 노력했다. 지금껏 사용하던 전자수첩은 책상 서랍에 넣어 놓고 다시 종이 수첩을 사용하기로 했다. 또 집에 일거리를 들고 오지 않고, 토요일에는 계획 없이 그때그때 해야 할 일을 하기로 했다.

엠마는 쇼핑으로 마음의 위안을 삼고 있었다. 하지만 지금은 물건 구경도 다니지 않고 인터넷 쇼핑도 중단했다. 꼭 필요한 물건이 있을 때만 목록을 적어 갖고 간다. 또 텔레비전에서 광고가 나오면 소리를 완전히 죽이고, 쇼핑 카탈로그

배달도 중지시켰으며, 잡지책도 더 이상 사지 않는다.

자말은 자기 생각에 몰두하는 경향이 있다. 그래서 개인 블로그를 더 이상 관리하지 않기로 했다. 블로그를 드나들게 되면 자꾸 자기 세계에 빠져들기 때문이다. 또한 공상 세계에서 사는 대신 동네 노숙자 쉼터에서 자원봉사를 하기로 했다.

케이트에게는 술이 문제다. 가장 좋은 해결책은 알코올이 들어간 것은 무조건 마시지 않는 것이다. 그녀는 술집에 발길을 끊었고 술친구도 만나지 않았다. 어쩔 수 없이 친구들을 만나야 할 때면 반드시 그리스도인 친구 한 명을 데리고 나가 같이 만났다.

위의 사례들은 당신에게는 적용되지 않는 이야기일 수 있다. 우리는 누구나 다양한 종류의 악한 욕망과 씨름하며 살고 있다. 어떤 사람에게는 피해야 하는 문제가 다른 사람에게는 전혀 문제가 되지 않기도 한다. 나는 앞날에 대한 걱정으로 쏨쏨이가 인색했기 때문에 돈에서 자유로워지기 위해 가계부 적는 일을 중단했다. 하지만 물건을 구입하는 데서 인생의 의미와 만족을 발견하던 사람은 가계부를 적어서 지출을 기록하는 일이 도움이 될 것이다. 따라서 위에 제시한 사례들을 성숙한 삶의 결정적 증거로 여겨서는 안 된다. 사도 바울은 "모든 것이 나에게 허용되어 있습니다"라고 말한 후 "그러나 모든 것이 유익한 것은 아닙니다. 모든 것이 나에게 허용되어 있습니다. 그러나 나는 아무것에도 제재를 받지 않겠습니다"라고 말했다(고전 6:12).

존 스토트(John Stott)는 그 의미를 다음과 같이 정리했다.

'육체에 심는다'는 것은 십자가에 못 박지 않고 방조하고, 껴안고, 어루만지고, 애무하는 것이다.… 원망을 품거나, 불평을 하거나, 음란한 상상을 하거나, 자기연민에 빠질 때마다 육체에 심는 것이다. 악영향을 받을 줄 알면서도 불량한 사람과 어울리는 것, 일어나 기도해야 한다는 걸 알면서도 그대로 누워 있는 것, 음란물을 보거나 읽는 것, 자제심을 잃을 것 같으면서도 모험을 해 보는 것은 모두 육체에 심고 심고 또 심는 것이다. 어떤 그리스도인들은 날마다 육체에 심으면서 자신이 왜 거룩함의 열매를 거두지 못하는지 의아해한다.[2]

물론 그것은 쉽지 않은 일이다. 오죽하면 예수님이 사지를 절단하는 것에 비유하셨겠는가!(마 5:29-30) 자신의 악한 욕망을 굶겨 죽여야 한다고 생각하면 상실감을 넘어 비참한 기분까지 들 수 있다. 악한 욕망은 정든 친구와 같다. 그런 친구와의 이별을 달가워할 사람이 있겠는가? 어떤 사람은 무엇을 해야 할지 상의하던 중에 이런 말을 했다. "꼭 심장 한쪽을 도려내는 것 같아요." 나는 그 말에 맞장구를 치고 싶었다. 욕망을 죽이는 일은 **정확하게** 심장 한쪽을 도려내는 것과 같다! 악한 욕망에는 우리의 심장 한쪽이 붙어 있기 때문에 욕망을 없애기 위해서는 일종의 수술이 필요하다. 그래서 율법주의가 효과를 발휘하지 못하는 것이다.

"새로운 애정의 배타적 힘"이라는 유명한 설교에서 토머스 찰머스(Thomas Chalmers)는 자기 자신에게 단순히 죄를 짓지 말라고 해서는 안 된다고 주장했다. 죄가 거짓으로 만족시키던 마음속 욕구를 하나님을 향한 욕구로 바꾸어야 한다는 것이다. 하나님에 대한 새로운 애정만이 악한 욕망을 물리칠 수 있는 유일한 길이다.

우리는 마치 녹슨 칼을 손에 잡고 있는 어린아이와 같다. 아이는 위험한 물건임에도 불구하고 칼을 놓으려 하지 않는다. 엄마가 계속 야단을 치면 아이는 할 수 없이 칼을 내려놓을 것이다. 하지만 아이에게 멋진 새 장난감을 주어 보라. 금세 칼을 잊어버릴 것이다. 무조건 죄를 짓지 말라고 하면 내키지 않는 마음으로, 혹은 부분적으로만 죄를 짓지 않을 것이다. 그러나 하나님과 그분의 영광에 대해 알려 주면 하나님과의 관계를 가로막는 것들을 모두 뿌리 뽑을 것이다(히 12:1-30).

성령에 심기

성령에 심는다는 것은 하나님에 대한 새로운 애정을 키우기 위해 노력하는 것이다. 잡초를 막는 최선의 방법은 그 자리에 다른 식물을 심는 것이다. 신앙생활도 마찬가지다. 악한 욕망을 억제하는 최선의 방법은 성령에 심는 것이다. 사도 바울은 디모데에게 정욕을 피하라고 충고할 때마다 동시에 의로움을 추구하라고 이야기했다. "돈을 사랑하는 것이 모든 악의 뿌리입니다.… 하나님의 사람이여, 그대는 이 악한 것들을 피하십시오. 의와 경건과 믿음과 사랑과 인내와 온유를 좇으십시오"(딤전 6:10-11). "그대는 젊음의 정욕을 피하고, 깨끗한 마음으로 주님을 찾는 사람들과 함께, 의와 믿음과 사랑과 평화를 좇으십시오"(딤후 2:22).

성령에 심는다는 것은 성령께서 주시는 욕구를 강화시키는 것에 "예"라고 말하는 것이다. 앞서 보았듯이 우리가 죄를 짓는 이유는 하나님에 대한 거짓말을 그대로 믿어서다. 또 하나님보다 악한 욕망이 더 좋기 때문이다. 성령에 심는 것은 그런 우리 마음에 하나님의 진리를 가득 채우는 것이다. 그러므로 하나님에 대한 사랑을 키우는 일이 곧 성령에 심는 것이다.

믿음을 강하게 만드는 일곱 가지 요소를 소개하겠다. 사람들은 이것을 '영적 훈련'이라고 부르기도 하는데 나는 이 용어가 적절하지 않다고 생각한다. 자칫 신앙 성숙이 우리의 공로처럼 보일 수 있기 때문이다. 우리의 변화는 하나님의 은혜를 통해서만 가능하다. 우리가 해야 할 유일한 영적 훈련은 믿음과 회개다. 이는 하나님의 은혜로운 역사에 시선을 고정하게 만든다. 여기에서는 전통적으로 사용하던 '은혜의 도구들'이라는 용어를 사용하겠다. 하나님은 다음에 나오는 일곱 가지 요소를 통해 우리에게 은혜를 베푸시고 우리 마음에서 강하게 역사하신다. 그것들은 우리의 믿음을 북돋우기 위해 하나님이 사용하시는 도구인 셈이다.[3]

1. 성경

하나님의 말씀은 우리는 변화시키는 하나님의 일차적 수단이다. "진리로 그들을 거룩하게 하여 주십시오"라고 기도하신 예수님은 덧붙여 "아버지의 말씀은 진리입니다"라고 하셨다(요 17:17). 성경은 우리를 씻어 주는 물이고, 우리가 들고 싸워야 하는 무기이고, 우리를 준비시켜 주는 도구이고, 우리를 자라게 하는 자양분이다.[4]

성경은 우리의 속마음을 드러낸다

마음과 행동의 일치가 이론적으로는 가능할지 몰라도 우리의 속마음은 혼동과 모순으로 가득 차 있다. 도대체 내가 무엇을 원하는지도 모르겠고 행동에 숨어 있는 거짓말도 알아내기 힘들다. 그러나 "하나님의 말씀은 살아 있고 힘이 있어서, 어떤 양날칼보다도 더 날카롭습니다. 그래서, 사람 속을 꿰뚫어 혼과 영을 갈라 내고, 관절과 골수를 갈라놓기까지하며, 마음에 품은 생각과 의도를 밝혀 냅니다. 하나님 앞에는 아무 피조물도 숨겨진 것이 없고, 모든 것이 그의 눈앞에 벌거숭이로 드러나 있습니다. 우리는 그의 앞에 모든 것을 드러내 놓아야 합니다"(히 4:12-13). "성경은 하나님의 예리한 메스와도 같다. 겹겹이 쌓인 내 존재와 행동을 하나하나 도려내어 내 마음을 밝히 드러나게 한다.…성경은 본래 마음을 드러나게 하는 속성이 있다. 그렇기 때문에 개인의 성장과 사역의 핵심 도구는 성경이 되어야 한다."[5] 야고보는 성경이 거울과 같아서 우리의 모습을 있는 그대로 비춰 준다고 말한다(약 1:22-25). 우리는 반드시 성경을 읽어야 한다. 그 뜻을 알기 위해서만이 아니라 우리 자신이 누구인지를 알기 위해서 말이다.

성경은 그리스도의 영광을 드러낸다

무엇보다 성경은 그리스도의 영광을 보여 준다. 우리는 그리스도 안에 드러난 하나님의 영광을 볼 때 변화되는데, 바로 성경 말씀 속에서 그리스도의 영광의 빛을 볼 수 있다(고후 4:4-6). 출애굽기 33:18에 보면 모세가 하나님의 영광을 **보여 달라**고 간구하는 장면이 나온다. 하나님은 그분의 이름을 **선포하심**으로 자신의 영광을 보여 주셨다. "주, 나 주는 자비롭고 은혜로우며, 노하기를 더디하고, 한결같은 사랑과 진실이 풍성한 하나님이다. 수천 대에 이르기까지, 한결같은 사랑을 베풀며 악과 허물과 죄를 용서하는 하나님이다"(출 34:6-7).

성경은 얽매인 마음에 자유의 진리를 선포한다. 혼자 성경을 읽거나 다른 사람과 함께 읽을 때도 마찬가지다. 성경은 진리의 원천으로서 세상에 만연하는 거짓말들에 대항한다. 하루하루 성경 말씀 '속'에 있지 않으면 우리 마음은 거짓말 속에 잠기게 된다. "거룩해지고 싶은 사람은 온전히 말씀 속에 몰입해야 한다. 그래서 계시의 각 장에서 쏟아져 나오는 햇볕에 온 몸을 쫴야 한다."[6]

> 주님의 교훈은 완전하여서 사람에게 생기를 북돋우어 주고,
> 　주님의 증거는 참되어서 어리석은 자를 깨우쳐 준다.
> 주님의 교훈은 정직하여서 마음에 기쁨을 안겨 주고,
> 　주님의 계명은 순수하여서 사람의 눈을 밝혀 준다. (시 19:7-8)

당신의 영혼은 병들고 혼란스럽고 낙심해 있는가? 걱정, 죄, 문제, 고난, 두려움, 죄책감 등에 시달리고 있는가? 당신은 하나님의 말씀에서 영혼의 치유약을 발견하게 될 것이다. 하지만 치유보다는 예방이 더 나은 법이다. 성경은 진리

의 건강식을 제공해서 문제를 사전에 막아 준다. "내가 주님께 범죄하지 않으려고, 주님의 말씀을 내 마음속에 깊이 간직합니다"(시 119:11). 크리스토퍼 라이트(Christopher Wright)는 그 말씀에 이런 주석을 달았다. "성경 말씀을 마음과 정신과 영혼과 혈관에 새길수록 죄짓기는 더욱 힘들어진다. 성경은 죽은 양심을 되살리고, 회개하게 하며, 그분을 기쁘게 하는 삶을 살고 싶게 만든다."⁷⁾ 성경은 주님의 영광을 드러냄으로써 성령이 주시는 새로운 욕구를 강하게 해준다.

내 경우에도 하나님의 말씀을 소홀히 할 때는 영락없이 믿음이 약해지곤 했다. 성경이 죄를 고치는 마법의 치료약이거나 유혹을 막아 주는 부적이어서가 아니다. 성경에는 하나님의 위대하심과 선하심에 대한 진리가 들어 있어 거짓말을 들통 나게 한다. 성경을 그날의 의무처럼—성경읽기표에 표시하기 위해서—읽지 말라. 말씀 속에 드러난 하나님의 진리를 음미하고 그리스도의 영광을 바라보라. 말씀이 당신의 마음을 설명하게 하라. 읽은 말씀을 묵상하고 그 말씀대로 기도하라. 단순히 지식을 얻기 위해서가 아니라 예수님을 닮고 변화받기 위해 말씀을 읽으라(롬 12:2).

2. 기도

우리는 기도할 시간이 없다고 불평한다. 누구에게나 하루 24시간이 주어진다. 기도를 많이 하는 사람이라고 하루가 25시간인 것은 아니다. 문제는 다른 일을 기도보다 더 중요하게 여기는 것이다. 하나님이 변화의 주체라는 사실을 깨달으면 기도를 최우선에 둘 수밖에 없다. 그러기 위해 다른 일들을 의도적으로 무시해야 할 때도 있다. J. C. 라일의 말을 들어 보라.

기도하기와 죄짓기는 절대로 같은 마음에 동거하지 않는다. 기도가 죄를 삼켜 버릴 것이고 죄가 기도를 질식시킬 것이다.… **기도를 열심히 하는 것이 거룩함의 비결이다.**

그리스도인의 믿음이 천차만별이라는 사실은 논란의 여지가 없다.…이는 개인기도 습관의 차이에서 비롯된다. 월등하게 거룩하지 않은 사람들은 기도를 **적게** 하고, 월등하게 거룩한 사람들은 기도를 **많이** 한다.[8]

유혹을 받는 순간 자동적으로 기도하는 사람이 되어야 한다. 선정적인 장면을 보거나 마음속에 분노가 일어날 때 우리는 하나님께 기도를 쏘아 올려야 한다. 혼자 재미있게 놀던 어린아이도 위험을 감지하면 즉시 부모를 찾는다. 하나님의 자녀도 그래야 한다. 위험을 느끼는 순간에 하늘의 아버지께 도움을 청해야 한다.

3. 공동체

하나님이 우리를 기독교 공동체에 넣으시는 이유 중 하나는 우리의 변화를 돕기 위해서다. 교회는 변화의 공동체가 되어야 한다. 자세한 사항은 다음 장에서 살펴볼 것이다. 여기에서는 교회가 은혜의 도구가 되는 몇 가지 방법에 대해서만 이야기하겠다.

- 그리스도인들은 서로에게 진리를 상기시킨다.
- 그리스도인들은 가르침의 은사를 받은 사람들에게 성경을 배운다.
- 그리스도인들은 하나님의 도움을 받기 위해 함께 기도한다.
- 그리스도인들은 서로에게 변화와 거룩함의 본보기가 된다.
- 그리스도인들은 다른 사람의 삶에서 하나님의 역사를 본다.
- 그리스도인들은 함께 하나님을 예배하면서 그분의 위대하심과 선하심을 서로에게 상기시킨다.
- 그리스도인들에게는 섬기고 봉사할 수 있는 기회가 주어진다.
- 그리스도인들은 서로를 책임지고 도와준다.

4. 예배

하나님을 예배할 때 우리는 죄가 주는 그 무엇보다 하나님이 더 크고 더 좋은 분임을 떠올린다. 예배는 단순히 하나님이 좋다는 고백이 아니다. 하나님이 이 세상 어느 것보다 더 좋다는 고백이다. 예배를 드리면서 우리는 서로가 하나님을 예배하도록 이끌 뿐 아니라 우상숭배에서 멀어지도록 이끈다. 아울러 하나님의 은혜와 자비와 사랑과 거룩함과 능력을 마음속에 되새긴다. 이것은 단순한 회상이 아니다. 하나님은 우리 마음을 움직이는 음악을 선물하셨다. 우리는 진리의 노래를 부르며 그 진리로 인해 감동받고 힘을 얻고 변화를 받게 된다.

혹시 노래 하나가 계속해서 머리에 맴도는 경험을 해 본 적 있는가? 좋아하는 노래가 아닌데도 입으로 흥얼거리게 되는 경우가 있다. 세상은 끊임없이 노래들을 들려준다. 그런 노래들이 뇌리에 박히면 우리는 세상에 합류하게 된다. 세상이 생각하고 원하는 것이 우리가 생각하고 원하는 것이 되어 버린다. 하나님을 예배하는 것은 우리 마음을 다시 조율하는 일이다.

은혜를 받는 특별한 방법 중에는 성찬식이 있다. 떡과 포도주는 우리를 거룩하게 만들기 위해, 죄의 권세를 꺾기 위해, 우리에게 새로운 정체성을 주기 위해, 우리를 가족으로 만들기 위해 십자가에서 돌아가신 예수님의 희생을 떠올리게 한다. 또한 우리가 예수님의 보혈로 하나님께 속하게 되었다는 사실도 상기시켜 준다. "성공회 기도서"는 "감사가 어우러진 믿음으로 예수님을 모시고 살아가라"고 권면한다. 성찬식은 "여호와의 선하심을 맛보아"(시 34:8, 개역개정) 알게 되는 신선한 초대의 장이다. 우리는 그 속에서 예수님의 약속을 다시 한 번 발견하게 된다. "내가 생명의 빵이다. 내게로 오는 사람은 결코 주리지 않을 것이요, 나를 믿는 사람은 다시는 목마르지 않을 것이다"(요 6:35). 믿음으로 인해 예수님과의 친교가 새로워진다. 떡과 포도주가 상징하는 진리를 되새길 때 우리 마음은 살찌게 된다.

5. 섬김

우리는 흔히 섬김이나 봉사를 변화의 증거로 생각한다. 하지만 그것 역시 하나님이 우리를 변화시켜 나가는 은혜의 도구다.

죄는 근본적으로 자아지향적이다. 많은 사람이 자기 자신에게만 빠져서 지낸다. 자신의 문제, 자신의 성공에만 매달린다. 대화의 주제는 오로지 '나'이며, 자기중심적 생활태도로 편하고 행복하게 살려고 한다.

하나님과 다른 사람을 섬길 때 우리의 시선은 자아로부터 멀어지게 된다. 특히 부정적인 감정에 시달리는 사람들에게 섬김과 봉사는 최고의 특효약이다. 사도 바울은 도둑에게 도둑질을 그만두라고 충고하면서, "수고를 하여 [제] 손으로 떳떳하게 벌이를 하십시오. 그리하여 오히려 궁핍한 사람들에게 나누어 줄 것이 있게 하십시오"(엡 4:28)라고 말했다. 자신이 원하는 것만 생각하지 말고 다른 사람의 필요를 생각하라는 말이다.

다른 사람을 섬길 때 많은 일이 일어난다. 먼저는 섬기는 사람들에게서 배우게 된다. 그들의 삶에 하나님이 역사하시는 것을 보게 되고 하나님을 섬기는 기쁨도 발견하게 된다. 기도가 응답되는 경험도 하게 되며 우리가 해결할 수 없는 상황에서 하나님의 능력이 나타나는 것을 목격하기도 한다. 아울러 그들을 통해 하나님이 영광 받으시는 모습을 보고 감동하기도 한다.

> 네가 너의 정성을 굶주린 사람에게 쏟으며,
>   불쌍한 자의 소원을 충족시켜 주면,
> 너의 빛이 어둠 가운데서 나타나며,
>   캄캄한 밤이 오히려 대낮같이 될 것이다.
> 주님께서 너를 늘 인도하시고,
>   메마른 곳에서도 너의 영혼을 충족시켜 주시며,

> 너의 뼈마디에 원기를 주실 것이다.
>
> 너는 마치 물 댄 동산처럼 되고,
>
> 물이 끊어지지 않는 샘처럼 될 것이다. (사 58:10-11)

슬프고 막막하고 불만족스럽고 고단하고 메마른 사람들에게 하나님은 무엇을 약속하시는가? 가난한 사람을 도와주면, 어둠을 걷어 주고 길을 안내해 주고 소원을 만족시켜 주고 뼈에 원기를 주고 마음에 물을 주겠다고 하시지 않았는가? 하나님은 우리가 그분을 사랑하고 다른 사람을 사랑하도록 창조하셨다. 자신을 던져 사람들을 섬기면 오히려 자기 자신이 채워짐을 경험하게 된다. 우리가 "불쌍한 자의 소원을 충족시켜 주면" 하나님은 "메마른 곳에서도 너의 영혼을 충족시켜" 주실 것이다.

6. 고난

영화 "베스트 키드"(Best kid)에 보면 무술을 배우는 어린 소년이 사부에게 여러 지시를 받는 장면이 나온다. 페인트칠 하기나 자동차 세차처럼 무술과 상관없는, 어쩌면 아무 의미가 없어 보이는 일들이다. 그러나 시간이 지나면서 지속적인 손놀림과 팔 동작이 근력과 유연성과 민첩성을 길러 주었음을 깨닫게 되었다. 우리 삶에 일어나는 일 중에도 무의미하게 느껴지는 일이 있다. 하지만 하나님은 언제나 은혜와 사랑 속에서 우리를 연단하고 계시다.

고난조차도 하나님의 손에서는 은혜의 도구가 된다. 사사기 3:1-2에 보면 하나님은 이스라엘 백성에게 전쟁을 가르치기 위해 가나안 땅에 다른 민족들을 남겨 두셨다. 이스라엘은 각 세대마다 흉악한 적들과 대치했고, 전쟁을 위해 하나님을 신뢰하지 않으면 안 되었다. 역경은 우리를 더 강하고 믿음 있는 사람으로 만들어 준다.

악한 욕망은 마음속에 숨어서 보이지 않을 때가 많다. 아무런 위협이나 훼방 거리가 없어서 그렇다. 그 잔잔한 수면에 파문을 일으키는 것이 고난이다. 고난은 우리의 속마음을 여실히 드러내 준다. 고난은 하나님의 진단 도구이기에 진리로 처방받을 수 있는 길을 마련해 준다. 신명기 8:2을 읽어 보라. "당신들이 광야를 지나온 사십 년 동안, 주 당신들의 하나님이 당신들을 어떻게 인도하셨는지를 기억하십시오. 그렇게 오랫동안 당신들을 광야에 머물게 하신 것은, 당신들을 단련시키고 시험하셔서, 당신들이 하나님의 계명을 지키는지 안 지키는지, 당신들의 마음속을 알아보려는 것이었습니다." 호라티우스 보나르(Horatius Bonar)는 이 말씀에 다음과 같은 주석을 달았다.

> 시련이 악을 유발한 게 아니었다. 이미 그곳에 있었지만 보이지 않고 느끼지 못했던, 동면 중인 살모사 같은 그것을 밖으로 나오게 했을 뿐이었다. 마음 깊은 곳의 샘이 터지면서 지옥처럼 시커멓고 불결한 물줄기가 뿜어져 나왔다.…그래도 그것은 여전히 성자들과 함께 있었다. 하나님은 감추어진 은밀한 것들을 밖으로 끌어내기 위해 그들을 단련하셨다.…재앙이 폭풍우처럼 그들을 덮쳤을 때 그들 마음속의 악이 깨어나기 시작했다.[9]

고난은 우리에게 선택권을 준다. 마음대로 하고 싶고 성공하고 싶고 사랑받고 싶고 건강하고 싶은 욕구가 위협을 받으면 좌절하거나 분노하거나 원망하거나 의기소침해지는 사람이 있는 반면, 하나님을 꽉 부여잡고 그분 안에서 기쁨을 찾으며 그분의 약속으로 위안을 받는 사람들도 있다.

니콜 트립(Nicole Tripp)은 2006년 5월 19일 자동차 사고를 당했다. 차에 친 후 담벼락에 부딪치면서 심한 중상을 입었다. 그때부터 니콜 가족의 삶은 완전히 달라졌다. 하루하루가 회복을 위한 힘겨운 싸움이었다. 저술가 겸 상담가인 니

콜의 아버지 폴 트립은 자신의 블로그에 다음과 같은 기록을 남겼다.

> 불필요한 괴로움 속에서 멍하게 하루를 보낸 것 같은 나날들이 이어지고 있습니다. 그때의 삶을 돌아보면 솔직히 납득하기가 어렵습니다.…고난은 우리를 이성과 능력의 한계 밖으로 데리고 갑니다.…고난은 우리 삶을 덮쳐서 우리의 눈을 가리고 원치 않는 곳으로 끌고 가는 유괴범입니다.
>
> 그러나 고난은 유괴범일 뿐 아니라 교사이기도 합니다.…우리가 할 수 있는 일이 별로 없다는 것을 일깨워 주니까요. 고난은 든든한 위안과 확고한 소망을 어디에서 발견할 수 있는지 가르쳐 줍니다. 인내심 많은 교사가 말썽꾸러기 학생을 대하듯, 우리의 주먹을 강제로 펴서 잡고 있던 생을 놓으라고 요구합니다. 의미와 안식과 소망과 위안을 다른 것에서 찾으라고 충고합니다. 모든 인간이 갖고 있는 자기만능의 비이성적 환상을 무참하게 짓밟습니다. 그런 면에서 고난은 유괴범과 교사만이 아니라 해방자입니다. 이전에는 결코 맛보지 못했던 더 깊은 위안과 소망을 맛보게 하니까요.[10]

7. 소망

장 칼뱅은 '미래 삶의 묵상'을 해 보라고 권면했다. 우리는 새로운 세상을 꿈꿔야 한다. 서로에게 '영원한 영광'이 기다리고 있음을 상기시키고 그 영광이 "우리가 겪는 일시적인 가벼운 고난"과 비교할 수 없음을 기억해야 한다(고후 4:17-18; 롬 8:17-18). 우리는 단지 이 세상의 나그네일 뿐이며 "더 좋은 곳"을 향해 가고 있음을 명심하라(히 11:13-16; 벧전 1:1, 2:11). 칼뱅은 이렇게 말했다. "우리는 확신으로 천국에 오른다. 그렇기에 장차 받을 유업을 가슴에 품고 평강을 누릴 수 있다."[11] 세상의 보물이 헛된 것은 천국의 보물이 기다리고 있기 때문이다(마 6:19-20; 딤전 6:17-19).

'미래 삶의 묵상'은 예수님의 승천과 밀접한 연관이 있다. 승천한 후 영광을 받으신 예수님과 우리는 믿음으로 하나 되었다. 그렇기 때문에 우리의 눈을 그분의 영광에 고정시켜야 한다. "그러므로 여러분이 그리스도와 함께 살려 주심을 받았으면, 위에 있는 것들을 추구하십시오. 거기에는, 그리스도께서 하나님의 오른쪽에 앉아 계십니다"(골 3:1). 위에 있는 것들에 눈을 고정시켜야 "땅에 속한 지체의 일들"(골 3:5)을 죽일 수 있다. 예수님의 재림을 생각하며 세상에서 쥐고 있는 것들을 내려놓고 새로운 변화를 꿈꾸라(벧후 3:10-14; 요일 3:2-3).

되돌아보기

1. 시편 1편을 당신의 말로 다시 적어 보라.

2. 다음의 구절에 등장하는 바울의 기도를 읽어 보라. 바울은 무엇을 간구하고 있는가? 당신이 일상적으로 기도하는 내용과 어떤 점에서 다른가?

(로마서 14:5-6; 고린도후서 13:13; 에베소서 1:17-19; 3:16-21; 빌립보서 1:9-11; 골로새서 1:9-14; 데살로니가전서 3:9-13; 데살로니가후서 1:11-12; 2:16-17; 빌레몬서 1:4-6)

변화 프로젝트

8단계: 믿음과 회개로 나아갈 전략은 무엇인가?

악한 욕망을 부추기는 것들을 피하기 위해 무엇을 해야 하겠는가?
당신의 변화 프로젝트를 생각해 보라.
- 당신은 주로 어느 장소에서 그 죄를 짓거나 부정적인 감정을 느끼는가?
- 주로 언제 그런가?
- 주로 어떤 사람들과 그런가?
- 당신은 배고픔, 분노, 외로움, 피곤함을 느낄 때 유혹에 더 약한 편인가?

유혹을 줄이기 위해 구체적으로 무엇을 해야 한다고 생각하는가?

악한 욕망을 부추기지 않기 위해서 무엇을 해야 하겠는가?
당신의 변화 프로젝트를 생각해 보라.
- 어떤 장면, 영화, 텔레비전, 책, 잡지 등이 악한 욕망을 부추기는가?
- 어떤 사람들이 악한 욕망을 부추기는가?
- 어떤 일들이 악한 욕망을 부추기는가?
- 당신의 행동과 감정 뒤에 숨어 있는 거짓말을 생각해 보라(5장에서 한 당신의 대답을 참고하라). 언제 그런 거짓말에 귀를 기울이는가?

악한 욕망을 부추기지 않기 위해 구체적으로 무엇을 해야 하겠는가?

어떤 일과 상황이 당신의 악한 욕망을 부추기는지 잘 모르겠다면, 고린도전서 6:12과 10:23-24의 말씀을 토대로 다음의 질문에 대답해 보라.
- 이 행동은 옳고 유익한가? 이 일은 내가 예수님을 닮는 데 도움을 주는가?
- 이 일이 나를 지배하고 있는가? 이 일에 마음을 빼앗길 위험은 없는가?

- 이 일은 다른 사람들에게 유익한가? 다른 그리스도인들을 시험에 들게 하지는 않는가?

당신의 믿음을 강화하기 위해 무엇을 해야 하겠는가?
당신은 '은혜의 도구들'을 잘 이용하고 있는가? 더 열심히 해야 할 일은 무엇인가? 은혜의 도구로 믿음을 강화하기 위해 새롭게 시작하거나 이전과 다르게 행할 방안들을 구체적으로 다섯 가지만 적어 보라.

믿음과 회개를 북돋우기 위한 당신의 전략을 요약해서 적어 보라.

9단계

공동체가 왜 중요한가?

스티븐은 수없이 많은 기회를 그냥 흘려보냈다. 하지만 오늘은 달랐다. 자신도 놀랄 정도로 각오가 대단했다. 그는 사람들에게 할 말이 있다고 재빨리 이야기했다. 더 이상 회피할 수 없는 상황을 만들어 버린 것이다. 탁자에 둘러앉아 기도 모임을 하던 네 사람은 일제히 스티븐을 쳐다보았다. 스티븐은 숨을 한 번 크게 들이쉰 후 자신의 죄를 그들 앞에 털어놓았다. **수년간** 아무도 몰래 지어 오던 은밀한 죄를….

그 순간이 스티븐 인생의 전환점이었다. 3년이 지났지만 그때의 기억이 지금도 뇌리에서 떠나지 않는다. 지난 3년은 스티븐에게 자유와 기쁨과 성숙의 시간이었다.

우리의 변화 사역을 담당하고 계신 하나님은 우리를 변화의 공동체 속에 집어넣으신다. 교회는 믿음과 회개를 북돋우는 은혜의 도구다. 또한 다른 은혜의 도구들을 사용할 수 있는 매개가 되기도 한다. 나는 지금 거룩함에 관한 책을 한 권 들고 있다. 그 책의 표지에는 한 남자가 혼자서 바닷가를 거니는 사진이 있다. 마치 거룩함이 하나님과 나 사이의 문제라고 말하는 듯하다. 하지만 성경에서 말하는 변화는 결코 개인 작업이 아니다. 변화는 공동 작업이다.

변화의 공동체

에베소서 4장에서 바울은 교회를 변화의 공동체라고 말한다. 사명에 합당하게 살라고 충고하며 2장과 3장에 걸쳐 그 사명이 무엇인지도 설명한다. 우리는 예수님의 구원으로 말미암아 하나님 안에 거하게 되었고(2:22) 그분의 지혜를 보여 주는 진열장이 되었다(3:10). 당신이 다니는 지역교회는 하나님의 거처이자 하나님을 보여 주는 진열장이다. 그 말을 풀어 보면, **변화는 결국 공동체 프로젝트다.**

변화는 공동체 차원의 과정

그 이유는 변화가 개인적 차원만이 아니라 공동체적 차원의 과정이기 때문이다. 사도 바울이 말하는 성숙은 그리스도의 몸 전체의 성숙을 의미한다(4:12-13). 그리스도인 공동체가 다 함께 하나님의 지혜를 보여 주는 것을 의미한 것이다. 하나님은 개인 전도만이 아니라 성도들의 삶과 서로 사랑하는 모습을 통해서 세상에 전파된다(요 13:34-35 ; 17:20-23). 따라서 바울은 연합된 공동체가 되라고 충고했다(4:2-6). 우리의 목표는 머리 되시는 그리스도에게까지 자라나는 것이다(15절).

어린이 동화책 중에는 사람의 신체부위를 나눠 알맞은 자리에 붙여 넣게끔 만들어진 책이 있다. 신체부위를 엉뚱한 위치에 붙여 놓으면 재미있는 놀이를 할 수 있다. 사도 바울은 교회가 몸이고 머리가 예수 그리스도라고 말했다. 우리가 할 일은 몸을 변화시켜 머리와 어울리게 하는 것이다. 그러나 우리 스스로는 그리스도의 몸이 될 수 없다. 혼자서 성숙할 수 없기에 변화는 공동 작업이 되어야 한다.

그 말은 곧, 개인의 죄가 공동체 전체의 문제가 된다는 뜻이기도 하다. 나의 죄는 공동체 전체의 성숙을 방해한다. 그리스도의 몸으로서 함께 성숙해 가는 데 방해가 된다. 나의 죄는 공동체 모두에게 영향을 준다. 개인적이고 은밀한 죄도 마찬가지다. 아간이 여리고 전투에서 전리품을 훔친 것을 아무도 알지 못했지만 그 죄로 인해 이스라엘 백성은 전쟁에서 패배했다(수 7장). 나의 죄는 하나님이 주신 사명을 그분의 방법대로 완수할 수 없게 만든다. 교회가 머리 되신 그리스도를 영화롭게 하지 못하게 된다는 뜻이다.

공동체는 하나님이 주신 최적의 환경

그리스도인의 공동체인 교회는 변화를 위한 최적의 환경을 갖추고 있다. 그 이유는 **하나님**이 조성하신 환경이라서 그렇다. 어떤 치료실이나 상담실이나 수양회보다 더 훌륭한 변화의 산실이다. "모든 성도와 함께" 그리스도의 사랑을 깨달을 수 있고(엡 3:18), 주님이 교회에 주신 은사들을 통해 다 함께 성장할 수 있다(4:7-13).

성숙한 그리스도인은 어떤 모습일까? 예수님 같은 모습이다(4:13, 15). 교회가 갖는 장점 중 하나는 예수님다운 행동의 본을 볼 수 있다는 것이다. 물론 어느 누구도 완벽하게 예수님 같을 수 없다. 하지만 하나님과의 동행이 무엇인지 다른 성도들을 보면서 깨닫게 된다. 죄와 씨름하며 믿음으로 주께 나아가고 성장하는 모습을 통해 서로 배울 수 있다.

우리 교회에는 하나님이 일주일간 어떤 일을 행하셨는지 교인들 앞에서 간증하는 시간이 있다. 그러면 기도 응답을 받은 사람, 성경 말씀으로 위안을 받은 사람, 전도할 기회를 얻은 사람, 유혹을 물리치는 데 도움을 받은 사람들의 이야기가 이어진다. 그런 이야기를 들으면 살아 계셔서 우리 가운데 역사하시는 하나님을 더 깊이 신뢰하게 된다.

예수님이 승천하신 후 성령을 보내신 이유 중 하나는 각 성도에게 특별한 은

사를 주시기 위해서였다. 은사들을 활용해서 교회 공동체를 유익하게 하려는 것이었다(4:7). 성도들이 받은 은사들은 모두 중요했다. "온 몸은 머리이신 그리스도께 속해 있으며, 몸에 갖추어져 있는 각 마디를 통하여 연결되고 결합됩니다. **각 지체가 그 맡은 분량대로** 활동함을 따라 몸이 자라나며 사랑 안에서 몸이 건설됩니다"(엡 4:16). 하나님의 집을 짓기 위해서는 모든 사람이 제 몫을 감당해야 한다. 건강하고 성장하는 교회를 만들려면 서로가 필요하다. 당신에게는 다른 성도들이 필요하고 다른 성도들에게는 당신이 필요하다. 당신은 다른 사람들이 변화되도록 도와야 한다. 또한 다른 사람들이 당신의 변화를 돕도록 해야 한다.

함께 그리스도를 높이고 아름다운 화음을 이루어 서로서로 위로하도록 하자(고후 1:3-7). 우리가 체험한 각양각색의 은혜는 모두를 위한 풍부한 자산이다. 게다가 교회 공동체는 개인의 능력을 능가하는, 집단으로서의 강력한 힘을 갖고 있다. 나 혼자 진리를 붙잡고 있을 때 누군가 바통을 이어받을 것이다. 우리는 예수님을 찬양하는 합창단과 같다. 어느 누구도 혼자 부를 수 없다.

사도 바울은 하나님의 말씀을 선포하고 설명하고 적용하는 은사를 특히 강조했다(4:11). 성경 말씀이 진리의 원천이며 죄 뒤에 숨은 거짓말을 폭로하기 때문이다. 그런 은사를 가진 사람들이 교회 안에서 직접적으로 섬기지 않았다는 사실에 주목하기 바란다. 그들은 하나님의 백성이 주님을 섬길 수 있도록 준비시키는 일을 했다(4:11-12). 모든 하나님의 백성은 그리스도의 몸을 함께 이루어 나간다.¹¹ 서로를 위해 일하면서 성숙해지고 그리스도를 닮아 가는 것이다.

"그리스도의 지휘에 따라 온 몸이 서로 완전히 어울린다"(4:16, 현대인의성경)고 사도 바울은 말했다. 당신의 교회는 중구난방으로 모인 집단이 아니다. 하나님이 한 사람 한 사람을 특별히 선택해서 서로 완벽하게 맞도록 모아 주셨다. 당신이라면 다른 사람을 선택했을지 모르지만, 하나님은 당신의 변화를 돕기 위해 바로 그 사람들을 당신의 삶에 보내 주셨다. 그 구절을 이야기할 때 내 친구 매트는 재치 있는 농담을 했다. "우리 교회 교인에게 감사의 의미로 훈장을 주어야겠네요."

사도 바울은 결코 이상적인 교회의 이상적인 교인들을 의미한 게 아니다. 현실 속 교회의 현실 속 교인들을 말한 것이다. 바로 **당신의** 교회에 대해 말한 것이다. 그러므로 "이론은 훌륭하지만 우리 교회는 절대로 그렇게 되지 못할 거야"라고 말하지 말라. 하나님은 교인들을 당신 교회에 보내 주셔서 당신을 돕게 하시고 당신도 그들을 돕게 하신다. 만일 당신의 교회가 바람직한 모습이 아니라면 지금부터 변화시키려고 노력하라. 고민을 털어놓고 사랑 안에서 진리를 말하라.

에베소서 4:31은 이렇게 말한다. "모든 악독과 격정과 분노와 소란과 욕설은 모든 악의와 함께 내버리십시오." 이 구절에서 언급된 행동들에는 두 가지 공통점이 있다. 첫째로 모두 다른 사람들과 연관된 행동이라는 것이고, 둘째로 자신의 악한 욕망이 좌절되거나 위협을 받을 때 나타나는 증상이라는 것이다. 우리는 악한 욕망을 쉽사리 제어하지 못한다. 그러다가 타인에 의해 좌절되거나 위협을 받게 되면 원망과 분노와 다툼과 욕설로 반응한다. 공동체 안에서 살다 보면 당신의 우상은 무참히 짓밟힐 것이다. 사람들은 당신의 약점을 건드릴 것이다. 화가 머리 꼭대기까지 올라오게 만들 것이다. 우리가 분노와 비난 등으로 대응하는 그때가 우리 안의 우상들이 드러나는 절호의 기회다.

하나님은 당신과 성격이 다른 다양한 사람들을 사용해 당신의 마음을 변화시키신다. 당신을 힘들게 하고 괴롭히는 죄인들을 사용하신다. 서로 부딪히며 모난 곳을 깎아 내기 위해서다. 하나님이 돌멩이인 우리를 상자에 집어넣고 마구 흔들어 부딪히게 하는 모습을 연상해 보라. 경우에 따라서는 강렬한 불꽃이 튀기도 하겠지만 서서히 예쁘고 동글동글한 보석이 되어 갈 것이다. 앞으로 당신의 신경을 곤두서게 하는 사람이 있으면 하나님이 당신을 매끄럽게 다듬고 계심을 기억하기 바란다. 사랑의 하나님이 그 사람을 당신에게 보내신 이유는 당신을 거룩하게 만들려는 것이다. 싱클레어 퍼거슨은 이렇게 말했다. "교회는 영적인 도움을 받는 공동체일 뿐만 아니라 파묻힌 문제를 밖으로 드러내 치료를 받게 하는 공동체다.…때로는 예기치 못한 마음의 문제들이 밖으로 불거져 나오기도 한다."[2]

진리의 공동체

어떻게 하면 그리스도를 닮은 성숙한 사람이 될 수 있을까? "하나님의 아들을 믿는 일과 아는 일"(4:13)에 더 자라가면 된다. 미성숙함이란 "인간의 속임수나, 간교한 술수에 빠져서, **온갖 교훈의 풍조**에 흔들리거나, 이리저리 밀려다니는"(4:14) 것이다. 세상과 육체와 사탄은 우리 귀에 그럴듯한 거짓말을 속삭인다. 성숙한 사람은 그 말에 "하나님은 그런 분이 아니야. 나는 그렇게 생각하거나 행동하지 않을 거야"라고 말할 수 있는 사람이다.

우리는 사랑으로 진리를 말함으로써 더욱 성숙해진다(4:15). 그러므로 말은 언제나 신중해야 한다. "나쁜 말은 입 밖에 내지 말고, 덕을 세우는 데에 필요한 말이 있으면, 적절한 때에 해서, 듣는 사람에게 은혜가 되게 하십시오"(4:29). 교회는 진리 안에서 서로 격려하고 위로하고 충고하고 상담하고 칭찬하고 돌보는 공동체가 되어야 한다. **모든 사람이 서로에게** 진리를 말하는 공동체가 되어야 한다.

에베소서 4:17-24에서 사도 바울은 사랑 안에서 진리를 말하는 것이 왜 변화의 핵심인지 설명했다. 17-19절을 보면 악한 행실과 부정적인 감정의 근본 원인이 허망한 생각, 어두워진 지각, 무지, 완고한 마음, 탐욕, 지속적인 음란함이라고 했다. 즉, 하나님의 말씀을 믿지 않고 거짓말을 믿으며(5장) 하나님을 숭배하지 않고 우상을 숭배한다는 뜻이다(6장).

> 그러나 여러분은 그리스도를 그렇게 배우지는 않았습니다. 여러분이 예수 안에 있는 진리대로 그분에 관하여 듣고, 또 그분 안에서 가르침을 받았으면, 여러분은 지난날의 생활 방식대로 허망한 욕정을 따라 살다가 썩어 없어질 그 옛 사람을 벗어 버리고, 마음의 영을 새롭게 하여, 하나님의 형상을 따라 참 의로움과 참 거룩함으로 지으심을 받은 새 사람을 입으십시오. (엡 4:20-24)

우리를 변화시키는 것은 진리다. "여러분이 예수 안에 있는 진리대로 그분에 관해서 듣고, 또 그분 안에서 가르침을 받았으면…마음의 영을 새롭게 하여." 문제는 바로 그 "허망한 욕정"(4:22)이다. 하나님보다 더 좋은 것을 줄 것 같은, 그러나 실제로는 우리를 구속하는 허망한 욕정이 진짜 문제다. 해결책은 "예수 안에 있는 진리"다. 예수님의 진리가 하나님에 대한 새로운 갈망을 심어 줌으로써 우리를 자유롭게 한다.

사도 바울은 교회들을 향해 이렇게 권고했다. "그러므로 여러분은 거짓을 버리고, 각각 자기 이웃과 더불어 참된 말을 하십시오. 우리는 서로 한몸의 지체들입니다"(4:25). 단순히 '허풍 떨지 말라'는 얘기가 아니다. '옛 사람'을 벗어 버리듯이 거짓을 '벗어 버리라'는 말이다(4:22). 우리는 악한 욕망으로 인도하는 악의에 찬 거짓말을 중단해야 한다. 살면서 그런 말을 얼마나 많이 하는가? 남이 허망한 욕구를 가져오면 우리는 그것을 만지작거린다. 누군가 "우리 사장 때문에 미치겠어!"라고 하면 "너희 사장 정말 너무했다. 나라도 돌아 버렸을 거야"라고 응수한다. 누군가 불만불평을 늘어놓으면 우리도 거기에 합류한다. 누군가 탐나는 것들을 이야기하면 우리도 그것의 가치를 치켜세운다. 결국은 "그래, 그것은 숭배할 가치가 있는 우상이야"라고 말해 주는 셈이다. 그러나 우리는 "예수 안에 있는 진리"를 이야기해야 한다. 예수님을 통해 드러난 하나님의 사랑과 은혜만을 서로에게 상기시키자.

한때 우리는 악한 욕망의 지배를 받았지만 이제는 새로운 욕구를 지닌 새로운 피조물이 되었다. 한때는 사탄의 다스림 아래 있었지만 이제는 성령의 다스림 아래 있다. 한때는 세상의 소리를 들었지만 이제는 그리스도인 공동체의 소리를 듣고 있다.

"서로 마음을 써서 사랑과 선한 일을 하도록 격려합시다. 어떤 사람들의 습관처럼, 우리는 모이기를 그만하지 말고, 서로 격려하여 그날이 가까워 오는 것을 볼수록, 더욱 힘써 모입시다"(히 10:24-25). 우리는 서로를 격려하기 위해, 그리고 하나님의 존귀함을 **서로에게** 각인시키기 위해 모여야 한다. 시와 찬미와 신령한 노래로 **서로** 화답해야 한다(엡 5:19-20). 모일 때마다 하나님의 선하심과 위대하심을 기억하며 더 이상 우상을 숭배하지 말고 "가슴으로 주님께 노래하며, 찬송"해야 한다.

주일 예배에 참석하는 것만으로는 이러한 일들이 일어날 수 없다. 서로 함께 삶을 나누는 일이 필요하다. 세상과 육체와 사탄은 끊임없이 악한 욕망을 자극한다. 우리에게는 날마다 진리가 필요하다. "형제자매 여러분, 여러분 가운데에 믿지 않는 악한 마음을 품고서, 살아 계신 하나님을 떠나는 사람이 아무도 없도록, 여러분은 조심하십시오. '오늘'이라고 하는 그날그날, 서로 권면하여, 아무도 죄의 유혹에 빠져 완고하게 되지 않도록 하십시오"(히 3:12-13). 우리는 날마다 서로를 권면해야 한다. 우리의 마음은 불신하게 하고 완고하게 하고 속이는 죄의 위험 속에서 날마다 흔들린다. 그렇기 때문에 날마다 진리를 말해 줄 사람들이 필요하다.

이렇게 말하는 사람들도 있다. "다른 성도들을 지팡이 삼아 기대세요." 미안하지만 그런 감상적인 말은 서양의 개인주의 사상에서 나온 것이다. 성경을 왜

지팡이라고 말하지 않을까? 홀로 독방에 들어가 봐야 하나님 한 분이면 충분하다는 사실을 깨닫게 될 것이다. 하나님은 우리에게 성경과 기독교 공동체를 주시고 서로 인내하면서 성장하도록 하셨다. 그러나 특정한 사람들을 의존하는 것은 경계해야 한다. 구주의 대역은 필요 없다. 예수님이 구주시니 그분에게로 이끌어야 한다. 어느 누구도 우리 문제를 해결해 주거나 언제 주님께 나아가라고 지시할 수 없다. 하나님이 공동체를 허락하신 이유는 예수님을 대신하기 위해서가 아니다. 예수님을 가리키는 지시봉이 되게 하기 위해서다. 우리가 서로에게 말해야 할 진리는 "예수 안에 있는 진리"(21절)다.

   사도 바울은 사랑 안에서 진리를 말하라고 했다. 사랑 없이 진리를 말하는 것은 돌팔이 의사에게 심장 수술을 받는 격이고, 사랑 안에서 진리를 말하는 것은 전문의에게 심장 수술을 받는 격이다. 진리는 사랑의 관계에서 더 효과적으로 전달된다. 또한 입으로만 진리를 전해서도 안 된다. 삶과 일치된 진리를 전해야 한다. "지금까지 하나님을 본 사람은 없습니다. 그러나 우리가 서로 사랑하면, 하나님이 우리 가운데 계시고, 또 하나님의 사랑이 우리 가운데서 완성된 것입니다"(요일 4:12). 우리가 하는 행동은 보이지 않는 하나님을 서로에게 보여 준다. 예수 그리스도 안에서 우리를 용서하신 하나님같이 우리도 서로를 용서해야 하고(엡 4:32), 예수님이 우리를 사랑하신 것같이 우리도 서로 사랑해야 한다(5:2). 역경의 순간에 교인들이 음식을 만들어 주거나 손을 잡아 주어 큰 위로가 되었다고 말하는 사람들이 많다. 고통의 순간에 자신을 위로하시는 하나님을 보게 된 것이다.

   사람들에게 진리를 전하는 한 가지 방법은 우리 삶에서 진리가 어떤 영향을 미쳤는지 이야기해 주는 것이다. 그럼으로써 진리가 '내 것'이 되고 현대인의 삶 속에 어떻게 적용되는지를 깨우치게 된다.

회개의 공동체

그리스도인의 공동체는 죄 고백, 돌봄, 격려, 책망의 공동체다. 그래서 서로에게 회개하기를 권면한다.

네 형제가 [너에게] 죄를 짓거든, 가서, 단 둘이 있는 자리에서 그에게 충고하여라. 그가 너의 말을 들으면, 너는 그 형제를 얻은 것이다. 그러나 듣지 않거든, 한두 사람을 더 데리고 가거라. 그가 하는 모든 말을, 두세 증인의 입을 빌어서 확정지으려는 것이다. 그러나 그 형제가 그들의 말도 듣지 않거든, 교회에 말하여라. 교회의 말조차 듣지 않거든, 그를 이방 사람이나 세리와 같이 여겨라. (마 18:15-17)

형제자매 여러분, 어떤 사람이 어떤 죄에 빠진 일이 드러나면, 성령의 인도하심을 따라 사는 사람인 여러분은 온유한 마음으로 그런 사람을 바로잡아 주고, 자기 스스로를 살펴서, 유혹에 빠지지 않도록 조심하십시오. 여러분은 서로 남의 짐을 져 주십시오. 그렇게 하면 여러분이 그리스도의 법을 성취하실 것입니다. (갈 6:1-2)

우리는 서로를 꾸짖고 잘못을 지적해야 한다(롬 15:14; 골 1:28; 3:16; 살전 5:14; 딤후 4:2; 딛 2:15). 그것만이 서로에게 진리를 말하는 유일한 방법은 아니지만 아주 중요한 방법이다. 사람들은 이것을 소홀히 여긴다. 단도직입적으로 남의 잘못을 지적하면 서로 난처해지기 때문에 망설이게 된다. 대부분의 문화권에서는 상대의 체면을 손상하는 일을 금기시하기도 한다. 그러나 사도 바울은 에베소의 장로들에게 이렇게 말했다. "그러므로 여러분은 깨어 있어서, 내가 삼 년 동안 밤낮 쉬지 않고 각 사람을 눈물로 훈계하던 것을 기억하십시오"(행 20:31). 바울은 에베소 장로들이 자신이 했던 대로 동일하게 서로 훈계하기 바랐다. 잠언 역시 그것을 진정한 사랑의 행위라고 말한다.

> 거짓말을 하는 혀는 흠 없는 사람의 원수이며,
>   아첨하는 사람은 자기의 신세를 망친다.…
> 드러내 놓고 꾸짖는 것이,
>   숨은 사랑보다 낫다.
> 친구의 책망은 아파도 진심에서 나오지만,
>   원수의 입맞춤은 거짓에서 나온다.…
> 향유와 향료가 마음을 즐겁게 하듯이,
>   친구의 다정한 충고가 그와 같다.…
> 쇠붙이는 쇠붙이로 쳐야 날이 날카롭게 서듯이,
>   사람도 친구와 부대껴야 지혜가 예리해진다.
>
> (잠 26:28; 27:5-6, 9, 17)

문제는 서로의 잘못을 '제대로' 꾸짖지 못한다는 것이다. 꾸짖는 순간에 위기감이 조성되고 관계가 불편해지며 싸움으로까지 번진다. 경우에 따라서는 그런 상황도 필요할지 모른다. 그러나 잘못을 지적하는 것이 서로를 단련하는 일상적인 일이 된다면 그런 불상사는 얼마든지 피할 수 있다. 나에게는 이따금씩 신앙생활을 잘 하느냐고 물어보면서 잘못을 지적해 주고 어떤 유혹을 받는지 점검해 주는 사람이 필요하다. 사무엘은 종종 "지금 네가 받고 싶지 않은 질문이 뭐지?"라고 물어봐 주는 좋은 친구다.

어떤 죄들은 비밀을 먹고 자라난다. 주로 스트레스를 받거나 압박감을 느낄 때 그런 죄를 짓게 된다. 성적인 공상, 음란물 탐닉, 충동성 폭식, 중독 등이 그렇다. 아울러 원망이나 시기, 질투, 불만 등 생각 속에서 짓는 죄들도 포함된다. 우리는 그런 죄들을 숨기는 데 사력을 다한다. 하지만 숨기면 숨길수록 더 커진다. 충동적으로 폭식을 하고 나면 다음에는 폭식을 했다는 것 때문에 자신에게 혐오감을 느낀다. 살아가는 데 자신이 없는 사람은 컴퓨터 게임 속에서 영웅이 되려고 한다. 하지만 가상 세계에 빠져들면 현실의 삶이 더 어려워진다. 죄가 탄로 날까 봐 두려워하는 사람은 그리스도인 공동체에서 멀어지려 한다. 아니면 안 그런 척 가장을 한다. 하지만 회피와 가장은 공동체가 줄 수 있는 도움에서 점점 멀어지게 할 뿐이다.

교회를 다니면서 터득한 사실이 있다. 은밀한 죄들을 사람들에게 알려야 변화를 받을 수 있다는 것이다. 물론 쉽지 않은 일이다. 하지만 다른 그리스도인에게 죄를 털어놓는 일은 변화를 위한 디딤돌이다. 이 사람 저 사람에게 돌아가며 말하라는 얘기가 아니라, 정말로 신뢰하는 사람에게 털어놓으라는 얘기다.

당신에게 와서 은밀한 죄를 고백하는 사람이 있으면 어떻게 해야 할까? 그때는 사랑으로 진리를 말하라. 그가 지은 죄를 이해한다든지, 별것 아니라는 식으로 말하지 말라. 어차피 그런 말은 아무런 위로도 되지 못한다. 거짓말이기 때문이다. 위로는 은혜를 이야기해 줄 때에만 가능하다. 먼저 그가 지은 죄를 회개하게 하고, 그다음 하나님의 용서를 믿음으로 받아들이게 하라. "당신은 죄를 지었지만 그리스도께서 당신의 죄를 담당하셨습니다. 당신은 하나님의 심판을 받아 마땅하지만 그리스도께서 당신의 심판을 당해 주셨습니다"라고 말하라. 그 말이야말로 참된 위로가 될 것이다. 또한 지속적인 사랑과 용납으로 하나님이 그를 용서하셨음을 보여 주라. 아울러 하나님은 그가 변화되기 원하신다는 사실을 강조하라. 할 수 있다면 그로 하여금 죄를 짓게 한 거짓말이나 악한 욕망이 무엇이었는지를 살펴보라. 그러면 그가 어떤 진리를 깨달아야 하는지, 어떤 욕망에서 돌아서야 하는지 알게 될 것이다. 지속적인 관심을 갖고 돌봐 주겠노라고 당신이 먼저 제안하라. 그 말은 곧 그에게 계속 질문을 하겠다는 뜻이다! 가끔씩 그를 만나 어떻게 지내는지, 또다시 죄를 짓지는 않았는지 물어보라. 아주 구체적으로 언제, 어디서, 왜, 어떻게, 얼마나 자주 지었는지를 물어보라. 그러나 무엇보다 예수님의 은혜와 영광을 잊지 않게 하라.

은혜의 공동체

경건한 친교는 아무도 죄인이 되지 못하게 한다. 우리는 다른 사람들과 스스로에게 죄를 숨긴다. 어느 누구도 감히 죄인이 될 수 없다. 그러나 의로워 보였던 사람들 중에 진짜 죄인이 있다는 사실을 알고 충격에 빠지는 그리스도인들이 많다. 우리는 죄와 단 둘이 남아 거짓말과 위선 속에 살아간다. 하지만 사실은 우리 **모두** 죄인이다.[3]

은혜의 공동체가 되어야 회개의 공동체도 이루어진다. 그 말은 자신의 죄와 고민을 정직하고 투명하게 드러내라는 뜻이다. 서로를 있는 모습 그대로 보고 예수님이 그러셨듯이 우리도 서로를 용납해야 한다. 예수님이 죄인을 환영했듯이 우리도 죄인을 환영해야 세상에 은혜의 본보기가 될 수 있다. 풀어서 말하자면, 훌륭한 신앙인인 척 가장하지 말라는 것이다. 우리 모두는 순간순간 주님의 은혜로 살아가는 죄인들이다. 그런 모습을 진솔하게 드러내야 한다. 그리스도인 공동체는 부족하고 죄 많은 자들이 모인 불완전한 공동체다. 나의 블로그에 올렸던 글 한 편을 소개하겠다.

최근에 어떤 사람이 내게 잘 지내느냐고 물었다. 사실 '그렇다, 아니다'('좋다, 나쁘다') 대답할 수가 없었다. 우리 교회는 모든 게 엉망이다. 교인들은 온갖 문제에 빠져 있다. 그중 많은 문제가 도마 위에 올라 있다. 당신 교회의 교인이 술집에서 만취 상태로 쫓겨났어도, 부부들이 헤어지고 싶다고 말해도, 사람들이 우울증에 걸렸다고 털어놔도 괜찮을 수 있겠는가? 하지만 나는 속으로 "네, 잘 지내고 있어요"라고 대답하고 싶었다. 요즘 내 마음을 사로잡고 있는 말씀은 산상수훈의 첫 번째 구절이다. 그 구절을 내 식대로 바꾸어 보았다. "문제 있는 사람들은 복이 있나니 천국이 그들의 것임이요." 하나님의 축복은 문제 있는 사람들 속에서 발견된다. 사람들에게 문제가 있어서 좋다는 얘기가 아니라, 그런 사람들로 이루어진 공동체가 있어서 좋다는 얘기다. 나는 종종 우리 교회를 '문제아들이 이끄는 문제아 집단'이라고 말한다. 목사인 나도 고민을 털어놓는 판이니 맞는 말 아닌가!

그럼 다른 모습은 무엇일까? 한 가지는 교회가 가식의 장이 되는 것이다. 교인들은 문제가 있는데 교회는 그 문제를 드러내게 허용하지 않는다. 이런 교회들은 고상하고 조용하다. 하지만 나는 문제투성이 교회가 더 좋다! 문제투성이라는 것 자체가 은혜를 말해 주는 게 아닐까? 문제가 없는 척 가장하는 이유는 하나님의 은혜를 믿지 못하거나 다른 이들의 용납을 믿을 수 없어서일 테니까.

다음은 내 블로그에 올라온 댓글들이다.

"저는 몇 주 동안 무척 힘들었어요. 교회 사람들이 서로의 끔찍한 단점들을 발견했으니 그 결과가 어찌될지 불안했거든요. 이러다 교회가 산산조각 나는 것은 아닌지…. 고통과 싸움과 불화로 번지는 것은 아닌지…. 아마도 그럴 거라고 생각했어요. 하지만 제가 왜 그걸 두려워해야 하는 거죠? 저는 주님의 복음이 살아 있고 능력이 있다고 믿고 있는 걸까요? 죄인들이 모인 교회에서 하나님의 약속이 성취될 거라고 믿고 있는 걸까요? 아니면 하나님은 특정한 사람들, 특히 자기 의에 가득 찬 사람들만 다루신다고 믿고 있는 걸까요?"

"교회가 점점 수도원 같은 공동체가 되어 가고 있습니다. 사람들은 가면을 쓰고 진실을 이야기하지 않아요.…그게 더 쉽기는 하겠지만, 더 이상 그렇게 살고 싶지는 않네요."

"교회에서 교역자를 구한다는 광고를 보면 '문제투성이 교회'는 하나도 없고 전부 다 '기쁨과 은혜가 충만한 교회'뿐입니다. 그냥 이렇게 광고를 하면 어떨까요? '문제투성이 교인들과 골치 아픈 관계를 맺으며 부족한 교회에서 섬길 교역자를 구합니다.'"

"문제투성이 교회라는 표현이 딱 적절한 것 같네요. 어디를 보아도 온통 고민과 상처를 안고 살아가는 사람들뿐이니까요. 저는 고상하고 조용한 교회가 싫지만 그렇다고 문제투성이 교회도 다니기가 힘들어요. 예수님이 이런 교회들을 어떻게 사랑하시는지 그저 놀라울 따름입니다."

요한복음 4장에 보면 예수님이 정오 무렵에 물 길러 나온 사마리아 여인과 만나는 장면이 나온다. 노엘 코워드(Noel Coward)의 노래 중에는 "미친개와 영국인들만 정오에 밖으로 나온다"라는 가사가 있다. 보통은 더위를 피해 아침 일찍 물을 길러 나오는데, 사마리아 여인은 마을 사람들 보기가 창피해서 뜨거운 정오에 물을 길러 나왔다. 그런 그녀가 예수님을 만나고 나서 달라졌다. 마을 사람들에게 달려가 "내가 한 일을 모두 알아맞힌 분이 계십니다. 와서 보십시오!"라고 소리쳤다. 사마리아 여인에게 좋은 소식이란 자신이 한 일을 모두 알고 있으면서도 여전히 생수를 주겠다는 말씀이었다! 여인은 더 이상 숨길 필요가 없었다. 마을 사람들을 예수께로 이끈 것도 바로 그 간증이었다. 우리는 서로에게 죄를 고백해야 한다. 더 이상 숨길 필요가 없다. 은혜는 우리를 자유롭게 한다.

우리는 왜 변화되기 위해서 서로의 도움이 받으려고 하지 않는 걸까? 왜 다른 사람에게 죄를 털어놓지 못하는 걸까? 왜 관계 맺기 힘든 사람들을 피하는 걸까? 물론 여러 이유가 있을 것이다. 너무 바빠서, 자존심이 강해서, 두려워서, 이기적이어서 등등. 하지만 우리를 변화시키기 위해 공동체를 주셨다는 사실을 진심으로 믿는다면 우선적으로 공동체 안에 거해야 한다.

되돌아보기

다음은 교회에서 서로서로 해야 할 일과 하지 말아야 할 일을 언급한 신약의 내용을 정리한 것이다.

- 서로 화목하고 용서하고 인정하고 겸손하고 용납하고 참고 거룩한 입맞춤으로 문안하라.
- 서로 비난하거나 거짓말하거나 불평하지 말라.
- 서로를 대접하라.
- 서로 자신의 죄를 고백하라.
- 서로 돌보고 배려하고 헌신하고 섬기고 잘 대해 주라.
- 서로 가르치고 타이르라.
- 서로 훈계하고 칭찬하고 권면하라.
- 서로 위로하고 격려하라.[4]

당신은 어떤 것들을 잘하고 어떤 것들을 잘 못하는가?
당신의 교회는 어떤 것들을 잘하고 어떤 것들을 잘 못하는가?
'서로에게' 하지 못하는 이유는 무엇인가?

변화 프로젝트

9단계: 공동체가 왜 중요한가?

당신의 변화에 도움이 되는 사람들은 누구인가?
당신은 어떻게 다른 사람의 변화를 도울 수 있는가?
변화로 이끄는 관계를 맺지 못하는 이유는 무엇인가?

- "나는 너무 바쁘다" — 당신은 무엇을 위해 바쁘게 살고 있는가? 성공하기 위해? 최고가 되기 위해? 자신의 가치를 입증하기 위해? 행복한 삶을 위해? 사람들의 인정을 받기 위해?
- "나는 도움이 필요 없다" — 당신은 이런 생각을 하고 있는가? "남에게 폐를 끼치기도 싫고 남을 의존하기도 싫다."
- "무슨 일이 생길지 두렵다" — 당신이 사람들과 친해지려고 하지 않는 이유는 무엇인가? 그들이 당신의 약점을 알아내거나, 잘못을 들추거나, 마음을 상하게 할까 봐 두렵기 때문인가?
- "내 문제만으로도 골치 아프다" — 당신은 다른 그리스도인들이 무엇을 해주기만 바라는 편인가? 그들과 대화할 때 주로 당신에 대한 이야기만 하는가?

위의 내용 중 당신에게 해당하는 것은 무엇인가? 당신이 하나님께 어떤 태도를 갖고 있는지 알겠는가? 그 뒤에 숨은 거짓말들은 무엇인가? 당신이 새겨야 할 진리를 무엇인가?

당신의 교회는 은혜의 공동체인가?

- 교인들이 자신의 죄를 고백하는가, 아니면 의로운 척하는 분위기인가?
- 교인들의 삶은 문제투성이인가, 아니면 아무 문제도 없어 보이는가?
- 문제 많은 불신자들이 당신의 교회에 호감을 느끼는가?

- 사람들 간의 갈등과 불화가 겉으로 드러나는가, 아니면 억눌려 있는가?
- 서로 용서하고 화해하려고 노력하는가?
- 교인들 간의 대화와 기도와 찬양에서 십자가를 지속적으로 상기하는가?

그리스도인들과의 관계를 통해 변화되려면 어떻게 해야 하는가? 당신이 변화하는 데 도움이 안 되는 그리스도인들이 있는가? 당신이 솔선수범을 해야 서로의 변화에 도움을 줄 수 있다고 생각하는가? 예를 들면 당신이 먼저,

- 현재 씨름하고 있는 죄들을 이야기한다.
- 같이 성경을 읽고 기도하자고 제안한다.
- 그들의 신앙생활과 변화의 계획을 물어본다.
- 유혹을 느낄 때 그들에게 전화한다.

악한 욕망을 부추기는 상황을 피하기 위해 당신이 도울 수 있는, 혹은 당신 자신이 도움을 받을 수 있는 실제적인 방법을 생각해 보라. 예를 들면,

- 특정한 장소에서 도움을 받는다.

  내게는 알코올 중독 치료를 받고 있는 친구가 한 명 있다. 그 친구가 술집에서 축구 경기를 시청하고 싶어 할 때는 반드시 누군가 함께 동행해 준다.

- 특정한 때에 도움을 받는다.

  나는 가족들이 나가고 집에 혼자 있을 때 유혹을 많이 받는다. 그럴 때는 일부러 밖에 나가서 다른 사람들을 만나려고 한다.

다른 그리스도인들의 도움을 받기 위해 당신이 계획한 일 한 가지를 적어

보라. 아울러 당신이 다른 그리스도인들을 도와주기 위해 계획한 일 한 가지도 적어 보라.

10단계

날마다 씨름할 준비가 되었는가?

요즘에는 '선택의 자유'라는 말을 많이 한다. 슈퍼마켓, 건강 관리, 성 정체성, 심지어 태아의 목숨까지도 선택의 영역에 포함시킨다. 하지만 기독교적 관점에서 볼 때 선택의 자유는 환상에 불과하다. 인간에게는 선택의 자유가 없다. 악한 본능의 노예가 되어 있기 때문이다. 흰 빵과 갈색 빵, 초코 우유와 딸기 우유 중에서 하나를 선택할 수는 있을지언정, 거룩한 삶을 선택할 수는 없다. 마땅히 되어야 할 사람은 고사하고 자신이 원하는 사람조차 되지 못한다. 인간은 마음을 사로잡고 있는 것에 지배를 받는다. "육신을 따라 사는 사람은 육신에 속한 것을 생각하나"(롬 8:5상).

선택의 자유, 갈등의 자유

예수님은 그런 우리를 해방시켜 주셨다. 하나님을 갈망하는 새로운 욕구를 주심으로써 우리를 자유롭게 하셨다. 여전히 자기가 원하는 대로 하고 싶어 하지만 예수님이 주신 새로운 욕구 덕에 이제는 하나님을 섬기고 싶어 한다. 그것은 우리 마음에 성령을 주셨기에 가능한 일이다. "성령을 따라 사는 사람은 성령에 속한 것을 생각합니다"(롬 8:5하).

자, 이제 그리스도인들은 선택할 수 있다. 예전의 욕망이 그대로 남아 있기는 하지만 성령은 우리 마음에 새로운 욕구를 주셨다. 따라서 날마다 두 가지 욕구 중 하나를 선택해야 한다. 죄를 지으려는 악한 욕구와 하나님을 따르려는 선한 욕구 중 어느 쪽을 선택할 것인가? "주님을 영접하고 구원을 받기 전에는 우리가 하는 선택마다 똑같은 결과를 가져왔다. 결국은 죄를 짓게 되는 것이다. 하지만 새로운 마음을 받은 후에는 두 가지 가능성을 갖게 된다. 죄를 짓든지 죄를 짓지 않든지, 자유롭게 선택할 수 있다."1)

성경은 예전의 욕구와 새로운 욕구 사이의 갈등을 전쟁으로 묘사한다. 그 전쟁이 벌어지는 곳은 우리의 마음이다. "사랑하는 여러분, 나는 나그네와 거류민 같은 여러분에게 권합니다. 영혼을 거슬러 싸우는 육체적 정욕을 멀리하십시오"(벧전 2:11). "육체의 욕망은 성령을 거스르고, 성령이 바라시는 것은 육체를 거스릅니다. 이 둘이 서로 적대관계에 있으므로, 여러분은 자기가 원하는 일을 할 수 없게 됩니다"(갈 5:17). 우리가 죄악의 욕망을 따르려 할 때 성령은 그것을 거스른다. 반면 성령이 주시는 거룩함의 욕구를 따르려 할 때는 악한 욕망이 그것을 거스른다. 정작 우리는 자신이 원하는 것을 제대로 할 수가 없다. 악한 본성이 전심으로 하나님을 따르는 것을 방해하고, 성령이 전심으로 죄를 짓는 것을 방해한다. 그러니 우리 삶이 전쟁일 수밖에! 사도 바울은 이렇게 덧붙였다. "선한 일을 하다가, 낙심하지 맙시다. 지쳐서 넘어지지 아니하면, 때가 이를 때에 거두게 될 것입니다"(갈 6:9). 우리는 자신에게 이렇게 질문해야 한다. "평생토록 날마다 씨름할 준비가 되었는가?"

평생 이어질 날마다의 싸움

변화는 평생의 작업이다

변화는 하루아침에 이루어지지 않는다. 성화는 평생에 걸쳐 점진적으로 진행된다. 단거리 경주가 아니라 마라톤이다. 그리스도인들은 죽는 날까지 변화해야 할 의무가 있다. 죄의 습관과 사고는 금세 바뀌지 않는다. 그것을 단번에 끊어 버리는 비책은 없다. 우리는 이 세상에서 결코 완벽해질 수 없지만, 변화될 수 있고 또 변화되어야 한다.

사도 바울은 에베소서 2:10에서 "우리는 하나님의 작품"이라고 말했다. 호라티우스 보나르가 말했듯이 하나님은 우리를 조각품처럼 예수님의 형상으로 깎고 계시다. 문제는 우리가 대리석 조각이 아니라는 점이다. 대리석을 깎고 다듬어 조각하기는 쉽지만 영혼을 빚는 일은 간단하지 않다. 빚어 가는 도중에 영적이고 육신적인 것들이 무수히 영향을 준다. 그럼에도 불구하고 하나님은 우리의 자유의지를 침범하지 않으면서 평생 동안 실패 없이 우리를 빚어 가신다.[2]

간혹 극적이라고 할 만큼 놀랍게 달라지는 사람들이 있다. 말 그대로 하룻밤 사이에 씨름하던 문제를 해결해 버린다. 하지만 그건 매우 드문 일이다. 또 그런 일이 일어난다 해도 그들에게는 여전히 다른 문제들이 남아 있다. 변화는 보통 더디게 진행되는 지루한 싸움이다. 문제 분석은 순식간에 끝날지 모르나 변화는 천천히 일어난다. 이 두 가지를 혼동하면 안 된다. 죄 뒤에 어떤 거짓말과 욕망이 숨어 있는지를 파악했다고 해서 문제가 해결된 것은 아니다. 다만 어디에서 싸움이 벌어지고 있는지, 어디에 힘을 쏟아야 하는지, 어떤 진리를 믿어야 하는지 알게 되었을 뿐이다. 진리를 믿는 싸움은 이제부터가 시작이다.

변화는 일상적인 일이다

믿음과 회개는 날마다 해야 하는 훈련이다. 믿음으로 악한 욕망을 물리쳤다고 해서 내일도 그러리라는 보장은 없다. 오늘과 내일, 또 그 이후에도 하나님에 대한 믿음으로 악한 욕망을 물리쳤다고 치자. 하지만 특정 사람들에게 인정받고 싶은 욕구가 슬슬 강해지고 있다면 그것이 마음속 우상으로 자리잡을 수 있다. 그럴 때는 사람이 아닌 하나님을 두려워하겠다고 마음을 다잡아야 한다. 하나님이 더 크고 선하신 분임을 기억하는 것은 하루하루, 순간순간 치러야 할 싸움이다. 예수님보다 몸에 걸치는 옷이 더 중요한 사람이 있다고 하자. 궁리 끝에 모든 상점의 멤버십 카드를 없애고 상품 안내서 발송도 중지시켰다. 하지만 가게 진열장 앞을 지나는 순간 마음은 여전히 사고 싶은 충동으로 불타오를 수 있다.

> 복음은 (내 상식으로 볼 때) 어찌나 어리석고 (내 양심으로 볼 때) 어찌나 불미스럽고, (내 소심한 성격으로 볼 때) 어찌나 황당무계한지, 그 말씀을 곧이곧대로 믿는다는 건 날마다 힘겨운 전쟁이다. 간단히 말해, 양심의 꺼림칙함과 마음속 비난과 세상과 사탄의 거짓말을 잠재우기 위해서는 복음의 내용을 날마다 되풀이해서 외는 것밖에는 방법이 없다.3)

호라티우스 보나르는 거룩함의 싸움이 소위 '일상의 작은 일들'에서 시작된다고 말했다.4) 신앙을 위해 생명까지 내놓을 만큼 극단적인 상황에 처하는 사람들은 많지 않다. 목숨 걸고 개종을 하거나 순교를 당하는 사람은 극소수에 불과하다. 그리스도인의 싸움은 오히려 순간순간 사소한 일들에서 일어난다. 즉, 일상의 작은 일들에서 자아를 선택할 것인가, 하나님을 선택할 것인가의 고민인 것이다. 우리는 죽음 앞에서 넘어지는 게 아니라 교통체증 앞에서 넘어진다. 모진 박해에 당당히 맞서는 자신을 상상하지만 날마다 일어나는 악한 욕망에 지배를 받는다. 격렬한 전투에서 승리하기는커녕 날마다의 자질구레한 일들에서 패배한다. 사실은 그 자질구레한 일들이 진짜 싸움이다. 호라티우스 보나르의 말을 들어 보라. "그리스도인의 삶은 위대하다. 진정으로 위대한 삶 중 하나다. 일상의 작은 일들로 이루어졌으나 그 자체는 결코 작은 일이 아니다. 모두 다 진실되게 살아야 한다.…그리스도인의 삶을 통해, 그리고 그 삶에 의해, 하늘의 정사와 권세들에게 다양한 하나님의 지혜를 알려 주기 때문이다"(엡 3:10).[5]

우리는 언제나 전투태세를 취해야 한다. 격렬한 전투가 벌어지는 전쟁터에서 어느 병사가 하루 휴가를 보내기로 결심했다고 해 보자. 햇볕 아래에서 선글라스를 끼고 접이의자에 앉아 신문을 펼쳐 든다 해도 그의 휴식은 오래가지 못할 것이다! "정신을 차리고, 깨어 있으십시오. 여러분의 원수 악마가, 우는 사자같이 삼킬 자를 찾아 두루 다닙니다. 믿음에 굳게 서서, 악마를 맞서 싸우십시오. 여러분도 아는 대로, 세상에 있는 여러분의 형제자매들도 다 같은 고난을 겪고 있습니다"(벧전 5:8-9). 원수들이 호시탐탐 기회를 노리고 있다. 그렇기 때문에 정신을 바짝 차리고 있어야 한다. 존 플라벨은 이렇게 충고했다.

> 마음을 지키는 일은 부단한 노력이다. 마음을 지키는 일은 생명이 다하는 순간까지 절대로 끝나지 않는다. 그리스도인의 삶에서는 그 일을 멈추도록 허용할 만한 순간이나 상황이 있을 수 없다.…다윗과 베드로는 그 일을 몇 분간 쉰 대가로 몇 날 며칠을 고뇌 속에 지내야 했다. 그것은 그리스도인의 삶에서 가장 중요한 일이다.…"내 아들아, 너의 마음을 나에게 주겠니?" 하나님은 우리에게 이렇게 요구하신다.[6]

어느 일본군 병사들이 제2차 세계대전이 끝난 뒤에도 외딴 섬 지역을 계속 지켰다는 놀라운 이야기가 있다. 어떤 연유인지는 몰라도 그들은 전쟁이 끝났다는 소식을 전해 듣지 못했다. 그래서 1950년대까지 그곳에서 임전태세를 취하고 있었다고 한다. 그리스도인들은 그와 정반대의 상황에 놓인 사람들이다. 일부 그리스도인들이 전쟁 소식을 듣지 못했는지 안이하게 행동하지만, 우리는 지금 엄연히 전쟁 중이다.

앞서 나는 믿음으로만 변화될 수 있다고 이야기했다. 하지만 그 믿음은 수동적이거나 소극적인 믿음이 아니다. 웨슬리 교파와 케직 교파에서도 성화의 핵심이 믿음이라는 점을 강조한다. 하지만 방법론에 있어서는 큰 도움이 안 되는 것 같다. 웨슬리 교파에서는 예수님을 영접할 때 '온전한 성화'의 상태가 되므로 그와 유사한 위기의 순간을 찾아보라고 가르친다. 케직 교파는 예수님에게 의존하는 것을 믿음으로 본다. 그 믿음이 '더 높은 차원의 삶'으로 인도하기 때문에 죄가 완전히 근절되지 않아도 성령에 의해 억제된다고 말한다. 지속적인 죄의 구원이 이루어진다는 것이다.[7]

성경에서 말하는 변화는 두 교파의 주장과 큰 차이를 보인다. 먼저, 성화의 믿음이란 날마다 그리스도 안에서 주어진 새로운 정체성을 확인하고 죄보다 하나님을 더 기뻐하는 하나의 반복된 행위다. 위기의 경험을 통해 급속도로 성숙하는 일이 가능하기는 하겠지만 성화는 결국 평생에 거쳐 이루어지는 점진적인 과정이다.

둘째로, 성화의 믿음은 훈련과 노력이 따라야 하는 힘든 일이다. "모든 사람과 더불어 화평하게 지내고, 거룩하게 살기를 힘쓰십시오. 거룩해지지 않고서는, 아무도 주님을 뵙지 못할 것입니다"(히 12:14). 성화의 믿음에는 부단한 노력과 성령의 도움, 하나님의 위대하심과 선하심에 대한 확신, 하나님의 은혜로운 역사가 모두 맞물려 있다. 세상과 육신과 사탄이 거짓말을 속삭일 때 진리만을 믿으려 몸부림치는 것이 성화의 믿음이다. 그런 믿음은 은혜의 도구들로 단련할 때 더욱 강해진다. 고민을 해결해 줄 특별한 경험만 바라며 무작정 하나님을 쳐다보는 수동적인 믿음이 아니다. 수동적인 믿음과 율법주의적 행위는 성화로 가는 지름길이 아니다! 성경적 지름길은 '믿음의 싸움'이다.[8] 믿음을 갖고 성령을 의지하면서 적극적으로 싸워야 한다. 그러한 믿음은 하루에도 수천수만 번씩 의지적 행동을 하게 하고 죄의 거짓말이 아닌 진리를 선택하게 한다. 변화는 날마다 해야 하는 평생의 싸움이다.

평생의 소망

그렇지만 소망을 품을 만한 이유는 충분하다. 사도 바울이 한 말을 들어 보라. "선한 일을 하다가, 낙심하지 맙시다. 지쳐서 넘어지지 아니하면, 때가 이를 때에 거두게 될 것입니다"(갈 6:9). 우리는 언젠가 거룩함을 수확하게 될 것이다. 확실하게 변할 것이다.

나도 변할 수 있다

우리는 변할 수 있다. 그 이유는 간단하다. "나는 그리스도와 함께 십자가에 못 박혔습니다. 이제 살고 있는 것은 내가 아닙니다. 그리스도께서 내 안에서 살고 계십니다"(갈 2:20상). 그리스도는 우리를 묶고 있던 죄에서 해방시켜 주셨다. 이제 죄를 짓는 것은 더 이상 불가피한 일이 아니다. 예전의 악한 본성은 새로운 본성으로 대체되었다. 달라진 삶을 살 수 있게 새로운 욕구를 주셨다. 더 이상 죄는 우리 취향(?)이 아니다. 그리스도의 공로와 성령의 역사로 우리는 반드시 변하게 되어 있다.

그 말은 언제든 변화가 가능하다는 얘기다. 우리가 발을 뺄 수 없는 죄는 이 세상에 없다. 우리 삶에서 변화될 수 없는 부분이란 없다. 당신이 같은 죄를 수년간 되풀이해서 지었다면 변화하기가 쉽지 않을 것이다. 죄는 습관화된다. 행동만 습관화되는 게 아니라 생각도 습관화된다. 그래도 변화는 **여전히** 가능하다.

죄가 습관화되는 것처럼 거룩함도 습관화되기 때문이다. 시간이 갈수록 죄와의 씨름이 적어질 것이다. 날마다 자신에게 진리를 되새기면 사고하는 습관도 바뀐다. 유혹을 거부할 때마다 악한 욕망의 영향력이 차츰 약해진다.

그리스도인들은 성장을 멈추면 안 된다. 대부분의 그리스도인이 처음 주님을 믿고 나서 급성장을 한다. 기쁨과 의욕이 넘치고 하루가 다르게 변화한다. 하지만 시간이 좀 지나고 나면 타성에 젖어 정체기에 들어선다. 사람들 앞에서 짓던 뻔뻔한 죄들은 없어졌지만 별다른 성장도 없다. 그래프로 나타낸다면, 올라가던 선이 꺾여 수평을 이루는 형태다. 행동은 바뀌었으나 마음이 바뀌지 않아서 그렇다. 하지만 그것이 정상은 아니다. 항상 변화가 일어나야 정상이다.

그리스도인 중에는 변하고 있음에도 불구하고 변하지 않는다고 걱정하는 사람들이 있다. 죄의식이 강해지는 것도 성장의 일부다.[9] 하나님의 빛 가운데 나아갈수록 마음속의 더러움이 더욱 선명하게 보인다. 컴퓨터 게임을 잘하면 레벨이 올라가는 것처럼 성화도 마찬가지다. 레벨 1 수준의 죄는 누가 보아도 명백하게 알 수 있다. 그러나 레벨 10 정도가 되면 아주 교묘하고 은밀한 죄까지 의식할 수 있다.

우리는 뒤를 돌아보는 동시에 앞을 바라봐야 한다. 자신이 과거에 어떠했는지를 깨닫고 현재의 변화된 모습에 힘을 얻어야 한다. 또한 앞으로 어떻게 될지를 기대하면서 계속 마음속 죄와 씨름해야 한다. '이미'(already)와 '아직'(not yet) 사이의 줄다리기가 노련하지 못하면 비현실적인 기대를 갖거나 지레 포기할 수 있다.[10]

이 책을 읽으면서 각오를 새롭게 다지고 변화를 시도하는 독자들이 있을 것이다. 그럼에도 불구하고 계속해서 죄에 넘어지는가? 제발 포기하지 말기 바란다. 당신이 반드시 기억해야 할 몇 가지를 요약해 보겠다. 이 중에 당신이 잊고 있는 것이 있는가?

1. 계속해서 십자가를 상기하고, 당신의 죄가 용서받았으며 하나님이 당신을 전적으로 용납하신다는 확신을 갖고 하나님께 가까이 나아가라.
2. 죄가 주는 쾌락과 만족 대신 하나님을 바라보고, 당신을 자유롭게 하는 네 가지 진리, 즉 하나님의 위대하심, 영광, 자비, 사랑을 계속해서 상기하라.
3. 악한 욕망을 자극하거나 부추기는 모든 것들을 끊고 자르고 죽이고 없애라.
4. 신뢰할 만한 다른 그리스도인의 돌봄 아래 당신의 죄를 빛 가운데 드러내라.

위에 요약한 네 가지, 그중에서도 특히 3번과 4번을 거부한다면 당신은 아직도 죄를 좋아하고 있으며 하나님보다 죄를 더 중요시한다는 증거다. 하나님께 나아가 회개하고, 죄의 결과를 생각해 보고, 예수님의 영광을 묵상하고, 죄보다 하나님을 더 사랑하는 마음을 달라고 간구하라.

나는 변화될 것이다

사도 바울은 성령으로 심는 자들이 영생을 거둘 것이라고 말했다. "지쳐서 넘어지지 아니하면, 때가 이를 때에 거두게 될 것입니다"(갈 6:8-9). 변화는 평생에 걸쳐서 일어나지만 기껏해야(?) 평생밖에 걸리지 않는다. 변화도 끝날 때가 온다. 언젠가 우리는 완벽하게 변화되어 영화롭게 될 것이다. 지금은 죄와 씨름하지 않고 지나가는 날이 하루도 없지만 언젠가는 그마저 끝이 날 것이다.

미시시피 강은 수많은 골짜기와 협곡을 지나 바다로 흘러간다. 때로는 해변과 정반대인 북쪽으로 꺾이기도 하지만 결국은 바다로 흘러간다. 우리도 하나님과 멀어질 때가 있다. 하지만 결국은 하나님의 사랑의 바다로 흘러간다. 하나님은 절대로 포기하지 않으신다. "선한 일을 여러분 가운데서 시작하신 분께서 그리스도 예수의 날까지 그 일을 완성하시리라고 나는 확신합니다"(빌 1:6).

하나님은 우리가 죽는 날, 혹은 그리스도의 재림 날, 요술지팡이를 휘둘러서 우리를 완벽하게 만드시지 않는다. 우리가 하루하루 이루어 가는 성화의 과정이 언젠가 최고점에 이를 것이다. 1장에서 이야기했듯이 예수 그리스도 안에서 하나님의 영광을 볼 때 변화가 일어난다. 지금은 하나님의 말씀 속에서 믿음으로 그분의 영광을 볼 수 있다. "그리스도께서 나타나시면, 우리도 그와 같이 될 것임을 압니다. 그때에 우리가 그를 참모습대로 뵙게 될 것이기 때문입니다"(요일 3:2). 하나님의 영광을 온전하게 바라볼 때 우리는 온전해진다. 믿던 것을 눈으로 목격하게 되고 하나님의 선하심과 위대한 영광을 보게 될 때, 죄에 대한 욕구는 증발해 버릴 것이다. 하나님의 은혜를 온전히 깨달으면 전심으로 그분을 사랑할 수밖에 없다. "그에게 이런 소망을 두는 사람은 누구나, 그가 깨끗하신 것과 같이 자기를 깨끗하게 합니다"(요일 3:3).

평생의 은혜

나는 죄인이다

변화는 평생에 걸친 씨름이지만 언젠가는 끝난다. 하지만 지금은 어쨌든 씨름이고 고뇌다. 우리는 종종 유혹에 넘어가 죄를 짓는다. 더 이상 죄가 우리의 정체성을 말해 주지는 않지만 여전히 삶 속 깊숙이 개입되어 있다.

이 세상을 사는 동안 죄에서 완전히 벗어나기란 불가능하다. 자신은 물론이고 남에게도 그런 헛된 기대감을 심어 주어서는 안 된다. 존 웨슬리[11]를 포함해 교회 역사에 등장하는 위인들 중에는 이 세상에서 '죄 없이 완전무결한' 상태에 이룰 수 있다고 믿은 사람들이 있었다.[12] 하지만 전 세계 그리스도인들의 경험담은 그와 전혀 다른 사실을 말해 주고 있다. 사실 존 웨슬리 자신도 자기가 완벽하다고 말한 적은 한 번도 없었다. 분명 자신의 마음속을 누구보다 잘 알고 있었을 것이다. 빅토리아 시대의 위대한 설교가 찰스 스펄전은 자신이 완전무결함에 도달했다고 말하는 사람을 보게 되었다. 당시에는 아무 말도 안 했지만 다음 날 아침 식사를 하는 자리에서 정말 완전무결해졌는지를 시험하기 위해 그의 머리에 우유를 부어 버렸다고 한다. 그 순간, 그의 말은 새빨간 거짓말로 드러나고 말았다![13] 성경 말씀도 이생에서 완전해질 수 있다는 주장을 반박한다. "우리가 죄가 없다고 말하면, 우리는 자기를 속이는 것이요, 진리가 우리 속에 없는 것입니다"(요일 1:8). 완전해질 수 있다는 주장은 죄에 대한 외경의 정의를 빌려 와야 성립이 가능하다. 외경에서는 죄가 단순히 잘못을 저지르는 의지적인 행동이라고 말한다. 웨슬리는 완벽하게 된 신자는 고의가 아닌 오직 실수나 무지로 인한 잘못만 범할 뿐 의도적인 죄는 지을 수 없다고 말했다. 하지만 죄는 단지 잘못된 행동만을 의미하지 않는다. 생각과 욕구와 의지를 오염시킨 하나님에 대한 본능적 편견과 반항심이[14] 충동적 행동을 유도하고 진리를 억눌러 버리는 것이다(롬 1:18-32). 실수나 무지로 보이는 잘못도 알고 보면 우리 마음의 근본적인 타락을 반영한다. 마지막으로, 이 세상에서 완벽할 수 있다는 생각은 타락으로 이끄는 일종의 교만이 된다. 하루하루 죄와 씨름하지 않아도 된다고 생각하는 순간 사탄은 우리를 덮치려고 달려들 것이다.

여기에서 죄의 딜레마가 발생한다. 예수님이 죄의 권세를 파하셨기 때문에 죄는 더 이상 피할 수 없는 것이 아니다(요일 3:4-6). 하지만 이 세상에서 계속 죄를 짓는 것 또한 피할 수가 없다(요일 1:9-2:2). 해답은 이렇다. 어떤 죄도 짓지 않을 수 있지만 여전히 죄를 짓는 이유는 우리 안의 욕구가 아직 완전히 변화되지 않아서다. "주를 믿고 갱생한 사람에게는 죄의 불씨가 남아서 계속 악한 욕구가 튀어 올라 죄를 짓도록 꾀고 부추긴다."[15] 우리의 욕구가 완전히 변하지 않는 이유는 간단하다. 아직 하나님을 제대로 보지 못해서다. 현재 우리의 믿음은 하나님의 선하심과 위대하심을 온전히 볼 수 있을 정도로 강하지 못하다. 하나님이 나타나셔서 그분의 원래 모습을 볼 수 있을 때에만 비로소 그분을 닮을 수 있을 것이다(요일 3:2).

나는 의인이다

"우리가 우리 죄를 자백하면, 하나님은 신실하시고 의로우신 분이셔서, 우리 죄를 용서하시고, 모든 불의에서 우리를 깨끗하게 해주실 것입니다"(요일 1:9). 내가 이 책을 쓴 목적은 독자들로 하여금 죄를 짓지 않게 하려는 것이다. 우리는 십자가 공로와 우리 안에 계신 성령의 역사로 변화를 받는다. 하지만 이 세상을 사는 동안 여전히 죄를 짓는다. 우리는 여전히 죄인이고 죽는 날, 혹은 예수님이 재림하시는 날까지도 죄인으로 남아 있을 것이다. 그러나 은혜로운 하나님은 우리가 죽는 날까지, 아니 영원토록 우리에게 은혜와 자비를 베풀어 주신다. 예수님이 우리 죄를 위해 죽으셨기 때문에 그분의 죽음은 우리가 죽는 날까지, 그리고 영원토록 유효하다. 우리는 비록 죄인이지만 의롭다고 인치심을 받은 죄인들이다. 종교개혁가들은 "언제나 죄인이며 언제나 의인"이라는 말로 그 사실을 표현했다. 우리는 여전히 죄를 짓는다. 그러나 하나님은 예수님 안에서 우리는 지금 이 순간 의롭다고 선포하셨다.

따라서 낙심하지 말아야 한다. 자신을 구제불능의 죄인으로 여기면 하나님을 섬길 자격이 없다며 타협할 수 있다. 우리는 의롭다고 인정받은 성도이며 싸우고 모험할 준비가 된 자들이다. 하나님 나라 최전선에 서 있는 용감한 제자들인 것이다.

하나님의 자녀들에게는 죄가 결정판이 아니다. 은혜가 결정판이다. 우리 죄를 하나님께 고백하면 그분은 신실하셔서 용서의 약속을 지켜 주신다. 최후의 만찬 자리에서 예수님은 포도주를 들고 다음과 같이 말씀하셨다. "이것은 죄를 사하여 주려고 많은 사람을 위하여 흘리는 나의 피, 곧 언약의 피다"(마 26:28). 하나님은 그 언약에 충실하신 분이다. 또한 공평하신 분이다. 예수님이 당신의 죗값을 치르셨는데 또다시 당신에게 죗값을 요구하지 않으실 것이다. "나의 자녀 여러분, 내가 여러분에게 이렇게 쓰는 것은, 여러분으로 하여금 죄를 짓지 않도록 하려는 것입니다. 누가 죄를 짓더라도, 아버지 앞에서 변호해 주시는 분이 우리에게 계시는데, 곧 의로우신 예수 그리스도이십니다. 그는 우리 죄를 위한 화목제물이시니, 우리 죄만 위한 것이 아니라 온 세상을 위한 것입니다"(요일 2:1-2).

우리에게는 변화의 소망이 있다. 상담가나 방법론이나 규율에 기인한 소망이 아니라, 죄의 권세를 파하고 우리 마음에 성령을 보내 주신 위대하고 자비로운 구세주에 의한 소망이다. 주님은 죄의 거짓말을 넘어 하나님의 영광을 보라고 우리를 권면하신다. 죄가 주는 어떤 것보다 하나님이 더 크고 좋다는 사실을 믿음으로 받아들이라고 권면하신다. 마음을 잡고 있는 악한 욕망을 회개하고 하나님 안에서 진정한 만족과 기쁨을 발견하라고 권면하신다. 우리가 아직 '하나님의 원수'였을 때 우리를 위해 죽으신 은혜로운 구세주가 "담대하게 은혜의 보좌"로 나아가 "자비를 받고 은혜를 입어서, 제때에 주시는 도움"을 받으라고 우리를 권면하신다(롬 5:10; 히 4:16).

되돌아보기

이 장의 내용을 요약하면 다음과 같다.

- 변화는 평생이 걸리는 일이다.
- 변화는 날마다 일어나야 한다.
- 우리는 변할 수 있다.
- 우리는 변해야 한다.
- 우리는 죄인이다.
- 우리는 의인이다.

위의 사항들을 하나씩 생각해 보라. 이 진리를 믿지 못한다면 어떤 일이 일어나겠는가? 믿지 못할 때 당신은 어떻게 행동하게 되겠는가? 그런 행동의 기미가 보이지는 않는가?

변화 프로젝트

10단계: 당신은 날마다 씨름할 준비가 되었는가?

당신은 즉각적인 변화만을 바라고 있는가?
당신의 변화 프로젝트를 생각해 보라.
- 문제를 사라지게 할 비법을 기대하고 있는가?
- 과거에 그 문제가 '해결'되었던 적이 있었는가?
- 더 이상 그 문제에 매달리고 싶은 마음이 없는가?
- 날마다 씨름할 준비가 되어 있는가?

당신은 마음속 죄를 더 현실적으로 생각할 필요가 있다.

당신은 변화가 더디다고 낙심해 있는가?
- 신앙의 정체기에 도달했다고 생각하는가?
- 변화가 일어나지 않아서 낙심하고 있는가?
- 오히려 후퇴하는 것 같은가?
- 마음의 변화보다 행동의 변화에 초점을 둔 적이 있었는가?
- 지난 1년간 얼마나 변했다고 생각하는가? 지난 5년간은 어떠한가?

당신의 삶에서 일하시는 하나님의 역사에 더 큰 확신을 가져야 한다.

당신은 죄를 짓고 나서 어떻게 하는가?
죄를 지은 후에,
- 하나님이 당신을 이전보다 덜 사랑한다고 생각하는가?
- 하나님이 당신을 이전보다 덜 축복하신다고 생각하는가?
- 죄의 대가로 하나님께 무엇을 해 드려야 한다고 생각하는가?

- 하나님을 섬길 자격이 없다고 생각하는가?

위에 나열한 문장들은 그 어느 것도 사실이 아니다. 하나님의 사랑은 변함이 없다. 우리가 죄를 짓는다고 해서 덜 사랑하거나 덜 축복하시는 것이 아니다. 예수님은 우리가 하나님의 원수였고 죄인이었을 때에 우리를 위해 돌아가시지 않았는가!(롬 5:6-10) 죄의 대가를 치른다고 하나님께 무엇을 해 드릴 필요가 없다. 예수님이 십자가 위에서 우리 죗값을 완불해 주셨다. 당신은 하나님의 은혜와 예수님의 십자가 공로에 더욱 확신을 가져야 한다.

평생에 걸친 변화를 위해 당신이 기억해야 할 사실을 글로 적어 보라.

당신의 변화 프로젝트를 되돌아보라.
각 장의 끝 부분에 당신이 적은 내용들을 읽어 보라.
- 당신 자신에 대해 어떤 것들을 알게 되었는가?
- 하나님에 대해 어떤 것들을 알게 되었는가?
- 변화에 대해 어떤 것들을 알게 되었는가?
- 어떤 생각을 새롭게 하기 시작했는가?
- 어떤 생각을 더 해야 한다고 보는가?

주

1단계 어떤 변화를 꿈꾸는가?

1) Sinclair Ferguson, *The Holy Spirit*(InterVarsity Press, 1996), pp. 139-140. 「성령」(한국 IVP).
2) '지워졌다'는 뜻은 '닦아 내다, 문질러 내다'라는 뜻이다.
3) Thomas Watson, *A Body of Divinity*(1692).

2단계 왜 변화되려고 하는가?

1) Tim Keller, 'Preaching to the Heart'에서 인용, audio CDs, Ockenga Institute, 2006.
2) John Piper, *When I Don't Desire God*(Crossway Books, 2004), p. 16. 「하나님을 기뻐할 수 없을 때」(IVP).
3) Keller, 'Preaching to the Heart'.
4) G. C. Berkouwer, *Faith and Sanctification*(Eerdmans, 1952), p. 33.
5) David Peterson, *Possessed by God: A New Testament Theology of Sanctification and Holiness*(Apollos, 1995).
6) John Piper, *When I Don't Desire God*(Crossway Books, 2004), pp. 219-222.
7) Christopher J. H. Wright, *Life Through God's Word*(Authentic, 2006), p. 60.

3단계 무엇이 우리를 변화시키는가?

1) Flavel, John, *Keeping the Heart*(Christian Heritage, 1999), p. 9.
2) Richard Lovelace, *Dynamics of Spiritual Life*(InterVarsity Press, 1979), pp. 88-91.
3) J. C. Ryle, *Holiness*(James Clarke, 1956), p. 32. 「거룩」(복있는사람).
4) Bob Kauflin, 'The Fear of Man, Hopelessness, and the Godpel', www.worshipmatters. com, October 16, 2006.

5) Sinclair Ferguson, *The Christian Life: An Introduction*(Banner of Truth, 1989), p. 75. 「성도의 삶」(복있는사람).
6) William Romaine, *The Life, Walk and Triumph of Faith*(1771; James Clarke, 1970), p. 280.
7) 일반적으로 이 시의 저자는 존 번연이라고 알려져 있지만 찰스 스펄전은 *The Salt-Cellars*(Passmore & Alabaster, London, 1889, p. 200)에서 John Berridge라고 밝혔다. John Berridge는 대각성 운동 기간에 사역했던 설교자다.
8) John Owen, *The Holy Spirit*, R. J. K. Law 편집(Banner of Truth, 1998), p. 48. 「개혁주의 성령론」(여수룬).
9) J. I. Packer, *A Passion for Holiness*(Crossway Books, 1992), p. 173.
10) Marcus Honeysett, *Finding Joy*(InterVarsity Press, 2005), pp. 65-66.
11) 칭의와 성화의 연관성을 알고 싶다면 다음의 책을 참고하라. Ryle, *Holiness*, pp. 30-31, C. J. Mahaney, *The Cross-Centred Life*(Multnomah Press, 2002), pp. 32-33. 「죄와 세상을 이기는 능력 십자가」(요단).
12) John Calvin, *Institutes of the Christian Religion*, trans. F. L. Battles, ed. J. T. McNeil (Westminster/SCM, 1961), vol. 2, 3.16.1. 「기독교 강요」(크리스챤다이제스트).
13) Anthony A. Hoekema, 'The Reformed Perspective', *Five Views on Sanctification*, Zondervan, 1987, p. 65.
14) G. C. Berkouwer, *Faith and Sanctification*(Eerdmans, 1952), pp. 32, 78, 93. Walter Marshall, *The Gospel Mystery of Sanctification*(1692; Reformation Heritage Books, 1999), p. 28를 보라.
15) John Owen, *Works*, ed. W. H. Goold(1674; T.&T. Clark, 1862), vol. 3, p. 370.
16) J. I. Packer, *A Passion for Holiness*(Crossway Books, 1992), p. 121.
17) Tim Keller, 'The Sufficiency of Christ and the Gospel in a Post-Modern World'(인터넷 설교).

4단계 언제 죄를 짓는가?

1) Jerry Bridges, *The Pursuit of Holiness*(NavPress Publishing, 1978), pp. 84-85. 「거룩한 삶의 추구」(네비게이토).

2) Edward T. Welch, *Addictions: A Banquet in the Grave*(P&R Publishing, 2001), pp. 129-130.

3) Elyse Fitzpatrick, *Idols of the Heart*(P&R Publishing, 2001), p. 163. 「내 마음의 우상」(미션월드라이브러리).

5단계 거짓말과 진리, 무엇을 믿는가?

1) John Piper, *When I Don't Desire God*(Crossway Books, 2004), p. 17.

2) 이 비유는 Jonathan Edwards의 설교 'A Divine and Supernatural Light' (Works, vol. 2, Bell, Arnold & Co., 1840), pp. 12-17에서 인용.

3) D. Martyn Lloyd-Jones, *Spiritual Depression*(Pickering&Inglis, 1965), p. 20. 「영적 침체와 치유」(기독교문서선교회).

4) C. J. Mahaney, *The Cross-Centred Life*(Multnomah Press, 2002), p. 48에서 인용된 Sinclair Ferguson의 말.

5) C. S. Lewis, *The Problem of Pain*(Macmillan, 1962), p. 145. 「고통의 문제」(홍성사).

6) 이러한 사실이 현대 사회의 분주한 삶에 어떻게 적용되는지 실제적인 사례를 통해 알고 싶다면 다음의 책을 참고하라. Tim Chester, *The Busy Christian's Guide to Busyness* (InterVarsity Press, 2006).

7) Edward T. Welch, *When People are Big and God is Small*(P&R Publishing, 1997).

8) 같은 책, p. 15.

9) C. S. Lewis, *The Problem of Pain*(Macmillan, 1962), p. 145.

10) Jonathan Edward, *Charity and Its Fruits*(Yale University Press, 1989), pp. 180-181. 「사랑의 열매」(엠마오).

11) G. K. Chesterton, 'The Ethics of Elfland', *Orthodoxy*(House of Stratus, 2001), p. 41. 「정통」(상상북스).

12) Clavin Seerveld, *Rainbows for the Fallen World*(Tuppence Press, 1980), p. 53.

13) The Belgic Confession, §24.

14) Martin Luther, *Treatise Concerning Good Works*, 1520, Part XI.

15) William Romaine, *The Life, Walk and Triumph of Faith*(1771; James Clarke, 1970), p. 280.

16) Richard Lovelace, *Dynamics of Spiritual Life*(InterVarsity Press, 1979), pp. 211-212.

17) Joseph Hart, 'Come, ye sinners, poor and wretched.'

6단계 욕망과 하나님, 무엇을 따르는가?

1) John Calvin, *Institutes of the Christian Religion*, trans. F. L. Battles, ed. J. T. McNeil(Westminster/SCM, 1961), vol. 1, I.II.8.

2) Martin Luther의 대요리문답서 1부에 나오는 첫 번째 계명을 의역.

3) Os Guiness and John Seel, *No God But God*(Moody Press, 1992), p. 33.

4) Tim Keller, Church of the Redeemer, *Apprenticeship Manual*, Unit 2.4.

5) David Powlison, "Idols of the Heart and 'Vanity Fair'", *Journal of Biblical Counselling* 13:2(Winter 1995), p. 36.

6) Tim Stafford, 'Serious about Lust', *Journal of Biblical Counselling* 13:3(Spring 1995), p. 5.

7) Elyse Fitzpatrick, *Idols of the Heart*(P&R Publishing, 2001), p. 80-81.

8) 이 논란은 다음의 책에서 인용. Jonathan Edwards, 'The Freedom of the Will', *Works*, vol. 1(Bell, Arnold & Co., 1840), I.II.

9) Calvin, *Institutes*, 3.3.12.

10) Richard Lovelace, *Dynamics of Spiritual Life*(InterVarsity Press, 1979), p. 90.

11) Martin Luther, *Lectures on Romans*, Library of Christian Classics, vol. 15 (Westminster/SCM, 1961), p. 128.

12) Calvin, *Institutes*, 3.3.9.

13) Sinclair Ferguson, *The Christian Life*(Banner of Truth, 1989), p. 162.

14) Calvin, *Institutes*, 3.10.10.

15) D. Martyn Lloyd-Jones, *Spiritual Depression*(Pickering & Inglis, 1965), p. 17.

16) Andrew Bonar, *Memoir and Remains of R. M. M'Cheyne*(1844; Banner of Truth, 1966), p. 279. 「로버트 맥체인 회고록」(부흥과개혁사).

17) Paul Toews, 'Dirk Willems: A Heart Undivided', *Profiles of Mennonite Faith*, No. 1(Fall 1997).

18) David Powlison, *Journal of Biblical Counselling* 25:2(Spring 2007), pp. 25-26.

19) Fitzpatrick, *Idols of the Heart*, p. 163.

7단계 변화가 더딘 이유는 무엇인가?

1) Edward T. Welch, *Addictions: A Banquet in the Grave*(P&R Publishing, 2001), p. 170.

2) Jerry Bridges, *The Pursuit of Holiness*(NarPress Publishing, 1978), pp. 20-21.

3) C. J. Mahaney, *Humility: True Greatness*(Multnomah Press, 2005), p. 80. 「겸손」(생명의말씀사).

4) J. I. Packer, *A Passion for Holiness*(Crossway Books, 1992), p. 120.

5) Bridges, *The Pursuit of Holiness*, p, 84.

6) *The Simpsons*, 'Boy Scoutz N the Hood', written by Dan McGrath, directed by Jeffrey Lynch(18 November 1993).

7) Ed Welch, "Self Control: The Battle Against 'One More'", *Journal of Biblical Counselling* 19:2(Winter 2001), pp. 24-31.

8) Jerry Bridges, *The Discipline of Grace*(NavPress Publishing, 1994), pp. 22-23. 「날마다 자신에게 복음을 전하라」(네비게이토).

9) John Owen, *The Mortification of Sin*(Banner of Truth, 2004), p. 59. 「죄 죽임」(부흥과개혁사).

10) 참고. 마 5:29-30; 골 3:5; 롬 13:14; 엡 6:13-17; 딤전 6:12.

11) Owen, *Mortification of Sin*, pp. 78-79.

12) Mahaney, *Humility*, p. 66.

13) Christopher de la Hoyde ⓒ 2007, www.thecrowdedhouse.org. 사용 허가.

14) John Flavel, *A Saint Indeed, Works*, vol. 5(Banner of Truth, 1968), pp. 477-480. 다음의 책으로도 출간되었다. John Flavel, *Keeping the Heart*(Christian Heritage, 1999). pp. 116-121.

15) Edward T. Welch, *Addictions: A Banquet in the Grave*(P&R Publishing, 2001), pp. 215-216.

8단계 믿음과 회개로 나아갈 전략은 무엇인가?

1) Joshua Harris, *Not Even a Hint*(Multnomah Press, 2003), pp. 162-163. 「절대 순수」(두란노).

2) John Stott, *The Message of Galatians*(InterVarsity Press, 1968), p. 170. 「갈라디아서 강해」(IVP).

3) J. C. Ryle, *Holiness*(James Clarke, 1956), p. 21.

4) 엡 5:26; 6:14-17; 딤후 3:16-17; 벧전 2:2.

5) Timothy Lane and Paul Tripp, *Helping Others Change*(CCEF/Punch Press, 2005), 2.7.

6) Horatius, Bonar, *God's Way of Holiness*(Evangelical Press, 1864, 1979), pp. 118-119. 「거룩한 길로 나아가라」(지평서원).

7) Christopher J. H. Wright, *Life Through God's Word: Psalm 119*(Authentic, 2006), p. 65.

8) J. C. Ryle, *Practical Religion*(1878; Banner of Truth, 1998), pp. 71, 74-75. 「실천적 신앙」(기독교문서선교회).

9) Horatius Bonar, *The Night of Weeping in The Life and Work of Horatius Bonar*(LUX Publications, 2004), pp. 36-37.

10) Paul David Tripp, 'Control?', nicolenews.blogspot.com, June 11, 2006.

11) John Calvin, *The Epistles of Paul the Apostle to the Romans and to the Thessalonians*, trans. R. Mackenzie, ed. D. W. Torrance and T. F. Torrance(St Andrew Press, 1961).

9단계 공동체가 왜 중요한가?

1) 이 구절의 해석적 논쟁에 대해 더 자세히 알고 싶다면 다음의 책을 참고하라. Peter T. O'Brien, *The Letter to the Ephesians*(Eerdmans and Apollos, 1999), pp. 297-305.

2) Sinclair Ferguson, *Grow in Grace*(Banner of Truth, 1989), p. 77.

3) Dietrich Bonhoeffer, *Life Together*, SCM, 1954, P. 86. 「신도의 공동생활」(대한기독교서회).

4) 막 9:50; 요 13:34-35; 롬 12:10, 16; 14:13; 15:5, 7, 14; 16:16; 고전 12:25; 고후

13:11-12; 갈 5:13; 엡 4:2, 32; 5:19, 21; 골 3:9, 13, 16; 살전 4:18; 5:11, 15; 히 3:13; 10:24-25; 약 5:9, 16; 벧전 4:8-10; 5:5, 14.

10단계 날마다 씨름할 준비가 되었는가?

1) Elyse Fitzpatrick, *Idols of the Heart*(P&R Publishing, 2001), p. 147.
2) Horatius, Bonar, *God's Way of Holiness*(Evangelical Press, 1979), pp. 5-6.
3) Milton Vincent, *A Gospel Primer for Christian*(www.cornerstonebible.org, 2006), p. 14; 고전 1:21, 23; 요일 3:19-20; 고후 4:4.
4) Bonar, *God's Way of Holiness*, p. 127.
5) 같은 책.
6) John Flavel, *Keeping the Heart*(Christian Heritage, 1999), p. 20.
7) David Bebbington, *Holiness in Nineteenth-Century England*(Paternoster Press, 2000).
8) J. C. Ryle, *Holiness*(James Clarke, 1956), pp. 57-60.
9) J. I. Packer, *A Passion for Holiness*(Crossway Books, 1992), pp. 156, 221.
10) Sinclair Ferguson, *The Holy Spirit*(InterVarsity Press, 1996), p. 149.
11) John Wesley, 'Sermon 34: Christian Perfection', *Forty-Four Sermons*(1787-1788; Epworth, 1944), pp. 457-480.
12) Donald Alexander(ed.), *Christian Spirituality: Five Views of Sanctification* (InterVarsity Press, 1988).
13) 이 일화에는 여러 가지 변형된 이야기들이 전해진다. 다음의 책들을 참고하라. R. Paul Stevens and Michael Green, *Living the Story*(Eerdmans, 2003), p. 141. 「그분의 말씀 우리의 삶이 되어」(복있는사람). Charles H. Spurgeon, *The Early Years*(1897; Banner of Truth, 1962), pp. 228-230.
14) John Calvin, *Institutes of the Christian Religion*, trans. F. L. Battles, ed. J. T. McNeil(Westminster/SCM, 1961), vol. 1, 3.3.10.
15) 같은 책.

참고 문헌

Berkouwer, G. C. *Faith and Sanctification*. Eerdmans, 1952.

Bridges, Jerry. *The Discipline of Grace*. NavPress, 1944. 「날마다 자신에게 복음을 전하라」(네비게이토).

Bridges, Jerry. *The Pursuit of Holiness*. NavPress Publishing, 1978. 「거룩한 삶의 추구」(네비게이토).

Chester, Tim. *The Busy Christians Guide to Busyness*. InterVarsity Press, 2006.

Cleveland, Mike. *The Way of Purity*. Focus Publishing, 2007.

Ferguson, Sinclair. *The Christian Life*. Banner of Truth, 1989. 「성도의 삶」(복있는사람).

Fitzpatrick, Elyse. *Idols of the Hear*. P&R Publishing, 2001. 「내 마음의 우상」(미션월드라이브러리).

Flavel, John. *Keeping the Heart*. Christian Heritage, 1999.

Harris, Joshua. *Sex Is Not the Problem(Lust Is)*. Multnomah Press, 2005.

Lane, Timothy and Tripp, Paul. *How People Change*. CCEF/Punch Press, 2006. 「사람은 어떻게 변화되는가」(생명의말씀사).

Mahaney, C. J. *The Cross-Centred Life*. Multnomah Press, 2002. 「죄와 세상을 이기는 능력 십자가」(요단).

Owen, John. *Overcoming Sin and Temptation*. Crossway Books, 2006.

Packer, J. I. *A Passion for Holiness*. Crossway Books, 1992.

Piper, John. *Future Grace*. Leicester : InterVarsity Press, 1995. 「장래의 은혜」(좋은씨앗).

Piper, John. *When I Don't Desire God*. Crossway Books, 2004. 「하나님을 기뻐할 수 없을 때」(한국IVP).

Ryle, J. C. *Holiness*. James Clarke, 1956. 「거룩」(복있는사람).

Welch, Edward. *When People Are Big and God is Smal*. P&R Publishing, 1997.

옮긴이 안정임은 1990년부터 예수전도단(YWAM)에서 전임사역자로 11년간 사역했고 이후 캐나다 Tyndale University에서 신학을 공부했다. 현재 전문번역가로 활동하고 있으며 역서로는 『하나님 당신을 의심해도 될까요?』, 『위험한 순종』(이상 국제제자훈련원), 『하나님과 친밀해지는 삶』, 『당신에게 없는 믿음』(이상 예수전도단), 『하나님은 어떻게 악을 이기셨는가?』, 『중단 없는 기도』(이상 한국 IVP) 등 다수가 있다.

나도 변화될 수 있다

초판 발행_ 2011년 3월 25일
초판 4쇄_ 2023년 10월 25일

지은이_ 팀 체스터
옮긴이_ 안정임
펴낸이_ 정모세

펴낸곳_ 한국기독학생회출판부
등록번호_ 제2001-000198호(1978.6.1)
주소_ 04031 서울시 마포구 동교로 156-10
대표 전화_ (02)337-2257 팩스_ (02)337-2258
영업 전화_ (02)338-2282 팩스_ 080-915-1515
홈페이지_ http://www.ivp.co.kr 이메일_ ivp@ivp.co.kr
ISBN 978-89-328-1228-1

ⓒ 한국기독학생회출판부 2011

책값은 뒤표지에 있습니다.
무단 전재와 복제를 금합니다.